추천의 글

이 책은 정말로 여러분이 기도하게 하는 주기도문에 관한 것이다. 실용적이고, 성서적이며, 통찰력이 있고 헌신적이며, 무엇보다도 생활을 변화시킨다. 교회의 모든 구성원들은 이 책을 읽음으로써 도움을 받을 것이다. 몇 년 전 Elmer Towns의 성화에 못 이겨 매일 주기도문을 기도하기 시작했다. 주기도문은 내 생활을 변화시켰고, 이 책 〈주기도문을 통한 영적 승리〉 역시 여러분의 생활을 변화시킬 것이다.

DAVE EARLEY
SENIOR PASTOR, NEW LIFE COMMUNITY BAPTIST CHURCH
GAHANNA, OHIO

Elmer Towns는 주기도문을 최상으로 응용할 수 있는 것들 중의 하나를 우리에게 제시해 주고 있다. 실용적인 통찰력으로 가득차 있는 책 〈주기도문을 통한 영적 승리〉는 여러분의 기도 방법을 혁신시킬 것이다.

DICK EASTMAN
INTERNATIONAL PRESIDENT, EVERY HOME FOR CHRIST
COLORADO SPRINGS, COLORADO

Elmer Towns 박사는 우리들의 목사 성경반에서 주기도문을 기도하는 것을 가르쳤다. 우리들은 그 메시지를 열심히 받아들였고 그들 중의 많은 사람들은 그 결과로서 매일 주기도문을 기도하기 시작했다. 이 책은 여러분의 기도생활을 변화시킬 수 있다.

JERRY FALWELL
PASTOR, THOMAS ROAD BAPTIST CHURCH
LYNCHBURG, VIRGINIA

내 기도생활은 Elmer Towns 박사의 가르침에 의해 바뀌었다. 이제 여러분은 예수님께서 우리에게 가르쳐 주신 기도 모델을 활용하여 하나님과 매일 대화할 수 있다.

DALE E. GALLOWAY
DEAN, BEESON INTERNATIONAL CENTER FOR BIBLICAL TEACHING AND
CHURCH LEADERSHIP ASBURY THEOLOGICAL SEMINARY
WILMORE, KENTUCKY

성서를 읽을 때 우리의 마음은 부분적으로 그것을 이해하며 우리의 정신은 천천히 강화된다. 그러나 성서를 기도할 때 우리의 마음은 밝아지고 우리의 정신은 초자연적으로 힘을 갖게 되고 변화된다. 〈주기도문을 통한 영적 승리〉에서 Elmer Towns는 믿음이라는 가장 큰 신비 즉, 우리가 자신의 이미지를 닮도록 변하게 하시는 하나님이라는 단어에 대해 우리에게 가르치고 있다. 나는 적극 이 책을 추천한다.

TED HAGGARD
PASTOR, NEW LIFE CHURCH, COLORADO SPRINGS, COLORADO

〈주기도문을 통한 영적 승리〉는 매일 하나님을 깊이, 친숙하게 만날 수 있게 해 줄 것이다. 내 자신의 기도 생활은 이 영향에 의한 결과로서 풍부해져 왔다. 기도 초보자에서 숙련된 중보자에 이르기까지 모든 사람이 이 책을 읽을 필요가 있다.

CINDY JACOBS
COFOUNDER, GENERALS OF INTERCESSION
COLORADO SPRINGS, COLORADO

기도는 하나님께서 우리에게 주신 가장 강력한 수단이다. 기도는 우리의 세계를 바꿀 수 있다. 예수님께서 몸소 자신의 제자들에게 가르치신 것에 바탕을 둔 기도보다 더 강력한 것이 있을 수 있을까? 〈주기도문을 통한 영적 승리〉는 여러분의 영적인 걸음걸이를 혁신시킬 수 있는 실용적인 통찰력을 가진 놀라운 책이다. 이 책은 여러분을 타성에 젖은 정형화된 기도의 힘에서 벗어나게 하는 필수불가결한 자원이다.

JOHN MAXWELL
FOUNDER, INJOY, ATLANTA, GEORGIA

Elmer Towns는 모든 믿는 사람들의 생활에 영향을 줄 기도에 다이내믹하게 접근하는 방법을 제공하고 있다. 그는 하나님과의 개인적인 산책을 더 풍부하게 하기 위해 매일 주기도문을 기도하는 데 있어서 내가 큰 의미를 느끼도록 도와 주었다.

TOM MULLINS
SENIOR PASTOR, CHRIST FELLOWSHIP CHURCH
PALM BEACH GARDENS, FLORIDA

마침내 기도하는 법을 여러분에게 가르쳐 주는 기도에 관한 책이 출판되었다. 이 책은 교회 지도자들과 초보자들에게 기도를 이해할 수 있는 기회를 준다. 주기도문을 사용하는 것은 기도를 위한 단순하고 성서적이면서 성공적인 모델이라고 나는 믿는다. 이 책은 Elmer Towns의 가장 훌륭한 책이 될 것이다.

DR. RON PHILLIPS
SENIOR PASTOR, CENTRAL BAPTIST CHURCH OF HIXON
HIXON, TENNESSEE

성서는 "우리가 구하지 않기 때문에 가지지 못한다"고 말한다. 많은 사람들은 구하는 방법을 알지 못한다. 〈주기도문을 통한 영적 승리〉는 결과가 있는, 그리고 성공적인 기도 생활 속으로 여러분을 이끌기 위해 꼭 필요한 것이다.

DR. JERRY PREVO
PASTOR, ANCHORAGE BAPTIST TEMPLE
ANCHORAGE, ALASKA

이 책은 놀라운 것이다. Elmer Towns는 우리가 하나님 앞으로 가는 경로를 명확하게 밝혀 주었다. 이 책은 실용적인 걸작이다!

DR. BILL PURVIS
PASTOR, CASCADE HILLS BAPTIST CHURCH
COLUMBUS, GEORGIA

기도의 부흥이 우리 땅을 휩쓸고 있다. 이제 모든 곳의 기독교인들은 그들만의 기도 시간에서 매일 주기도문을 이해하고 사용하는데 도움이 되는 유일한 수단을 가지게 되었다. 〈주기도문을 통한 영적 승리〉는 기도의 부흥에 현저하고 심오한 공헌을 하고 있는 기도 서적이다.

THOM S. RAINER
DEAN, BILLY GRAHAM SCHOOL OF MISSIONS,
EVANGELISM AND CHURCH GROWTH
THE SOUTHERN BAPTIST THEOLOGICAL SEMINARY
LOUISVILLE, KENTUCKY

나는 매료되었다. 이 책은 기분을 새롭게 해 주고, 격려해 주며, 통찰력이 있는 읽기 쉬운 책이다. 여러분이 계속적이고 의미있는 기도 생활을 시작하려고 한다면 더 이상 신경쓰지 마라. 여러분이 활발하지 못한 헌신적인 생활을 점프하여 시작할 필요가 있다면 여러분은 손 안에 그 답을 쥐고 있다. 만약 여러분의 기도 생활이 성장한다면 새로운 수준으로 갈 준비를 하라. 이 책은 위대한 책이다.

DUTCH SHEETS
PASTOR, SPRINGS HARVEST FELLOWSHIP
COLORADO SPRINGS, COLORADO

Elmer Towns 박사는 기독교인의 믿음과 성장이 새로운 지평선에 도전하게 한 혁신가이다. 그의 새로운 책은 새로운 기독교인들의 매일의 기도 생활에 상당한 도움이 될, 질서정연하나 다이내믹한 유형을 제시하고 있다.

PAUL L. WALKER
GENERAL OVERSEER OF THE CHURCH OF GOD
CLEVELAND, TENNESSEE

주기도문을 통한 영적 승리

엘머 타운즈 지음

최복일 옮김

Praying The Lord's Prayer for Spiritual Breakthrough
Copyright © 1997 by Elmer L. Towns
All rights reserved.
Published by Reagat Books
A Division of Gospel Light.
Printed in U.S.A

1997/Korean by Wagner's Church Growth Institute
Translated and published by permission.

추천사

조용기 목사
(여의도 순복음 교회 당회장)

이 책은 몇 년 전 타운즈 박사(Dr. Towns)와의 조찬 모임에서 태어났다. 우리는 친구이고 나는 1978년 기도 모임에서 그가 우리의 신도들에게 강연을 하도록 했다. 타운즈 박사는 기도에서 좀더 신앙심이 깊어지고 좀더 많은 힘을 가지기를 원한다고 내게 말했다. 그때의 조찬 모임에서 그는 "좀더 효과적인 기도가 될 수 있도록 내게 충고하고 싶은 것은 없습니까?" 하고 물었다.

나는 "매일 기도합니다. 육체적으로 건강해지기 위해 주변의 코스를 조깅하는 사람처럼 나는 매일 여러 번 기도를 반복적으로 합니다"라고 그에게 이야기했다.

타운즈 박사는 교회의 역사를 알고 있었고 그래서 그는 내가 무슨 말을 하는지 알았다. 매일 반복적으로 기도하는 것은 매일 몇 번씩 주기도문을 기도하는 것이다.

나는 어떤 사람이 진실되게 매일 주기도문을 기도할 때 거기에는 하나님을 경배하는 기본적인 방법, 자신의 영적인 생활을 성장시키고 방어하는 기본적인 방법이 망라되어 있다고 믿는다. 열매 안에 있는 씨처럼 주기도문은 기독교인이 매일 기도하는 데 필요한 모든 것을 포함하고 있다.

나는 타운즈 박사에게 하루 하루를 시작할 때마다 여러 번 주기도문을 기도할 것을 이야기했다. 한 번 기도하는 것은 충분하지 않다. 그가 주기도문을 기도할 때마다 다른 간청을 강조할 것을 이야기했다.

사람들이 주기도문을 기도할 때 그 기도에는 그들 생활의 모든 부분에 관한 모든 유형의 간청들이 들어 있다. 이것은 그들이 생활에 필요한 모든 것을 위해 기도한다는 의미가 아니다. 또 이것은 기도하는 것을 끝냈다는 의미도 아니다. 매일 주기도문을 기도한 후 나는 많은 다른 요청을 하는 기도에 하루 두 시간씩을 보냈다.

때때로 사람들은 밤낮으로 기도해야 한다. 그들은 많은 요청 사항들을 가지고 있으므로 반복하여 주기도문을 기도하지 않는다. 그러나 주기도문은 누군가의 중보를 시작하는 좋은 장소이다. 사람들은 매주 우리의 기도동산에서 기도하고 중보를 시작하기 위해 주기도문을 사용한다. 그것은 기도의 중요한 측면이다.

주기도문이 모든 유형의 간청을 다루고 있다고 이야기할 때 이것은 여러분이 하나님을 경배하고, 하나님의 인도를 구하며, 하나님께 순종하고, 간청하고, 용서를 구하며, 죄에 대한 승리를 구하며 악한 것으로부터 자신을 보호해 주실 것을 간청하는 영적인 싸움으로 결국 끝난다는 의미이다.

많은 사람들이 이 책을 읽고 매일 정확하게 주기도문을 기도하기 시작한다면 하나님의 백성들은 다시 부활하고 교회들은 공적을 세우게 될 것이다.

추천사

최현서 목사
(수도침례신학교 신학대학원장)

엘머 타운즈(Dr. Elmer Towns) 박사는 정확 무오한 하나님의 말씀을 생활에 풍성히 적용케 하는 위대한 성경 교사이다.

그는 성경에 정통한 신학자이며 침체되어 가는 미국 교회를 다시 세우는 일을 한 분이다. 예수님의 교회를 사랑하는 그의 열정은 건강한 교회의 원리와 균형잡힌 교회성장의 실체를 제시하기도 했다.

타운즈 박사는 현대 교회를 분석하여 여러가지 바람직한 모형들을 제시함에 있어서 천재적이며, 통계를 통하여 교회가 과학적으로 성장하도록 이론을 제시한 분이기도 하다. 무엇보다도 그는 교회의 균형성장 중에서 영적인 성장을 동시에 강조한다.

「주기도문을 통한 영적 승리」는 이미 서로사랑 출판사에서 발행한 「금식 기도를 통한 영적 승리」와 함께 한국 교회의 영적 성장을 위한 좋은 지침서가 될 것이다. 「주기도문을 통한 영적 승리」는 설교하는 목회자들과 신학생들, 청년들을 이끄는 사역자들과 평신도 지도자들 그리고 평신도들 모두에 권하고 싶은 탁월한 책이다.

한국 교회의 영적 성장을 위해 선교 사명으로 본 책을 출판하는 서로사랑의 이상준 사장님과 직원들의 기도와 용기에 큰 박수를 보내며 이 도서를 추천하고자 한다.

감사의 글

나의 어린 시절에 "우리의 주께서 명하신대로, 일어나서 기도하라"고 매주 우리에게 가르쳐 주신 Lawrence Williams 장로교 목사님께…

주기도문에 대한 사랑을 저에게 주서서 감사합니다.

매일 모든 학생들, 유대인, 카톨릭 신자들과 프로테스탄트교인들에게 "주기도문을 기도하자"고 청한 Georgia 주 Savannah에 있는 Waters Avenue School의 공립학교 교사들에게…

저에게 풍부한 유산을 주서서 감사합니다.

신도수 75만 명 이상이나 되는 세계에서 가장 큰 교회의 조용기 목사에게…

제가 매일 주기도문을 기도할 수 있도록 가르쳐 주서서 감사합니다.

연속적으로 7주 내에 이 책에 있는 내용들을 가르쳤던 Thomas Road Baptist Church의 목사님의 성경 연구반에게…

저에게 목회의 기회를 주서서 감사합니다.

Linda Elliott, Susie Butler와 Army Sue Marston, 내 비서들에게…

원고의 타이핑을 쳐 주고 편집을 도와 주어서 감사합니다.

차 례

추천사

서문 : 나는 매일 어떻게 주기도문을 기도하는가?

1 기도하기 전에 : 기도 시간은 어느 정도면 충분한가? / 27
   당신은 1분동안 기도할 수 있는가?

2 기도의 시작 : 하나님께 바르게 다가가는 법 / 51
   하나님 아버지를 부르라

3 첫번째 간청 : 이름이 거룩히 여김을 받으시오며 / 77
   하나님을 경배하면 하나님과 만난다

4 두 번째 간청 : 나라이 임하옵시며 / 101
   하나님 나라의 원칙들에 대해 배우기

5 세 번째 간청 : 뜻이 이루어지이다 / 123
   여러분의 생활을 위해 하나님의 계획에 따르기

6 경첩 : '땅에서'와 '하늘에서' / 149
   당신의 부문에 대한 요약

7 네 번째 간청 : 우리에게 일용할 양식을 주옵시고 / 165
　　　필요한 것들을 요청하기

8 다섯 번째 간청 : 우리 죄를 사하여 주옵시고 / 193
　　　죄 사함을 얻고 깨끗한 기분을 느끼기

9 여섯 번째 간청 : 우리를 시험에 들게 하지 마옵시고 / 225
　　　장애들에 대한 승리를 발견하기

10 일곱 번째 간청 : 악에서 구하옵소서 / 253
　　　내 생활을 위한 방어

11 축복 / 273
　　　올바르게 끝내는 방법

맺음말 : 여러분이 기도할 때 무슨 말을 할 것인가? / 289

부 록
　1 : 주기도문을 암송하는데 대한 찬성과 반대의 논쟁 / 292
　2 : 왜 우리는 공적 그리고 사적으로 주기도문을 기도해야 하는가? / 295
　3 : 주기도문에 관한 마태복음과 누가복음 이야기의 비교 / 298

LORD'S PRAYER

주기도문

9 그러므로 너희는 이렇게 기도하라. 하늘에 계신 우리 아버지여 이름이 거룩히 여김을 받으시오며
10 나라이 임하옵시며 뜻이 하늘에서 이룬 것 같이 땅에서도 이루어지이다.
11 오늘날 우리에게 일용할 양식을 주옵시고
12 우리가 우리에게 죄 지은 자를 사하여 준 것 같이 우리 죄를 사하여 주옵시고
13 우리를 시험에 들게 하지 마옵시고 다만 악에서 구하옵소서
  (나라와 권세와 영광이 아버지께 영원히 있사옵나이다. 아멘)

마태복음 6:9~13

하늘에 계신 우리 아버지여,
이름이 거룩히 여김을 받으시오며, 나라이 임하옵시며,
뜻이 하늘에서 이룬 것같이 땅에서도 이루어지이다.
오늘날 우리에게 일용할 양식을 주옵시고,
우리가 우리에게 죄 지은 자를 사하여 준 것같이
우리 죄를 사하여 주옵시고,
우리를 시험에 들게 하지 마옵시고,
다만 악에서 구하옵소서.
대개 나라와 권세와 영광이 아버지께 영원히 있사옵나이다.
아멘.

서 문

나는 매일 어떻게 주기도문을 기도하는가?

내 눈이 번쩍 뜨였다. 따뜻한 이불 사이로 나는 디지털 알람 시계를 쳐다 본다. 반짝거리는 숫자들이 아침 5시 55분임을 알려 주고 있다. 어젯밤 늦게 잠자리에 들었기 때문에 근육이 욱씬거렸다. 나는 충분한 잠을 자지 못했다. 내 몸은 반쯤 깨어 있으나 내 정신은 이미 활동하기 시작했다. 나는 오늘 해야 할 모든 일들에 대해 생각하기 시작한다.

나는 팔을 뻗어 알람 시계를 끈다. 내 시계는 매일 아침 6시에 맞추어져 있으나 내 정신은 그보다 몇 분 일찍 깨도록 되어 있다.

나는 이불을 접어서 내 허리까지 내린다. 시원한 공기가 내 가슴으로 돌진해 와 나를 깨운다. 내 정신과 몸은 이제 똑같은 상태에 있다. 나는 기도할 준비가 되어 있다.

나는 침대에서 나오기 전이라도 주기도문을 외우기 시작한다. 어떤 사람들은 침대에서 기도할 수 없다고 내게 이야기한다. 그들은 따뜻한 침대에서 빠져 나올 수 없다면 다시 자야 한다고 주장한다. 일단 내 눈이 떠 지기만 하면 내 정신은 활동하기 시작한다. 나는 다시 잘 수 없기 때문에 침대에서 빠져 나오기 전이라도 나는 생각하고 기도하기 시작한다.

하늘에 계신 우리 아버지… 하늘에서 거룩히 여김을 받으시듯이 오늘 저의 일에서 이름이 거룩히 여김을 받으시옵소서.
나라이 임하옵시며 … 하늘을 다스리시듯 이 땅에서의 저의 생활을 다스려 주시옵소서.
뜻이 이루어지이다 … 당신의 뜻이 하늘에서 완전하게 이루어진 것처럼 공부하고 가르치고 상담하는데 있어서 당신의 뜻이 이루어지이다.
저에게 일용할 양식을 주옵시고 … 오늘 저의 육체적인 강건함과 모든 필요성을 위해 저에게 일용할 양식을 주옵시고
저의 죄를 사하여 주옵시고 … 저의 행동과 뜻을 포함한 저의 죄의 결과들을 사하여 주옵시고, 저의 죄를 사하여 주신 것처럼 다른 사람들도 사하여 주시옵소서
저를 시험에 들게 하지 마옵시고 … 죄가 저를 압도하지 못하도록 하옵시고 제가 오늘 승리하도록 해 주시옵소서.
악에서 구하옵소서 … 저를 육체적이고 영적인 피해에서 보호해 주시옵소서.
나라가 아버지께 있사옵나이다 … 저는 제 생활에 대한 당신의 전지전능하신 지배를 알고 있습니다.

권세가 아버지께 있사옵나이다 … 저는 당신께서 이 일들을 하실 수 있다는 것을 알고 있습니다.
영광이 아버지께 있사옵나이다 … 저는 당신께서 주시는 모든 응답을 믿습니다.
예수님의 이름으로 ….
아멘.

내가 침대에서 빠져 나오기 전에 대개 주기도문을 외우는데 걸리는 시간은 약 1분이다. 이제 나는 하루를 시작할 영적인 준비가 되어 있다. 그러나 나의 주된 기도 시간은 침대에 누워 있을 때가 아니며 더구나 주기도문을 외우는 시간도 아니다. 주기도문은 나의 하루를 바르게 시작할 준비를 하는 "기상" 기도이다.

어떤 사람들은 말씀 묵상과 기도를 위해 내 사무실에 바로 가지 않는다고 비난할지도 모른다. 만약 그것이 여러분의 유형이라면 계속 그렇게 하라. 그러나 아침에 말씀 묵상을 하는 시간을 가지지 않는 사람들은 그나마 침대에서 주기도문을 외우는 것이 전혀 하지 않는 것보다 낫다.

나는 땀복을 입는다. 목욕할 때 입는 옷은 그다지 따뜻한 느낌을 주지 않기 때문이다. 아래층으로 내려 가서 나와 내 아내 룻(Ruth)이 마시기에 충분한 양의 커피를 끓인다. 비타민 알약을 먹고 조간 신문을 가져 오기 위해 우편함까지 뛰어 갔다 온다. 돌아와서 설탕 없이 크림만 조금 넣은 커피를 타고 밤 사이의 전세계 뉴스를 듣기 위해 TV를 켠다. 약 15분 동안에 커피를 마시고 조간 신문 읽는 것을 끝내게 되며 나는 세계에서 무슨 일이 일어나고 있는지를 알게 된다.

나는 신문을 읽고 커피를 마신 후에 위층으로 올라가서 내 아내를 깨운다. 그렇게 하기 전에 성서를 읽으면서 내가 마실 커피와 내 아내를 위한 두 잔의 커피를 따른다. 나는 그녀를 깨우고 조간 신문과 함께 침대 스탠드에 커피를 놓는다. 장미꽃이 필 때(장미 관목은 1886년 할아버지가 할머니에게 주셨다) 나는 그녀의 하루를 밝게 해 주기 위해 노란 캐롤라이나 장미를 가져다 준다.

그리고 나는 하나님께 헌신하기 위해 내 사무실로 간다. 나는 하루 일과를 고정시켜 놓지 않는다. 어떤 때는 대개 주기도문을 외우면서 기도로 시작한다. 어떤 때는 성서를 읽으면서 시작한다(나는 매년 성서 한 권을 다 읽으려고 한다). 어떤 때는 기도송을 부르기 위해 찬송가 책을 열면서 시작한다. 기도송은 "아멘"이라는 후렴구로 끝나기 때문에 찾기가 쉽다. 어떤 때는 내가 가르치는 성경반을 위해 성서의 한 구절을 찾으면서 시작하기도 한다. 그렇다 하더라도 나는 주기도문을 외우면서 하나님에 대한 매일의 헌신을 시작한다.

하나님을 홀리데이 인(Holiday inn)에 모시기

어느 날 아침 나는 홀리데이 인에서 깨어 났다. 홀리데이 인의 방들은 어두운 올리브 황갈색의 동일한 색상, 동일한 방 구조, 동일한 가구 배치를 하고 있다. 홀리데이 인은 내 집처럼 따뜻하지 않다. 이 특별한 날, 해는 구름 뒤에 숨어 있었고 공기 속의 습도는 비가 올 것 같은 느낌을 주었다. 물방울이 지붕 위에서 창문 밖 웅덩이로 떨어졌다. 어젯밤 늦게 잠자리에 들어 충분한 수면을 취하지 못했기 때문에 내 근육과 관절은 쑤셨다. 내가 마신 커피, 아침 식사와 조간 신문은 나를 완전히 깨우지 못했다.

하나님께서 홀리데이 인에 계신 것 같은 느낌이 들지 않았다. 하나님께서는 백만 마일이나 멀리 떨어져 계신 것 같았고 구름 낀 하늘은 하나님을 가로막고 있었다. 억지로 성서를 읽어 보아도 하나님이 계신 듯한 기분이 들지 않았다. 하나님께서는 내게서 멀어지신 것 같았다. 그래서 나는 홀리데이 인 침대에 무릎을 꿇고 앉아서 하늘에 계신 아버지를 우러러 보고 예배했다.

"하늘에 계신 우리 아버지…"

하나님은 이 세상을 창조하시고 운영하시는 분이라는 사실을 기억하기 위해 잠시 숨을 멈추었다. 그러나 매우 중요하게 나는 "당신은 저를 돌보아 주시는 아버지이십니다"라고 말했다. 또 나는 "제가 저의 가족을 돌보듯이 당신은 저를 돌보아 주십니다"라고 당신의 선(goodness)을 찬미했다.

"이름이 거룩히 여김을 받으시오며…"

"거룩히(hallowed)"라는 단어는 "신성하다(holy)"는 의미이다. 그래서 나는 "하나님께서 저의 생각, 저의 대화, 오늘에서 거룩하시옵소서"라고 기도했다.

다음 나는 "거룩, 거룩, 거룩! 전능하신 하나님! 이른 아침 우리의 노래가 당신께 이르네"라는 찬송가를 부르기 시작했다.

내가 하나님을 찬미했을 때 도시의 공원에 스며드는 안개처럼 내 방 안으로 하나님의 존재가 스며드는 것을 느끼기 시작했다. 어두운 홀리데이 인의 방은 밝아지기 시작했다. 그 날에 대한 나의 느낌도 따뜻해졌다. 바깥의 날씨는 위협적이었으나 나는 포근한 느낌을 가졌다(그러나 무언가를 느끼기 위해 기도하지 마라. 느낌은 기도의 결과 생기는 하나의 부산물일 수 있다).

주기도문을 외우면서 나는 하나님께 예배를 드린다. 나는 내 관심거리에 대해 기도하는 것이 아니라 하나님께 초점을 맞추고 기도한다. 하나님께 예배 드릴 때 하나님께서는 나의 예배를 받으시기 위해 내게 오신다는 것을 알았다.

> 당신이 하나님께 예배 드릴 때 하나님은 당신에게 오실 것이다

예수님께서는 하나님 아버지께서 자신에게 예배하는 자들을 찾으신다고 우리에게 가르치셨다(요한복음 4:23을 보라). 그래서 내가 성서에 따라 하나님을 예배할 때 하나님께서는 나의 예배를 받으시기 위해 홀리데이 인의 방을 찾으신다.

대부분의 사람들은 하나님께서는 하늘에 거하신다고 생각한다. 성서는 "주는 하나님의 백성들의 찬송 중에 거하신다"(시편 22:3 - 저자 의역)라고 가르친다. 하나님께서는 찬송 받는 것을 좋아하시기 때문에 자신을 찬송하는 사람들이 하는 말을 듣기 위해 오신다.

> 당신이 충심으로 하나님을 찬송하면
> 하나님께서는 당신이 하는 찬송을 받기 위해 당신을 찾으실 것이다.

그래서 하나님께서는 그 우울한 날에 우중충한 홀리데이 인의 방을 찾아 주셨다. 하나님의 존재가 내 아침을 채워 주었고 나는 하나님을 느꼈다. 내가 하나님을 느끼지 못할 때 나는 하나님께 예배를 드리고, 하나님께서는 나의 예배를 받으시기 위해 찾아 오신다. 이 모든 것은 주기도문을 외우면서 나의 하루를 시작하기

때문에 생기는 것이다.

일곱 가지의 간청

주기도문에는 일곱 가지의 간청이 들어 있다. 첫번째 간청은 **"이름이 거룩히 여김을 받으시오며"** 로서 하나님을 경배하는 것이다. 여러분이 하나님을 올바르게 경배할 때 하나님의 존재가 여러분에게 온다는 사실을 막 이야기했다. 3장에서 이 간청으로 얻는 여러 가지의 혜택들을 알게 될 것이다.

여러분이 **"나라이 임하옵시며"** 라는 두 번째 간청을 기도할 때 여러분은 하나님 나라의 기준에 의해 통치되는 매일의 생활에서 도움을 요청하고 있는 것이다. 4장에서 많은 다른 혜택들을 발견할 것이다.

5장에서는 하나님께서 여러분의 생활에 대한 계획을 가지고 계시며 만약 여러분이 충심으로 **"뜻이 이루어지이다"** 라고 기도하면 하나님께서는 여러분에게 최상의 생활 방법을 발견하는데 도움을 주실 것이라고 설명하고 있다.

앞의 세 가지 간청들은 그 중심이 하나님이기 때문에 – 예를 들면 (**당신의**) 이름이 거룩히 여김을 받으시오며, (**당신의**) 나라이 임하옵시며, (**당신의**) 뜻이 이루어지이다 등 – "당신의 간청들"이라고 불린다. 올바르게 기도하기 위해 여러분은 하나님과 하나님의 뜻에 초점을 맞추어야 한다.

네 번째 간청은 "당신의 간청들"에 붙어 있기 때문에 "경첩 간청"이라고 한다. 경첩(Hinge)이 양방향으로 문을 밀고 당길 수 있도록 문에 붙어 있는 것처럼 이 간청은 하나님의 영광과 한 개인의 영적인 생활에 붙어서 양쪽을 연결을 해 주고 있다. 이 경첩 간청은 "**우리에게 일용할 양식을 주옵시고**"이다. "**양식**"은 여러분의 물리적인 생활을 나타내는 상징어이다. 하나님을 영광되게 하고 또 영적으로 살기 위해 여러분에게는 물리적인 생활이 필요하다.

일단 하나님께서 경첩 간청을 통해 여러분의 물리적인 필요를 충족시키기 위한 양식을 주신다면 여러분은 이제 마지막 세 가지 간청들을 할 준비가 되어 있다. 이들 간청을 "우리 간청들"이라고 한다(예를 들어 **우리** 죄를 사하여 주옵시고, **우리를** 시험에 들게 하지 마옵시고, (**우리를**) 악에서 구하옵소서).

주기도문에 있는 간청들을 전반적으로 개괄하여 보면 다음과 같다.

"**당신의**" 간청들 "하늘에서"	하나님의 영광을 위해 기도하기 1. (당신의) 이름이 거룩히 여김을 받으시오며 2. (당신의) 나라이 임하옵시며 3. (당신의) 뜻이 이루어지이다
중간 결론 :	하늘에서 이룬 것 같이 땅에서도
경첩	4. 우리에게 일용할 양식을 주옵시고
"**우리**" 간청들 "땅에서"	우리의 영적인 것을 위해 기도하기 5. 우리 죄를 사하여 주옵시고 6. 우리를 시험에 들게 하지 마옵시고 7. (우리를) 악에서 구하옵소서
축복	나라와 권세와 영광이 아버지께 영원히 있사옵나이다

하늘로 향해 뻗고 있는 나무가 땅 속으로 뻗어 내려가는, 보이지 않는 뿌리 체계에 의해 지탱되고 있듯이 이들 일곱 가지 간청들 각각은 많은 뿌리들을 가지고 있다. 여러분이 각각의 간청을 할 때 많은 혜택들이 주어질 것이다. 이 책을 주의 깊게 연구한다면 여러분의 인생이 바뀔 것이다. 여러분은 하나님께 좀더 가까워질 것이다. 그리고 기도에 대한 많은 응답을 받을 것이다.

여러분이 이 책에서 주기도문에 대한 깊은 통찰력을 얻게 된다 하더라도 나는 주기도문의 각 구절의 의미를 검토하기 위해 이 책을 쓴 것이 아니다. 나는 여러분이 주기도문을 이용하여 하나님께 이야기하는 것을 도와 주기 위해 이 책을 썼다.

비록 여러분이 매일 여러 번 주기도문을 기도하도록 독려하기를 원하지만 매일 기계적으로 암기하여 외우도록 하기 위해 이 책을 쓴 것이 아니다. 나는 여러분이 주기도문 안에서 살고 경험하도록 하기 위해 이 책을 썼다.

비록 적당히 주기도문을 기도하면 하나님으로부터 응답을 받는 것을 경험하는데 도움이 되겠지만 하나님으로부터 무언가를 받는데 도움이 되는 도구로서 이 책을 쓴 것은 아니다.

나는 여러분의 생활을 변화시키기 위해 이 책을 썼다.

내 친구 한 사람은 영국 성공회의 목사로서 매주 일요일 아침에 자신의 신도들에게 "나는 하나님을 알고 있다. 오늘 아침 이 경배 예배에서 여러분은 하나님을 알 수 있다" 라고 촉구한다.

그리고 교회의 목사 옷을 입고 서서 신도들에게 하나님을 알고자 하는 가장 큰 도전 과제를 제공한다.

그는 "이번 주 저는 하나님과 계속 만나 왔는데 오늘 아침 여러분은 하나님과 만날 수 있습니다. 그러나 더 중요한 것은 하나님께서 여러분과 만나실 수 있다는 것입니다"라고 말한다.

여러분이 매일 주기도문을 경험할 때 여러분이 "하나님을 만날 수" 있도록, 그러나 더 중요한 것은 지금 당장 여기서 "하나님께서 당신을 만나주실 수 있도록"하기 위해 나는 이 책을 썼다.

1997년 봄, 버지니아 주 Blue Ridge Mountains의 자택에서
그리스도의 품 안에 있는 진실한 엘머 타운즈가

LORD'S PRAYER

나를 위한 주기도문

하늘에 계신 아버지, 당신의 이름이 제 안에서 거룩하시고

당신의 나라가 저의 생활을 다스리시며

당신의 뜻이 저를 지배하시며

하늘에서처럼 땅에서도 당신은 전지전능 하옵시며

오늘의 필요를 위해 저에게 일용할 양식을 주옵시며

제가 저에게 죄 지은 자를 용서하듯이 저의 죄를 사하여 주옵시며

저를 시험에 들게 하지 마옵시며

악에서 저를 보호해 주옵시며

당신의 나라가 제 생활을 다스리시옵고

당신의 권력은 무엇이든지 할 수 있사오며

당신의 영광이 영원하시옵소서.

아멘.

하늘에 계신 우리 아버지여,
이름이 거룩히 여김을 받으시오며, 나라이 임하옵시며,
뜻이 하늘에서 이룬 것같이 땅에서도 이루어지이다.
오늘날 우리에게 일용할 양식을 주옵시고,
우리가 우리에게 죄 지은 자를 사하여 준 것같이
우리 죄를 사하여 주옵시고,
우리를 시험에 들게 하지 마옵시고,
다만 악에서 구하옵소서.
대개 나라와 권세와 영광이 아버지께 영원히 있사옵나이다.
아멘.

1. 기도하기 전에 :
기도 시간은 어느 정도면 충분한가?

당신은 1분 동안 기도할 수 있는가?

나는 조그만 벽장에 들어 갔다. 벽들과 문이 나를 죄어 왔으나 나는 개의치 않았다. 나는 무릎을 꿇고는 북쪽 모서리를 보았다. 나는 위험하지 않은 미지의 경험을 할 준비를 하고 있었다. 그러나 무엇을 예상할 수도 없었고 또 무엇을 해야 할지도 몰랐다.

나는 17살난 대학 신입생이었으나 조그만 벽장에 들어가는 것이 대학생으로서의 장난거리는 아니었다. 나는 대학교 서클에 가입하지도 않았으므로 그 신고식으로서 어느 누구도 나를 벽장에 밀어 넣지도 않았다.

딱딱한 나무 마룻바닥이 무릎을 아프게 했다. 앙상한 나의 무릎 때문에 나는 1시간 동안 무릎을 꿇고 있을 수 없었다. 나는 선생님이나 학교 관리부에 의해 벌을 받고 있는 것이 아니었다. 나는 내 자유 의지로 벽장에 들어가기로 결정하였고, 그곳에서 한 시간, 어쩌면 두 시간 이상을 무릎 꿇을 계획을 하였다.

나는 사우스 캐롤라이나 주의 콜럼비아에 있는 콜럼비아 성경대학의 신입생으로서 영적인 것에 관한 소개라는 과목을 수강하였다. 선생님은 중간고사 이전에 하나님을 경험할 것이라고 약속하였다. 나는 영적인 것에 관심이 많았기 때문에 나는 성심성의껏 읽기 과제물을 수행하였다. 내가 가장 기대했던 과제물 중의 하나는 한 시간 동안 기도하는 것이었다. 우리는 한 시간 동안 혼자서 하나님과 함께 지내는 과제를 받았다. 예수님께서 제자들에게 "너희가 나와 함께 한 시간 동안도 이렇게 깨어 있을 수 없더냐?"(마태복음 26:40)라고 말씀하셨기 때문에 우리는 한 시간 동안 기도해야 한다고 선생님께서는 설명하셨다.

몇몇 학생들은 불평하였고 나는 종종 그들이 적당히 꾸며대지 않을까? 라는 의문을 갖기도 하였다. 그렇다 하더라도 나는 그렇지 않았다. 나는 영적이기를 원했기 때문에 한 시간 동안 기도하는 것을 꼼꼼하게 준비했다. 기숙사에서 오후 2시부터 3시까지의 시간은 조용했기 때문에 나는 이 시간을 비워두었다. 내 방 동료는 대개 운동장에 있었기 때문에 그는 아마 방에 없을 것이었다.

나는 렉터 홀(Legters Hall) 427호에 방 배정을 받았다. 각 방은 천장이 높았고 벽난로가 있었다. 이 홀은 현대적인 배관 방법 이전에 세워졌으나 씻기 편하게 입구의 벽에 반짝거리는 하얀 싱크대가 붙어 있었다. 모든 배관과 전선은 홀 아래와 벽을 따라 눈에 보이게 깔려 있었다. 그래서 나는 그 기숙사를 주름진 얼굴의 우아한 부인이라고 불렀다. 그 건물이 지어졌을 때는 아름다웠으나 지금은 120년이 지났다. 내가 나의 기숙사를 자세하게 표현했으므로 여러분은 내 방에 나와 내 방 동료를 위한 아주 작은 벽장이 있다는 것을 짐작할 수 있을 것이다. 나는 "너는 기도할 때에 네 골방에 들어가"(마태복음 6:6)라는 예수님의 말씀을 읽었기 때문에 벽장 안에 억지로 들어간 것이다.

나는 영적이기를 원했기 때문에 문자 그대로 명령에 따랐다. 나는 벽장에 걸린 내 코트와 양복 바지를 옷걸이에서 걷어내어 침대 위에 두었다. 그리고 방 동료의 옷들은 그대로 둔 채 내 신발과 함께 방 동료의 신발, 더러운 양말들을 치웠다. 왜냐하면 코가 발 냄새로 가득 차 있다면 마음에 예수님을 두기가 어렵기 때문이다.

벽장은 코트 걸이처럼 깊었다. 나는 벽장의 북쪽 모서리를 향해 무릎을 꿇기로 하였다. 내가 발을 뻗었을 때 내 발이 방 동료의 옷에 닿았다. 그것이 방 동료의 신발들을 치워야 했던 이유였다.

예수님께서 "문을 닫고 기도하라"(마태복음 6:6)라고 말씀하셨기 때문에 나는 한 시간 동안 벽장 안에 나 자신을 밀어 넣었다.

나는 15분 전에 벽장을 정리했다. 나는 내 기도의 요청 사항들을 노트에 적었고 어둠 속에서는 그것들을 볼 수 없으므로 리스트한 사항들을 예행 연습했다. 명백하게 주름진 얼굴의 아름다운 노부인의 벽장 안에는 빛이 없었다. 나는 가장 중요한 것을 리스트의 제일 앞에 두었다. 만약 내게 시간이 있었다면 덜 중요한 사항들도 챙겼을 것이다.

나는 밤에 자러 가기 전에 거의 그렇게, 오랫동안 기도하지 않았다. 나는 철야 기도 모임에 관한 이야기를 읽어 왔고, 또 매일 몇 시간씩 기도하는 수도승들에 관해 들어 왔다. 나는 그렇게 할 수 없음을 알았으나 내가 얼마동안 기도할 수 있는지 궁금했다.

그 대학은 각 방마다 대문자로 인쇄한 "**바쁨**(BUSY)"이라는 팻말을 가지고 있었다. 우리가 "**바쁨**"이라는 팻말을 걸 때 그것은 우리가 공부하고 있다는 것을 의미하였다. 아무도 "**바쁨**" 표시를 방해하려 하지 않았다.

　오후 1시 59분. 나는 "바쁨" 팻말을 걸었다.

　그 벽장은 너무 좁아서 몸을 돌리기가 어려웠다. 그래서 북쪽을 향하게 몸을 밀어넣고는 무릎을 꿇고 앉아서 문을 닫았다. 서서 문을 닫는다는 것은 불가능했다.

　벽장은 칠흙같이 깜깜했다. 무거운 참나무 문은 보이지 않았다. 나는 벽장의 북쪽 끝을 바라보고 있었기 때문에 문 아래로 새어 나오는 불빛을 볼 수 없었다.

　어둠이 나를 사로 잡았다. 이전에 경험했던 것보다 나는 더 외로웠다. 평상시의 오후 기숙사 생활 소리는 두꺼운 벽돌 벽을 뚫을 수 없었다. 벽장의 옷들은 방의 가장자리에서 우연히 새어나오는 어떠한 소음도 흡수했다. 나는 침묵의 세계에 들어 갔다.

　나는 내 생애에서 그랬던 것보다 더 많이 하나님과 함께 혼자 있었다. 나는 기도하기 위해 눈을 감았으나 그럴 필요가 없었다. 내가 눈을 뜨거나 감거나 벽장 안은 깜깜했다. 나는 하나님께서 그 어둠 속에 계신지 궁금했다. 나는 하나님께서 그곳에서 나를 만나실지 궁금했다. 나는 "안녕하세요! 하나님… 거기 계십니까?"라고 말하고 싶을 정도였다.

　나는 장로교의 주일 학교에서 교육을 받아 왔기 때문에 교회의 성소(聖所)에 들어갈 때 어느 정도 경건해야 하는지를 알고 있었다. 나는 조그마한 장로 교회에서 많은 기도를 들어 왔기 때문에, 나는 "친애하는 아버지…"라고 시작했다.

어둠 속에서 하나님과 만나기

나는 그 어두운 벽장 속에서 하나님과 만나기 위해 나의 모든 기도에서 했던 방식 그대로 기도했다. 나는 하나님으로부터 얻고자 했던 것들, 또는 하나님께서 내게 해 주시기를 원했던 일들의 리스트로 바로 넘어 갔다. 내가 만약 주기도문의 공식을 알았더라면 나는 먼저 하나님을 경배했을 것이다. 나는 영적으로 어렸는데, 어린애 같은 영혼을 가진 사람들은 하나님 아버지께로 달려가서 묻는다. "제게 무엇을 가져다 주시겠습니까?"

어린이들은 항상 무엇인가를 요구한다.

나는 단지 무엇인가를 요청할 때 기도 시간이 짧아진다는 것을 그때는 알지 못했다. 우리는 그렇게 오랫동안 무언가를 간청할 수 있다.

오랫동안 기도한 후에 내 무릎이 아파오기 시작했다. 나는 이쪽 무릎과 저쪽 무릎을 번갈아 가며 흔들었다. 나는 말랐기 때문에 내 무릎은 뼈만 앙상했다. 무릎뼈의 고통으로 말미암아 기도가 산만해졌다. 나는 마루 위에 수건이나 조그만 깔개가 있었으면 했다. 나는 심지어 그 고통을 덜어줄 몇 켤레의 더러운 양말이라도 있었으면 했다.

내가 기도 리스트로 돌아왔을 때 나는 그 고통을 잊어 버렸다. 나는 더 많은 요청 사항들을 이야기하면서 기도에 몰두했다. 나는 하나님께 이야기하고 있고 하나님께서는 내 이야기를 듣고 계신다는 느낌이 들었다.

내가 리스트의 끝에 도달했을 때 나는 시간이 어느 정도 되었을까 궁금해졌다. 내 시계를 찾았으나 내 팔을 볼 수 없었다. 내 시계는 야광 시계 이전의 것이었다. 나는 눈을 부릅떴으나 아무것도 볼 수 없었다. 시간이 얼마쯤 되었는지에 대한 궁금증이 기도를 방해한 두 번째 요인이었다.

내 정신이 맑아졌기 때문에 나는 다시 시간이 얼마 걸리든 간에 내 요청 리스트에 관해 줄곧 기도하기로 결정하였다. 만약 내가 그래야 한다면 한 시간 이상 머물러야 할 것이다.

내 요청 사항에 관해 기도하는 것을 두 번 끝내고 나는 일반적인 일에 관해 하나님께 계속 이야기했다. 그러자 내 정신은 운동과 수업, 그리고 여자들 생각으로 사로 잡혔다. 나는 소프트 볼에 관해 생각하기 시작했고 육상 필드에 있기를 원하는 나 자신을 발견했다. 소프트 볼에 관하여 생각한 것은 내 기도의 세 번째 방해 요인이었다.

나는 내 요청사항에 관해 세 번째로 기도하기로 결정하였다. 이때 나는 더 빠른 속도로 기도했다. 나는 저녁 식사를 거르기 싫었다.

더 이상 기도할 것이 없다고 생각했을 때 나는 내 기도를 끝내기로 결정했다. 나는 벽장에서 내 오후 시간의 대부분을 보냈다고 확신했다. 벽장은 작아서 문을 열고 뒤로 해서 나왔다.

나는 내 눈을 깜빡이며 비볐다. 그리고 아픈 무릎을 마사지했다. 옆에 있는 테이블로 가서 고등학교 졸업 선물로 받았던 조그만 여행용 시계를 들었다. 나는 내 눈을 믿을 수 없었다. 그 시계가 째깍거리고 있는지를 알아 보기 위해 그 시계를 내 귀에 갖다 대었다. 그 시계는 가고 있었다.

나는 겨우 17분 동안 기도했다.

이 사건은 나의 젊은 자아(自我)를 한방 먹였다. 나는 대학교에 있는 다른 어떤 사람보다 더 빨리 달릴 수 있다는 것을 알았다. 내가 해야 하는 일은 내 마음의 결정을 하고, 또 내 자신이 그렇게 하도록 하는 것이었다. 나는 마음 먹은 일은 무엇이든지 할 수 있다고 생각했다. 나는 한 시간 동안 기도하도록 마음을 결정했으나 겨우 17분 동안 기도했던 것이다.

나는 내 실패에 위축되었다.

여러분은 어떻게 기도 생활을 하고 있는가?

자, 이제 여러분에 관해 이야기하자. 여러분은 하나님과 함께 걸을 때 어디에 있는가? 어쩌면 여러분은 기도에 관해 전혀 생각하고 있지 않을지도 모른다. 주기도문을 외우면서 시작하라. 겨우 1분밖에 걸리지 않는다. 어쩌면 여러분은 매일 기도하는 꿈을, 그리고 하나님과 한 시간을 함께 하는 꿈을 꿀지도 모른다. 그러나 꼭 그 시간을 갖지는 마라. 여러분은 꼭 한 시간 동안 기도하지는 못할 것이다. 너무 많은 시간을 기도하려고 하지 마라. 주기도문과 함께 시작하라. 여러분은 예수님께서 명령하신 것을 하고 있는 것이다. 여러분은 1분 기도로 시작할 수 있다.

영적인 것에 관한 강의 담당 교수님께서는 내게 1시간 동안 기도하는 과제를 주셨다. 얼마동안 기도할 것인가에 관해 우리에게 알려 주는 성서의 유일한 장소는 "1시간 동안 나와 함께 깨어 있을 수 없느냐?"라고 예수님께서 하신 질문에 있다.

예수님께서 1시간 동안 **기도하라고** 명령하시지 않았다는 사실에 주목해야 한다. 예수님께서는 1시간 동안 **깨어 있는 것**에 관해 이야기하셨다. 1시간 동안 **깨어 있는 것**과 **기도하는 것**에는 차이가 있다. 몇몇 사람들은 1시간 동안 기도할 수 있으나 나는 사람들이 오랫동안 기도하는 것을 도와 주기 위해 이 책을 쓴 것이 아니다. 나는 여러분이 하나님께 이야기하는 것을 도와 주기 위해 이 책을 썼다. 여러분은 1분 이내에 주기도문을 기도할 수 있으며 바르게 기도한다면 그 1분은 여러분의 생활을 바꿀 수 있다.

주기도문을 기도하는 것은 얼마동안 기도할 것인가에 관한 것이 아니다. 그 초점으로서 예수님께서는 제자들에게 주기도문을 외우라고 말씀하시기 전에 다음과 같은 중요한 말씀을 하셨다.

> 또 기도할 때에 이방인과 같이 중언부언하지 말라. 저희는 말을 많이 하여야 들으실 줄 생각하느니라(마태복음 6:7).

이 명령에서 예수님께서는 두 가지를 못하도록 경고하셨다. 첫째, 예수님께서는 우리들이 반복하여 계속 기도의 말을 하기를 원치 않으신다. 둘째, 단순히 우리가 길게 하나님 아버지께 이야기하기 때문에 하나님께서 우리의 이야기를 들으신다고 생각하지 않기를 원하신다. 효과적인 기도는 얼마나 큰 소리로 이야기하는가, 또는 얼마나 오랫동안 기도하는가, 또는 반복적으로 계속하여 주기도문의 말씀을 기도하는 것에 의해 측정되는 것이 아니다. 여러분이 진실하면(접근방법이), 그리고 여러분이 올바른 것만을 구할 때(여러분이 말하는 것), 여러분의 기도는 효과적이게 될 것이다.

비록 여러분이 주기도문을 기도하지 않을 때라도 그리고 올바르게 하나님께 접근하지 않더라도 여러분의 기도는 여러분이 필요로 하는 것을 가져다 줄 것이다. 예수님께서는 "구하기 전에 너희에게 있어야 할 것을 하나님 너희 아버지께서 아시느니라(마태복음 6:8)"라고 우리에게 말씀하신다.

대학 신입생 때 벽장에 있었던 내가 한두 시간 동안은 기도했다고 생각했지만 겨우 17분 동안 기도했던 것에 대한 또 다른 이유가 있다. 그것은 기도에서 내가 말한 내용과 관련이 있었다. 나는 필요한 잡화 품목 리스트를 가지고 하나님께 갔었고, 그 리스트를 급하게 읽어 내려갔다. 여러분이 사람들이나 물건들의 리스트를 위해 기도할 때 그 기도는 기계적일 수 있다. 반면에 만약 내가 경배로 시작했다면 어쩌면 이야기거리가 바닥나지는 않았을 것이다. '에너자이저 건전지 광고에 나오는 토끼(Energizer Bunny)'처럼 여러분이 하나님에 관해 계속해서 찬미할 수 있는 것들은 매우 많다.

> **어떻게 하나님을 찬미하기 시작할 것인가?**
> 특별히 성서에 기록된 대로 여러분의 생활에서 하나님께서 해주신 모든 일에 대해 감사하고자 하며, 하나님께서 창조하신 모든 것들에 대해 하나님께 경배하고자 하며, 하나님께서 하신 모든 일들에 대해 하나님을 찬미하고자 하라. 그리스도 안에서 여러분이 가진 모든 것에 대해 하나님을 찬미하고자 하라.

주기도문을 반복하면서 하나님께 이야기하는 방법을 배운다면 여러분은 모든 기도하는 데서 도움을 받을 것이다. 주기도문은 여러분이 하나님께 이야기하는 것처럼 하나님을 경배하면서 시작하는 방법을 가르쳐 줄 것이다.

아기들은 무엇인가 필요하기 때문에 부모에게로 달려 간다. 그들이 자라서 어른이 되어 갈수록 그들은 부모에게 이야기하게 되고, 부모를 이해하게 되며 부모님과의 사랑이 호혜적이라는 것을 깨닫게 된다. 우리가 영적으로 성숙해갈 때 우리는 하늘에 계신 아버지와 이야기를 주고 받게 되며 하나님의 말씀에 귀를 귀울인다.

어느 날 나는 첫번째 간청인 "이름이 거룩히 여김을 받으시오며"에 매달렸고 기도 시간의 대부분을 이 간청을 반복하는데 보냈다. 나는 120여 가지 이상의 하나님의 이름들을 열거한 「내 아버지의 이름들」(*My Father's Names*: Regal Books, 1991)이라는 책을 썼다. 어느날 나는 그 책의 부록에 수록된 하나님의 모든 이름들을 열거하면서 기도했다. 하나님의 모든 이름이 내게 무엇을 뜻하는지를 알 수 있게 된 데 대해 나는 하나님께 감사드렸다. 내가 하나님의 많은 이름들을 거룩하게 하면서 하나님을 경배하는데는 꼭 1시간 이상이 걸렸다.

어떤 사람들은 1시간, 또는 더 오랜 시간 동안 기도하려고 하나 그들의 마음은 비어 있다. 그들이 무슨 말을 해야 할지 모를 때 그들은 자신의 직업, 텔레비전 또는 자신을 괴롭히는 무엇인가에서 헤맨다. 아무것도 생각하지 않는 텅빈 마음은 몸을 잠들게 만든다. 그것이 많은 사람들이 기도를 시작하지만 곧 잠들게 되는 이유이다.

하나님께서는 우리의 약점들을 알고 계신다. 하나님께서 우리에게 주기도문을 주신 이유 중의 하나는 우리가 기도하는 것을 돕고 잠들지 않게, 또 기도에 우리의 정신을 집중하게 하여 기도가 성공적으로 끝나게 하고자 하심이다.

수도원에서 수도승이 매일 기도하는데 1시간 또는 그 이상의 시간을 보낼 수 있다. 그렇다 하더라도 하나님을 만나는데는 겨우

1분밖에 걸리지 않는다.

그러나 대부분의 미국인들은 1분 동안도 기도할 수 없다.

통계에 따르면 대부분의 사람들이 주당 40시간 근무에 대한 급료를 받기 위해 작업장에서 40시간을 보내기 위해서는 그의 스케줄에서 약 54시간이 필요하다고 한다. 여기에는 집에서 직장까지의 출퇴근 시간, 점심 시간, 일하는 시간, 전화 통화 시간, 일과 관련된 다른 필요한 시간 등이 고려된 것이다. 이는 우리가 이전보다 더 시간이 없으며 우리 모두는 바쁘다는 것을 의미한다.

> 시간은 오늘날 세계의 통화이다

이 말은 모든 미국인들에게는 시간이 돈보다 더 중요하다는 의미이다. 여러분은 집에서 직장까지 출퇴근할 때, 또 고속도로를 운전하거나 고가철도를 탈 때 주기도문을 외울 수 있다.

여러분은 1분 안에 주기도문을 기도할 수 있으므로 매일 업무를 시작하려고 앉을 때 주기도문을 기도하는 것을 첫번째로 해 보는 것이 어떤가?

내가 대학 신입생일 때 해 보고자 했던 것처럼 여러분도 1시간 동안 기도하는 것에 관한 꿈을 꾸고 있을지도 모른다. 여러분은 더 오랜 시간 동안 하나님께 이야기함으로써 얻는 혜택을 꿈꾸고 있을지도 모른다. 한 시간을 기도하기 위해 끊임없이 기다리면서 여러분은 기도하는 것을 연기하고 있을지도 모른다.

그러나 지금 당장 여러분이 할 수 있는 것으로 시작하라.

> 불가능한 것에 대한 꿈은 가능한 것을 못하게 하는 실제적인 장벽이 될 가능성이 매우 높다.

주기도문의 세 단계

주기도문을 외우는 데는 세 단계가 있다.

첫째로 **입술의 단계**(lip level)가 있는데, 이는 부드럽게 말하든 큰 소리로 말하든간에 여러분의 간청이 입술 위에서 흐르는 것을 의미한다. 입술 단계는 여러분의 몸과 마음에 초점을 맞춘다.

두 번째 차원은 **정신의 단계**(mind level)로서 여러분이 주기도문을 마음 속으로 외울 때이다. 여러분이 정신을 집중하고 있을 때마다 그것이 판매 중이든, 또는 아무 생각이 필요없는 일을 하면서이든 주기도문을 기도하는 것이다.

세 번째로 **마음의 단계**(heart level)가 있다. 이것은 열정의 울음이나 깊은 사랑이다. 얼굴이 그 마음을 반영하기 때문에 마음의 기도는 대개 개별적으로 이루어진다. 여러분은 적당하지 못한 장소에서 울거나, 소리내어 웃거나 또는 미소를 지어서도 안 된다.

주기도문을 세 가지 모든 단계에서 기도하는 것은 중요하다. 여러분이 하나님을 혼자서 만나거나 또는 교회에서 다른 사람들과 함께 만날 때 큰 소리로 기도하라. 또 어떤 때는 조용히 속으로 기도하라. 하나님께서는 여러분의 생각들을 알고 계시므로 여러분의 요청을 들으실 것이다. 오직 여러분과 하나님만 계신 그런 특별한 상황에서 성심성의껏 열정적으로 기도하라.

이제, 내일 아침 자명종 시계가 울릴 때 주기도문을 기도할 것을 결심하라. 그리고 출퇴근 할 때 또는 업무 중일 때 적어도 한 번 이상은 주기도문을 기도하라.

오늘 하나님과 몇 분 간을 이야기하면서 시작하라. 주기도문으로 시작하라. 만약 여러분의 침실이나 개별 거실에 비밀이 보장되어야 한다면 마태복음 6:9~13의 성경을 펼쳐 보라. 그리고 예수님께서 우리에게 하신 말씀을 따라서 천천히, 경건하게, 의미있게 주기도문을 기도하라. 하나님께 연설하듯이 하지 마라. 단지 책에 있는 글들을 읽듯이 하지 마라. 일곱 가지 간청들이 여러분에게 각각 어떤 의미가 있는지를 하나님께 이야기하고 하나님께서 당신에게 해 주시기 원하는 것을 말하라.

기도의 유형을 개발하라. 매일 아침 회사에 가기 위해 차를 탔을 때 기계적으로 라디오를 켜는 대신 주기도문을 기도하라. 아마 여러분 생활의 특별한 곳에서 힘이 필요할 것이다. 그곳이 시작하는 곳일 수 있다.

사무실의 한 여성 부장이 한번은 자신의 경력에 관한 모든 것은 놀라운 것이라고 내게 이야기했다. 그녀는 일을 잘 했고 자신이 만들어 내는 것에 만족하였으며, 또 자신이 책임을 지고 있는 사람들을 관리하는 데 있어서도 편안함을 느꼈다. 그녀가 자신의 일에 대해 유일하게 싫어했던 것은 공장 관리자의 사무실에 불려 갈 때였다. 공장 관리자는 잔소리가 많았다. 그는 언제나 문제점들을 보고 불평하였다. 그는 결코 생산성이 증가하고 있음을 보여 주는 차트를 보지 않았다.

나는 그녀에게 "그의 사무실로 갈 때는 주기도문을 기도하라"고 말했다. 나는 그 공장에서 하나님의 이름이 거룩히 여김을 받으시도록, 하나님의 나라가 임하도록, 그리고 하나님의 뜻이 이루어지도록 기도할 것을 제안했다. 그녀는 나의 충고를 받아 들였다.

"그 기도로 제가 변했어요"라고 그녀는 말했다.

주기도문을 기도하면서 그녀의 두려움은 사라지고 그녀는 새로운 용기를 얻게 되었다. 공장 관리자에게 방어적인 대신에 그녀는 적극적으로 되었다.

"당신이 더 좋은 시각을 가질 수 있도록 제가 도와 드리겠습니다"라고 그녀는 공장 관리자에게 말했다.

"나는 주기도문에서 믿음을 얻었습니다. 주기도문은 내가 공장 관리인에게 사물을 바라보는 새로운 방법들을 공격적으로 제시하도록 북돋아 주었습니다. 나는 이제 내 책상에서 그의 사무실까지 걸어가면서 주기도문을 이야기합니다."라고 그녀는 증언하듯이 말했다.

우리는 주기도문을 기도할 때 매일의 문제들이 있는 장소에서 보다 다른 장소들을 찾아서 할 필요가 있다. 우리는 버스를 기다리는 시간이나 복사하기를 기다리는 시간들을 찾을 필요가 있다.

> 여러분의 미래의 비밀은 여러분의 매일의 일과에 달려 있다.

매일 거의 똑같은 시간과 장소에서 주기도문을 기도할 것을 결심하라. 여러분의 생활에 관하여 하나님께 이야기하는 습관을 가지도록 하라.

기대되는 일곱 가지 결과들

여러분이 매일 주기도문을 기도한다면 여러분은 여러분의 생활을 변화시키고 여러분의 미래를 다시 인도할 일곱 가지 일들을 받을 것이다.

첫째, 여러분은 매일 하나님을 찬미할 것인데 이는 "하나님의 이름이 거룩히 여김을 받으시옵소서"라고 기도하는 것을 의미한다. 매일 하나님을 경배할 때 여러분은 하나님에 대해 배우고 하나님 주변에서 편안하게 되기 때문에 기독교인으로서 성장한다. 여러분은 하나님께서 여러분에게 기대하시는 것을 배운다.

하나님께서는 함께 하심이라는 선물로 여러분에게 상을 주신다. "하나님께 나아가는 자는 반드시 그가 계신 것과 또한 그가 자기를 찾는 자들에게 상주시는 이심을 믿어야 할지니라"(히브리서 11:6). 매일 주기도문을 기도하는 데 대한 보상은 돈 이상의 것이다. 하나님께서는 하나님 자신, 하나님의 확신과 인도를 상으로 주신다.

내가 어렸을 때 나는 문에서 어린이들의 전형적인 질문인 "아빠, 제게 무엇을 사다 주실거예요?"라고 물으면서 아버지에게 인사를 했다.

내 아버지는 언제나 "나"라고 대답하셨다.

나는 매일 밤 늦게 집에 들어 오시는 아버지가 안 계신 편모 슬하의 친구를 만나고 나서야 아버지에 대해 충분히 감사했다.

둘째, 여러분이 주기도문을 기도할 때 여러분은 더 좋은 원칙에 의해 생활을 하게 될 것이다. 여러분이 "나라이 임하옵시며"라고 기도할 때 여러분은 하나님의 나라와 일정을 여러분의 생활에 가져다 주시길 요청하는 것이다. 여러분이 하나님의 규칙과 그 규칙을 주신 분을 사랑하기 때문에 하나님의 규칙에 의해 살고 또 하나님의 규칙을 준수할 때 여러분은 더 좋은 생활을 하게 될 것이다. 여러분은 이 원칙들에 의해 번창한 생활을 하게 될 것이다. "당신의 나라가 하늘에서 통치하신 것처럼 땅에서 저의 생활에 임하옵소서"라고 정직하게 기도할 때 여러분은 하나님처럼 성장하게 될 것이다.

셋째, 하나님께서는 여러분을 그 날로 인도할 것이다. 여러분이 "뜻이 이루어지이다"라고 기도할 때 하나님께서는 여러분의 생활을 위해 여러분을 자신의 계획과 목적으로 인도하실 것이다.

매일 주기도문을 기도함으로써 받는 **네 번째** 결과는 하나님으로부터 더 많은 응답을 받는다는 것이다. 프로 골퍼인 '리 트레비노(Lee Trevino)'는 광고에서 골프 공을 들고 "이 볼은 여러분의 경기를 일격에 끝내줄 것입니다"라고 자랑한다.

그 순간 나는 "아니야! 무엇인가가 있어야 돼"라고 생각했다.

역시 '리 트레비노'는 쾌활한 웃음을 보이면서 웃었고 그리고는 이렇게 말했다. "이 골프 공은 여러분의 골프 경기를 끝내 줄 것입니다. 그러나 여러분은 하루에 이 공을 300번 이상 쳐야 합니다."

비결은 공에 있는 것이 아니다. 비결은 연습, 연습, 연습이다. 단순히 공을 치는 것이 아니다. 아이러니는 공을 정확하게 그리고 끊임없이 치는 법을 배울 때까지 여러분은 공을 정확하게 그리고 끊임없이 쳐야 한다는 것이다.

주기도문은 골프 공과 같다. 단한번 기도한다고 해서 응답을 얻지는 못할 것이다. 또는 골프 용어를 이용한다면 생활의 골프를 때려 내지는 못할 것이다.

여러분은 하나님의 뜻에 따라, 하나님의 공식에 의해 성심성의껏 정확하게 기도해야 한다. 여러분이 그렇게 할 때 여러분은 응답을 받을 것이다. 한 번 주기도문을 기도하는 것으로 충분하지 않다. 응답을 받을 때까지 여러분은 정확하게 그리고 끊임없이 기도해야 한다.

다섯째, 주기도문을 외울 때 깨끗함을 느껴야 한다. 여러분이 하나님께 "우리 죄를 사하여 주옵시고…"라고 요청할 때 여러분은 죄사함을 받을 뿐만 아니라 죄사함을 받고 있음도 즉시 안다. 여러분은 죄 사함을 경험한다. 여러분은 용서받음을 느낀다.

만약 내가 여러분의 카드 빚을 지불한다면 여러분의 빚은 컴퓨터에서 삭제될 것이다. 여러분은 아무 빚도 지지 않게 된다. 그러나 만약 내가 그 사실을 여러분에게 이야기하지 않는다면 여러분은 아직도 빚지고 있다고 "느낄" 것이다. 여러분의 빚이 너무 많다고 생각할 때 여러분은 카드 빚을 갚지 않을 것이다. 빚에 대한 무게 때문에 여러분은 빚에 의해 구속받을 것이다.

여러분은 자유로워지기 위해 두 가지를 할 필요가 있다. 첫째는 빚에서 벗어날 필요가 있고, 둘째는 재무적으로 빚 없음을 느낄 필요가 있다. 여러분이 올바르게 주기도문을 기도할 때 여러분은 죄에서 벗어날 수 있고 또 그렇게 되었음을 느낄 수 있다.

주기도문이 여러분에게 주는 **여섯째** 결과는 승리이다. 여러분은 주변 환경을 딛고 일어서고 또 문제들을 해결하여 승리하기를 원한다. 여러분이 "우리를 시험에 들게 하지 마옵소서…"라고 기도할 때 여러분은 여러분을 파멸시키는 상황에서 지켜 달라고 하나님께 요청하는 것이다.

마지막 **일곱 번째** 결과는 보호이다. 여러분이 "악에서 구하옵소서…"라고 기도할 때 여러분은 생활 주위에서 하나님의 보호 방패를 받을 것이다.

기도 일지 (Keeping A Prayer Journal) 쓰기

하나님께 이야기하는 것에 대해 신중한 어떤 사람들은 일지(日誌)를 쓴다. 이것은 어린이들이 좋은 것이든 나쁜 것이든 자신의 경험과 느낌들을 기록한 일기를 쓰는 것과 같다. 이 책의 각 장에는 여러분의 기도에 관해 경험하고 느낀 것들을 여러분이 써야 할 제안 사항들이 있다.

이 장에서는 기도의 시간과 장소에 관해 토론하였다. 다음과 같은 질문들이 여러분이 일지를 쓰는 데 도움을 줄 것이다.

1. 여러분의 짧은 기도가 얼마나 효과적인가? 만약 1분 이내에 기도의 정신 속으로 몰입할 수 없다면 그렇게 말하라. 당신이 하는 기도에 대한 인상이나 느낌들을 써 보라.
2. 어디서 기도한다면 가장 효과적일까? 가장 효과적인 곳은?
3. 매일 여러 번 주기도문을 기도할 때 여러분에게 무슨 일이 일어날 것인가?

다음과 같은 "기도 체크 리스트(Prayer Checkilst)"는 당신의 기도 일지를 이용하는 다른 방법이다.

기도 체크 리스트(PRAYER CHECKLIST)			
언제 또는 어디서 기도하는가?	생활(수준)은 어떠한가?(한 가지만 체크하라)		
	저	중	고
1. 일어났을 때 먼저			
2. 정해진 개별 기도시간에			
3. 출퇴근 시간에			
(기 타)			

3단계 성서 연구 : 어디서 얼마동안 기도할 것인가?

이 책의 또 다른 특징은 3단계 성서 연구(Three-Step Bible Study)이다. 1단계에서는 질문을 읽고 어떻게 대답할 것인지를 생각하라. 2단계는 그 질문에 하나님께서는 어떻게 응답하시는가를 보여 주기 위해 네모 상자 안에 인쇄된 성경 구절을 읽도록 구성되어 있다. 3단계에서는 밑줄친 곳에 그 답을 적어라.

1. 여러분이 기도를 시작하기 좋은 시간은 하루 중 언제인가? 그 이유는?

> "하나님이여 주는 나의 하나님이시라. 내가 간절히 주를 찾되 물이 없어 마르고 곤핍한 땅에서 내 영혼이 주를 갈망하며 내 육체가 주를 앙모하나이다." - 시편 63:1

_____
_____
_____

2. 하루 중 여러분이 주기도문을 외우기에 좋은 또 다른 시간은 언제인가? 몇 시가 여러분에게 가장 좋은가?

> "저녁과 아침과 정오에 내가 근심하여 탄식하리니 여호와께서 내 소리를 들으시리로다." - 시편 55:17

3. 기도 시간이 고정되어 있다면 어떤 혜택이 있을까? 다니엘이 어떻게 규칙적인 기도 시간을 가졌는지에 주목하라. 이렇게 하는 것이 여러분에게 무슨 도움이 될까?(다니엘 6:1~24을 읽으라)

> "다니엘이 이 조서에서 어인이 찍힌 것을 알고도 자기 집에 돌아가서는 그 방의 예루살렘으로 향하여 열린 창에서 전에 행하던 대로 하루 세 번씩 무릎을 꿇고 기도하며 그 하나님께 감사하였더라." - 다니엘 6:10

4. 위기 또는 실망의 시간에 여러분의 반응은 어떠할까?

> "많이 친 후에 옥에 가두고 간수에게 분부하여 든든히 지키라 하니 그가 이러한 영을 받아 저희를 깊은 감옥에 가두고 그 발을 착고에 든든히 채웠더니 밤중쯤 되어 바울과 실라가 기도하고 하나님을 찬미하매 죄수들이 듣더라." - 사도행전 16:23~25

5. 기회가 주어질 때 여러분은 어떻게 반응해야 하는가?

> "왕이 내게 이르시되 그러면 네가 무엇을 원하느냐 하시기로 내가 곧 하늘의 하나님께 묵도하고 왕에게 고하되 …" - 느헤미야 2:4, 5

_____
_____
_____

6. 여러분은 언제 기도를 그만둘 수 있나?

> "쉬지 말고 기도하라." - 데살로니가전서 5:17

_____
_____
_____

7. 여러분의 기도 리스트에는 무엇이 있어야 하나?

> "오직 모든 일에 기도와 간구로 너희 구할 것을 감사함으로 하나님께 아뢰라." - 빌립보서 4:6

_____
_____
_____

8. 여러분은 누구를 위해 기도해야 하는가? 그 이유는 무엇인가?

> "그러므로 내가 첫째로 권하노니 모든 사람을 위하여 간구와 기도와 도고와 감사를 하되 임금들과 높은 지위에 있는 사람들을 위하여 하라." - 디모데전서 2:1, 2

_____
_____

LORD'S PRAYER

주기도문의 느낌

우리 … 가족 느낌

아버지 … 친밀한 느낌

이름이 거룩히 여김을 받으시오며 … 경건한 느낌

나라이 임하옵시며 … 위엄있는 느낌

뜻이 이루어지이다 … 순종적인 느낌

우리에게 일용할 양식을 주옵시고 … 의존적인 느낌

우리 죄를 사하여 주옵시고 … 깨끗해진 느낌

우리를 시험에 들게 하지 마옵시고 … 승리의 느낌

악에서 구하옵소서 … 의기양양한 모습

나라와 … 종속적인 느낌

권세와 … 장엄한 느낌

영광이 아버지께 있사옵나이다 … 찬양의 느낌

아멘 … 완성된 느낌

하늘에 계신 우리 아버지여,
이름이 거룩히 여김을 받으시오며, 나라이 임하옵시며,
뜻이 하늘에서 이룬 것같이 땅에서도 이루어지이다.
오늘날 우리에게 일용할 양식을 주옵시고,
우리가 우리에게 죄 지은 자를 사하여 준 것같이
우리 죄를 사하여 주옵시고,
우리를 시험에 들게 하지 마옵시고,
다만 악에서 구하옵소서.
대개 나라와 권세와 영광이 아버지께 영원히 있사옵나이다.
아멘.

2. 기도의 시작 : 하나님께 바르게 다가가는 법

하나님 아버지를 부르라

내 아내와 나는 사우스 캐롤라이나 주의 머털 해변(Myrtle Beach)의 판자를 깐 산책로에 서 있었는데 내 오른쪽 호주머니가 당겨지는 느낌이 들었다. 아래를 내려다 보았더니 조그만 녀석이 내 노란 스포츠 자켓의 호주머니를 잡아 당기고 있었다. 그러면서도 그 녀석은 나를 보고 있지 않았다. 그 녀석의 눈은 노점상의 진열대에 있는 분홍색 솜사탕에 고정되어 있었다. 솜사탕을 가리키면서 그 녀석은 "사 줘"라고 요청했다.

내 아내 역시 그 노점상이 설탕을 집어 넣자 흩날리는 솜사탕을 들어 올리는 것을 지켜 보고 있었다.

"사 줘"라고 까만 머리의 그 녀석은 계속 요청했다.

무슨 일이 일어나고 있는지를 알았기 때문에 나는 혼자 빙긋이 웃었다. 나는 어린이들에게 좋은 것을 사주기 좋아하는 할아버지였다. 내가 이 꼬마에게 끈적거리는 솜사탕을 사준다면 나는 행복할 것이었다. 앞머리가 단발인 그 꼬마는 참지를 못했다. 입고 있는 시카고 컵스 티셔츠는 너무 컸고 갈색 피부는 그가 스페인계 후손임을 보여 주었다. 어쨌든 그 꼬마는 누군가의 아들이었다.

"사… 줘…" 말끝이 흐려졌다.

"좋아…" 나는 마침내 대답했다.

내가 말하는 것을 듣고 그 꼬마는 갑자기 손을 잡아 당겼다. 꼬마는 내 음성을 깨닫지 못했다.

"큰 것 아니면 작은 것?" 나는 그 꼬마를 내려다 보면서 물었다.

꼬마는 한 손으로 다른 손의 손가락을 잡으면서 부끄러운 듯이 어깨를 움츠렸다. "제발…" 하고 꼬마는 애원했으나 이제 나는 꼬마에게 말을 시킬 수가 없었다.

그 때 꼬마의 아버지가 무슨 일이 일어났는지를 보고 사람들 사이로 왔다. 꼬마가 나를 자신의 아빠로 착각했다는 것을 쉽게 알 수 있었다. 두 사람 모두 비슷한 노란 색 스포츠 자켓을 입고 있었다. 내가 분홍색 솜사탕을 사줄 것을 제안했지만 꼬마의 아버지는 자신이 값을 지불할 것을 고집했다.

머털 해변 산책로에서의 이 장면은 기도에 관하여 적어도 세 가지 교훈을 우리에게 가르쳐 줄 수 있다.

첫째, 하늘에 계신 우리 아버지의 호주머니를 끌어 당기는 모든 사람이 다 하나님의 자식인 것은 아니라는 것이다.

둘째, 하나님께서는 모든 사람을 위해 해주고 싶어 하시나 모든 사람들이 자신의 자식인 것은 아니기 때문에 그렇게 하실 수 없다는 것이다.

셋째, 여러분이 하나님의 자식이 되었을 때 하나님으로부터

"솜사탕"을 받을 수 있다는 것이다.

예수님께서 우리에게 하나님께 이야기하는 새로운 방법을 가르치셨다. 하나님을 "우리 아버지"라고 부르도록 예수님께서는 가르치셨으며 그래야 우리는 하늘에 계신 아버지와 유일한 관계를 가질 수 있다고 말씀하셨다.

내 아버지는 술을 드셨고, 아버지의 알코올 중독 때문에 나는 별로 유쾌하지 못한 추억들을 가지고 있다. 그러나 내게는 아직도 특별한, 하나의 관계를 우리는 가지고 있었다. 매주 일요일만 되면 아버지는 영화를 보러 가라고 25센트를 내게 주셨다.

내 아버지는 42년 동안 화이트 하드웨어 회사(White Hardware Company)의 점원으로 일하셨다. 어머니는 매주 토요일 저녁 아버지가 주급을 받으실 때는 읍내로 나가셨다. 그렇지 않으면 살림할 돈이 없어지기 때문이었다. 아버지는 그 돈을 모두 술 마시는데 써 버렸다. 부모님은 항상 돈에 관해 법석을 떨었다. 그러나 아버지는 영화볼 돈 25센트는 항상 내게 주셨다.

우리는 조지아 주 사바나 읍내의 중심부에서 약 2마일 떨어진 곳에 살았고, 그 거리를 걷는데 약 1시간이 걸렸다. 나는 초원을 가로질렀고 2개의 작은 시내를 뛰어 넘었으며 유서깊은 지역인 드래톤(Draton)의 지름길을 통해 하드웨어 가게가 있는 세인트 쥴리앙 거리로 갔다. 나는 아버지에게로 가서 "영화볼 돈 25센트가 필요해요"라고 말했다.

아버지는 결코 돈을 적게 주려고 하시거나 또는 주신 돈을 뺏아 가려고 하시지 않았는데 그 이유는 이해가 될 만했다. 아버지께서 마티니를 마시는데는 단돈 10센트만 있으면 되었기 때문이다. 그러나 아버지는 내가 영화볼 돈으로 꼭 10센트만 주실 수도

2. 기도의 시작 : 하나님께 바르게 다가가는 법 / 53

있었다. 아버지는 영화비로 10센트, 팝콘 사먹을 돈 5센트, 음료수 사먹을 돈 5센트, 막대 캔디를 사먹을 돈 5센트를 주셨다. 아버지는 내가 좋은 시간을 가지길 원하셨고 그래서 25센트를 주셨던 것이다.

아마도 내가 요청하지 않았기 때문에 아버지는 내게 25센트 이상은 주시지 않았던 것 같다. 나는 항상 "내게는 영화볼 돈 25센트만 필요해"하고 말했다.

나는 아직도 아버지가 호주머니에서 한손 가득 잔돈을 쥐고 계셨던 것을 알고 있다. 아버지는 바지 호주머니 안에 잔돈을 쥐고 계셨고 아버지는 근시였기 때문에 그 동전들을 검사할 때 손가락을 입으로 가져가셨다. 아버지는 동전들을 세고 계셨음에 틀림없었다. 그리고 아버지는 손바닥에서 25센트 동전을 하나 꺼내 내게 주시면서 "여기 있다. 좋은 시간 가져라"라고 말씀하셨다.

나는 한번도 읍내까지 가는 중도에서 포기한 적이 없었고 아버지께서 25센트를 주실지를 의심해 본 적도 없었다. 아버지는 언제나 그렇게 하셨고 나는 언제나 그렇게 기대했다. 봉급 지급 전에 그곳에 도착한 두 번은 아버지께서 25센트를 빌려서 내게 주셨다.

내가 25센트 이상 또는 이하를 요청할 일은 내게 한번도 생기지 않았다. 나는 아버지가 주시기를 원하는 25센트를 요청했다.

우리는 하늘에 계신 우리 아버지와도 똑같은 관계를 가져야 한다. 우리는 하나님께서 주실 것을 요청해야 하고 또 우리는 믿음으로 구해야 하며 주도적으로 하나님께 가야 한다.

여러분이 주기도문을 외우기 시작할 때 "하늘에 계신 우리 아버지"라고 이야기한다면 예수님께서 가르치신 기도에 관한 혁신적인 접근방법을 따르고 있는 것이다. 주기도문에 포함된 하나님에 대한 명칭은 다음과 같은 생각들을 보여 준다.

> **주기도문에 있는 하나님에 관한 네 가지 필수사항들**
> 1. 하늘에 계신 하나님은 아버지시다.
> 2. 하나님 아버지께서는 자신에게 즉각 다가오는 것을 허용하신다.
> 3. 나는 하나님 아버지와 친밀한 관계를 가질 수 있다.
> 4. 주기도문은 하나님을 아버지로 대하면서 다가서는 특별한 수단이다.

나는 사람들이 자신들의 기도를 시작하는 방법에 귀를 기울인다. 이것은 그들이 생각하는 방법에 관해 내게 많은 것을 말해주기 때문이다. 어떤 사람들이 "친애하는 하나님…"이라고 기도를 시작할 때 하나님은 그 사람과 특정한 관계에 있지 않다는 것을 말해 준다. 누군가 "친애하는 주여…"라고 기도할 때 그 사람은 하나님의 힘을 인정하고 있으나 그는 아직도 하나님과 일반적인 관계에 있다. "친애하는 누구 누구에게"는 누군가에게 편지를 쓰기 시작할 때 비록 그 사람을 모르더라도 사용하는 방법이다.

나는 텍사스 주 달라스 제일침례교회(First Baptist Church of Dallas)의 전임 목사이셨던 크리스웰 박사(Dr. W.A. Criswell)의 기도를 듣기 위해 기도 모임에 간 적이 있었다. 그는 무릎꿇고 앉아서 하나님의 얼굴을 보고 있는 것처럼 하늘을 향해 자신의 얼굴을 경건하게 들어 올렸다. 그리고 그는 간단하게 "지배자시여…"라고 시작했다. 그것은 자신이 즐겨 쓰는 하나님에 대한 용어였다.

하나님에 대해 내가 즐겨 쓰는 용어는 다르다. 사람들이 하나님께 이야기할 때 쓰는 많은 이름들 중에서 나는 "아버지"라는 이름을 가장 좋아한다.

하늘에 계신 하나님은 아버지이시다

구약성서의 유대인들은 하나님을 친밀한 아버지로 생각하지 않았다. 그분은 전능하신 주 하나님이셨고 "그룹 사이에 좌정하신 자"(시편 80:1)이셨다. 그분은 이스라엘 백성들이 본 어떤 권세만큼이나 밝고 경외스러운 불 회오리, 세키나의 영광스런 구름을 타고 이 땅에 내려 오신 하나님, 즉 죄인에 대해 단죄하시는 무서운 하나님이셨다.

하나님께서는 모세에게 "내가 빽빽한 구름 가운데서 네게 임함은 내가 너와 말하는 것을 백성으로 듣게 하며"(출애굽기 19:9)라고 말씀하셨다. 하나님께서 시내산에 오셨을 때" 너희는 삼가 산에 오르거나 그 지경을 범하지 말찌니 산을 범하는 자는 정녕 죽임을 당할 것이라"(출애굽기 19:12)라고 모세에게 말씀하셨다.

웃사가 손을 들어 하나님의 궤를 붙드는 잘못을 하여 죽임을 당했기 때문에 구약성서의 주 하나님은 사람들이 무서워하는 분이셨다(사무엘하 6:6을 보라).

모세가 하나님의 말씀을 거역한 죄로 벌을 받았고 그래서 약속의 땅에 절대 들어가지 못했기 때문에(민수기 20:7-13) 사람들은 구약성서의 주 하나님을 무서워했다.

유대인들이 우상을 숭배하고 간음을 하여 하나님께서 느부갓네살왕으로 하여금 예루살렘을 파괴하도록 허용하셨기 때문에(역대하 36:15-21) 사람들은 구약성서의 주 하나님을 무서워하였다.

심지어 신약성서에서도 하나님의 특성에 대해 "우리 하나님은 소멸하는 불이심이니라"(히브리서 12:29)라고 서술하고 있다.

그러나 예수님은 우리에게 하나님을 부르는 새 이름을 가르쳐 주시기 위해 오셨다. 예수님께서는 그의 추종자들에게 기도할 때 "우리 아버지"라고 말하도록 이야기하셨다. 예수님께서는 이스라엘의 주 하나님에 대한 새로운 계시를 주셨다. 하나님께서는 이제 더 이상 멀리 계시지 않다. 우리는 친밀한 아버지로서 하나님께 접근할 수 있다.

예수님 자신은 하나님을 아버지라고 불렀다. 예수님은 "내가 곧 길이요, 진리요, 생명이니 나로 말미암지 않고는 아버지께로 올 자가 없느니라"(요한복음 14:6)라고 말씀하셨다. 우리는 아빠의 무릎에 안긴 소녀처럼 하나님 아버지께 더 가까워질 수 있다. 아빠가 이야기 책을 들고 소녀에게 책을 읽어 주듯이 우리는 하나님 아버지와 친밀해질 수 있다.

해변의 산책로에서 그 어린 꼬마가 솜사탕을 사달라고 했고 그 아빠는 사주었다. 왜? 그들에게는 관계가 있기 때문이다. 아버지는 아들을 사랑하고 그 어린 꼬마는 아버지를 믿는다. 그 꼬마는 아버지를 그만큼 믿기 때문에 솜사탕을 사달라고 할 수 있다.

구약성서에서 개인적인 일로 하나님께 요청하는 것은 신약성서에서만큼 강한 주제가 아니다. 구약성서의 유대인들은 자신들의 피의 제물들을 하나님의 신전 문앞에 있는 제단에 가져 왔다. 그들은 죄에 대한 제물로서 양들 중에서 가장 좋은 것을 골라 죽였는데 이는 "피흘림이 없은즉 사함이 없기"(히브리서 9:22) 때문이었다. 구약성서의 유대인들은 자신들의 마음에 죄가 있음을 알았기 때문에 하나님께 두려운 마음으로 왔다.

그러나 예수님은 사람들이 하나님께로 오는 방법을 바꾸셨다. 예수님은 "세상 죄를 지고 가는 하나님의 어린 양"(요한복음 1:29)이셨다. 그래서 우리는 죄 사함을 받기 위해 예수님께 왔다. 우리는 "내게 오는 자는 내가 결코 내어 쫓지 아니하리라"(요한복음 6:37)라고 우리에게 말씀하신 예수님에 의해 받아들여졌다.

여러분은 어떻게 예수님을 믿어야 하는가? 복음서의 저자 요한은 "영접하는 자 곧 그 이름을 믿는 자들에게는 하나님의 자녀가 되는 권세를 주셨으니"(요한복음 1:12)라고 이야기했다. 우리가 예수님을 믿을 때 우리는 하나님의 자식들이 되고 하나님의 가족이 된다. 여러분이 하나님의 자식들이 될 때 여러분은 하나님을 아버지라고 부를 수 있다.

하나님 아들의 희생으로 말미암아 여러분의 생활에서 예수님을 구할 때, 하나님께서 여러분의 죄를 깨끗이 해 주시도록 구할 때, 여러분은 하나님께 평화를 주실 것을 구하고 또 하나님께서 여러분의 생활을 지배하시도록 구하라. 이제 하나님은 여러분의 아버지이시기 때문에 여러분은 이 모든 것을 하나님께 구하라. 이것은 예수님께서 전지전능하신 하나님께 붙이신 새로운 이름이다. 예수님은 하나님을 아버지라고 불렀다.

이제 나는 아버지이고 내 자식들은 애정있게 나를 "아빠"라고 부른다. 그들은 내 앞에서 아버지라고 부르지 않는다. 그들은 다른 사람에게 이야기할 때만 이 호칭을 사용한다. "아버지"라는 단어는 정말로 호칭이다. 자식들을 가진 남자는 누구나 "아버지"이다. 내 **이름**은 엘머 타운즈이고 내 **호칭**은 "아버지"이다.

"아버지"라는 용어는 삼위일체의 첫번째 인성(人性)의 **이름**이다. 하나님의 이름은 호칭 이상이다. 예수님께서는 "나는 내 아버지의 이름으로 왔으매"(요한복음 5:43)라고 말씀하셨다. 예수님은 "의로우신 아버지여 세상이 아버지를 알지 못하여도 나는 아버지를 알았삽고"(요한복음 17:25)라고 기도하셨다. 그리고 "내가 아버지의 이름을 저희에게 알게 하였고"(요한복음 17:26)라고 설명하셨다.

여러분은 나에 관한 다른 호칭들에 의해 나에 관한 다른 것들을 알 수 있게 된다. 나는 학생들을 가르치기 때문에 리버티 대학에서 "교수"라고 불린다. 나는 교수단을 관리하기 때문에 역시 종교학과 학장이다. 나는 성직자로 임명되어 복음을 전파하기 때문에 역시 "목사"(Reverend)라는 호칭도 가지고 있다. 때때로 사람들은 나의 학문적인 위치를 알고는 "타운즈 박사"라고 이야기한다. 나의 첫번째 교회에서 나는 목사(Reverend)라고 불리기에는 나이가 어렸고, "목사"(Pastor)라고 불리기에는 성숙하지 못했으므로 "설교자"(Preacher)라고 불리었다. 내가 잘 했던 유일한 것은 설교였으므로 그들은 나를 "설교자"라고 불렀다. 내 자식들은 나를 "아빠"(Dad)라고 부르고 내 아내는 "여보"(Honey)라고 부르며 내 손자들은 애정을 나타내는 또 다른 용어인 "박사"(Doc)라고 부른다. 모자처럼 나는 호칭을 쓰고 있으며, 각 호칭들은 내가 누구이고 무슨 일을 하는지에 대해 알려 준다.

하나님께서는 많은 이름과 호칭들을 가지고 계신다. 여러분은 하나님을 하나님, 전능하신, 만군의 주(The Lord of Host), 반석(Rock), 또는 여호와 라파(Jehova Rapha ; 주, 우리의 치료자) 등으로 부를 수 있다. 하나님은 많은 호칭을 가지고 계신데 각 호칭은 자신의 백성들을 위해 하시는 다른 종류의 일을 계시하고 있다. 하나님은 '만군의 주'로서 싸우는 천사들의 하나님이라는 의미이고, 또 하나님은 '여호와 로하이(Jehova Rohi)'로서 주는 나의 목자이시라는 의미이다. 또 하나님은 '엘 샤다이(El Shaddai)'로서 우리의 필요한 것들을 충분하게 충족시켜 주시는 분이시다. 우리가 하나님의 많은 호칭에 대해서 알면 알수록 하나님께서 우리에게 해 주시는 것들을 더 많이 이해할 수 있다.

그렇지만 하나님의 많은 이름과 호칭들도 아버지라는 이름만큼 친밀하지는 않다. 하나님이 우리의 아버지일 때 우리는 바울처럼 "너희는… 아바 아버지라 부르짖느니라"(로마서 8:15)라고 말할 수 있다. 아버지는 그리스어로 *parter* 이다. 그러나 이 구절에서 사울은 '파터(*parter*)'라는 단어 대신에 '아바(*abba*)'라는 단어를 사용했는데 이는 예수님과 바울, 팔레스타인에 살았던 다른 사람들이 사용했던 아람어(Aramic word)이다. 예수님 역시 하나님을 "아바 아버지여"(마가복음 14:36)라고 불렀다.

'**아바**' 라는 단어는 아빠라는 용어처럼 애정을 나타내는 구어상의 용어이다. 예수님과 바울은 아버지라는 단어를 사용하여 친밀한 애정을 나타낼 수 있음을 이야기하고 있다. 하나님은 우리 주변에 계시고 우리와 친밀한 아버지이시다.

우리가 "우리 아버지"라고 기도할 때 그것은 세상 사람들이 하나님을 그들의 아버지로 알고 있지 않다는 것을 나타낸다. 예수님께서는 예수님의 날에 바리새인들에게 "하나님이 너희 아버지였으면 너희가 나를 사랑하였으리니"(요한복음 8:42)라고 말씀하셨다. 명백하게 바리새인들은 이전에 예수님을 죽이고자 하였기 때문에 예수님을 미워했다. 마침내 그들은 로마 군사들이 예수님을 십자가에 못박는데 성공하였다. 그러나 예수님은 바리새인들의 마음을 알았다. 예수님께서는 "너희는 너희 아비 마귀에게서 났으니"(요한복음 8:44)라고 말씀하셨다.

세상에는 두 종류의 가계(家系)가 있다. 그 자식들이 자신들의 아버지라고 부르는 하나님의 가계가 있고, 또 하나는 그 자식들이 하나님을 자신들의 아버지라고 부르지 않는 세상의 가계이다. 세상의 자식들은 예수님에 의해 하나님 아버지께 올 때까지 주기도문을 효과적으로 기도할 수 없었다. 그래서 그들이 "우리 아버지"라고 이야기했을 때 그들은 비로소 그들의 기도에 대한 결과들을 얻을 수 있었다.

그러나 우리는 주기도문을 기도할 수 없는 사람들에 대해 이야기할 필요가 있다. 하나님께서 모든 만물들을 창조하셨듯이 그들을 창조하셨기 때문에 어떤 의미에서 그들은 하나님의 자식들이다. 이런 의미에서 바울은 "이는 사람으로 하나님을 혹 더듬어 찾아 발견케 하려 하심이로되 그는 우리 각 사람에게서 멀리 떠나 계시지 아니하도다. 우리가 그를 힘입어 살며 기동하며 있느니라"(사도행전 17:27, 28)라고 설명한다.

우리는 이 구절에서 하나님께서 우리를 창조하신 것과 하나님은 사람들에게 가깝다는 것, 즉 그들이 하나님을 자신들의 생활 속에 받아 들이기만 하면 될 정도로 친밀하다는 것에 의해 우리 모두는 하나님의 자식들이라는 것을 배운다.

하나님 아버지께서는 자신에게 즉각 다가오는 것을 허용하신다

여러분은 "하늘에 계신 우리 아버지"라고 어디에서든 기도할 수 있다. 카페에서나 고속도로를 운전하면서 잠시의 짬을 낼 수 있다. 조깅을 하거나 정원의 잔디를 자르면서도 기도할 수 있다. 여러분이 어디에서 기도를 하든 여러분은 하늘의 보좌가 있는 방에 즉각 접근할 수 있다.

명백하게 이는 여러분이 공간을 여행한다는 의미가 아니다. 그리고 여러분이 무아지경이나 꿈 속에서 이동된다는 의미도 아니다. 여러분의 육체는 여러분이 있는 곳에 머무나 여러분의 기도는 하나님의 보좌가 있는 방으로 들어간다. 여러분의 기도는 하늘로 들어간다. 여러분은 "하늘에 계신 우리 아버지"라고 기도하고 여러분은 하나님의 주목을 받는다. 하늘에 계신 하나님께서 여러분의 이야기를 듣는다.

하나님은 어디든 계신다. "하나님에 의해 만물이 함께 있다"(골로새서 1:17 저자역)고 하셨고 "그의 능력의 말씀으로 만물을 붙드시며"(히브리서 1:3)라고 말씀하셨으므로 하나님은 가장 작은 원자 안에도 계신다. 하나님께서는 역시 머나먼 별에도 거하신다. "내가 하늘에 올라갈지라도 거기 계신다"(시편 139:8). 하나님이 어디든 계신다는 것은 하나님께서는 **그곳**에 계신다는 의미이다. 따라서 여러분이 어디에 있든 하나님은 여러분의 이야기를 들으신다.

하나님은 당신 가까이에, 당신 위에, 당신 주변에 그리고 당신 안에 계신다. 그래서 하나님은 당신이 기도하는 모든 것을 들으실 수 있다. 여러분이 큰 소리로 기도할 때 비록 하나님께서 하늘에 계실지라도 하나님은 그곳에 계시기 때문에 하나님은 들으신다. 여러분이 속으로 기도할 때, "주께서 나의 생각을 통촉하옵시기"(시편 139:2) 때문에 하나님은 들으신다.

여러분이 조깅하면서 기도할 때, 하나님은 "나의 길을 감찰하시기"(시편 139:3) 때문에 하나님께서는 여러분의 기도를 들으신다. 비록 이불 안에 있다 할지라도 아침에 일어나서 먼저 주기도문을 기도할 때, 하나님은 "나의 눕는 것을 감찰하시기 때문에" (시편 139:3) 하나님께서는 들으신다.

어렸을 때 폭풍우 치는 밤의 천둥 때문에 아빠 방에 뛰어 들어가는 것처럼 여러분이 무서울 때 주기도문을 기도할 수 있다. 아버지가 그 자식을 이불 안으로 불러 들여 덮어 주는 것처럼 여러분은 하늘에 계신 아버지에게 즉각 접근할 수 있다.

아침 일찍 일어나서 자신의 부모들이 말하는 것을 듣고 기뻐서 아버지의 침대로 달려가 침대 위에서 펄쩍 뛰는 어린애처럼 여러분은 하늘에 계신 아버지께 달려갈 수 있다. 이불 안에서 아이와 함께 아버지도 신이 나서 떠들고 함께 웃는다. 땅위의 아버지들이 자식을 환영하듯이 하늘에 계신 우리 아버지는 언제든지 사귐을 위해 우리들이 자신의 앞으로 뛰어 오게 하신다.

예수님께서 우리에게 주신 하나님의 새로운 이름 "아버지"는 우리가 사랑하는 아빠에게 그러하듯이 우리가 하나님에게 새롭게 즉각 접근한다는 것을 의미한다.

나는 하나님 아버지와 친밀한 관계를 가질 수 있다

예수님께서는 자신과 하나님과의 새롭고 친밀한 관계를 약속하셨다. 예수님께서는 "아버지께서 내 안에, 내가 아버지 안에 있는 것 같이 저희도 다 하나가 되어 우리 안에 있게 하옵소서"(요한복음 17:21)라고 기도하셨다.

예수님께서는 하나님 안에서 우리가 우리의 정체성과 의식을 잃어버리는 것을 의미하신 것이 아니었다. 우리는 하나님 안에 있고 하나님은 우리 안에 계신다. 그러나 우리는 아직도 두 개의 독립된 인격체이다. 예수님께서는 하나님과 친밀한 관계를 가질 수 있다고 설명하고 계셨다.

하나님과의 친밀함 때문에 예수님께서는 하나님께 "우리 아버지"라고 이야기하도록 말씀하셨다.

예수님께서는 "네가 기도할 때 '오 하나님' 이라고 말하라"라고 우리에게 말씀하실 수 있었을 것이다. '오 하나님' 이라는 말은 우리에 대한 하나님의 절대적인 힘을 보여 주시는 것이다. 그러나 예수님께서는 하나님의 경외스런 힘 이상의 무엇인가를 우리가 알기를 원하셨다.

예수님께서는 "네가 기도할 때 '나의 주시여' 라고 말하라"라고 우리에게 말씀하실 수 있었을 것이다. 그 말은 우리에게 하나님의 전지전능하심을 보여 주시는 것이다. 그러나 예수님께서는 우리의 생활에 대한 하나님의 지배 이상의 그 무엇인가를 우리가 알기를 원하셨다.

예수님께서는 "네가 기도할 때 '친애하는 지배자시여' 라고 말하라"라고 우리에게 말씀하실 수 있었을 것이다. 그 말은 하나님께서 우리를 인도하고 계심을 보여 주시는 것이다. 그러나 예수님께서는 우리의 생활에 대한 방향을 정하여 인도하시는 지배자의 방법 이상의 무엇인가를 우리가 알기를 원하셨다.

예수님께서는 "네가 기도할 때 '나의 목자시여' 라고 말하라"라고 우리에게 말씀하실 수 있었을 것이다. 그 말은 하나님께서 우리를 보호하고 계심을 보여 주시는 것이다. 그러나 예수님께서는 동물에 대한 목동의 보호보다 더 큰 보호를 해 주시는 하나님을 우리가 알기를 원하셨다.

예수님께서는 "네가 기도할 때 '왕이시여'라고 말하라"라고 우리에게 말씀하실 수 있었을 것이다. 그 말은 하나님께서 우리를 통치하고 계심을 보여 주시는 것이다. 그러나 예수님께서는 하나님과 우리가 관계를 가지는 더 좋은 방법을 우리에게 보여 주시기를 원하셨다.

이런 용어들 대신에 예수님께서는 하나님과의 더 친밀한 관계를 보여 주는 하나의 용어를 선택하셨다. 예수님께서는 하나님을 "우리 아버지"라고 부르도록 말씀하셨다.

여러분이 기도하기 시작할 때 여러분은 자신의 아버지 앞으로 곧장 걸어가는 왕의 어린 자식같다. 경비병들이 그 소년을 멈추게 하지 않고 또 어떤 신하들도 가로 막지 않을 것이다. 그는 왕의 자식이다. 그들은 서로 관련이 있기 때문에 자식은 왕을 즉각 만날 수 있다. 왕은 그 자식의 아버지이다. 여러분이 "우리 아버지"라고 기도할 때 여러분은 하나님에 속해 있고 하나님은 여러분에 속해 있다는 것을 알고 있다. 여러분은 관련이 있다.

자식과 아버지는 어떤 관계에 있는가? 그 관계는 바로 **친밀함**이다.

여러분이 누군가와, 예를 들면 부모, 배우자, 친구, 형제 자매와 친밀할 때 여러분은 어떤 기분이 드는가? 여러분이 친밀감을 느낄 때 그들과 하나라는 것을 느낄 것이다. 여러분은 함께 느끼고, 함께 생각하고, 똑같은 것을 사랑하며 함께 어디 가기를 좋아한다. 친밀감은 **하나됨**(oneness)이다.

주기도문은 여러분에게 하나님과의 그런 종류의 하나됨을 제공한다.

주기도문은 하나님을 아버지로 대하면서 다가서는 특별한 수단이다

여러분은 왜 "우리 아버지"라고 주기도문을 시작하는지에 관해 생각해 본 적이 있는가? 예수님께서는 하나님과 우리의 관계를 이 땅의 아버지와 자식과의 관계에 비유하셨다. 그러나 예수님께서는 하나님을 "아버지(a Father)"라고 부르시지 않으셨다.

예수님께서는 하나님을 "아버지(the Father)"이라고 부르셨다. 정관사 the는 하나님 아버지가 유일하신 분이라는 것을 표시한다. 이것은 하나님은 유일하신 아버지라는 의미이다. 그러나 예수님께서는 적어도 이 기도에서는 아버지(the Father)라고 부르시지 않으셨다.

예수님께서는 우리가 기도할 때 "오, 하나님!"이라고 외침으로써 하나님의 주목을 받도록 말씀하실 수 있었을 것이다. 그런 제목의 할리우드 영화가 1970년대에 유행했다. 하나님께서 주무시고 계셔서 깨울 필요가 있는 것처럼 "오, 하나님"이라고 우리의 기도를 시작할 필요가 없다. 하나님께서 주말 휴가를 즐기고 계신 것도 아니다. 하나님은 여기에 계시고 우리에 대한 관심을 가지고 계신다.

왜 예수님께서는 자신의 제자들에게 하나님께 이야기할 때는 "우리"라는 복수 대명사를 사용하도록 말씀하셨는가? 왜 예수님께서는 기도의 처음에 "우리 아버지"를 도입하셨는가? 제자 중 한 사람이 "우리에게 기도를 가르쳐 주옵소서"(누가복음 11:1)라고 요청하여 예수님께서 한 몸으로 사용할 수 있는 단체 또는 집단 기도를 주셨기 때문인가? 그것은 12제자들이 모여서 함께 "우리 아버지"로 기도를 시작했다는 것을 의미한다.

어떤 사람들은 믿는 사람들이 모여서 주기도문을 기도하듯이 주기도문은 단체로 행해지기 때문에 주기도문에는 "**우리의**(our)", "**우리에게**(us)", "**우리**(we)"와 같은 복수 대명사가 있다고 생각한다.

이런 모든 견해들은 흥미로우나 기도하는 법을 제자들에게 가르친 사람이 누구인지에 주목하라. 그 사람은 바로 예수님이시다. 예수님은 우리에게 "우리 아버지"라고 기도하도록 가르치셨다. 예수님께서 말씀하신 것을 들은 사람들은 기도에서 그들이 예수님과 합류하도록 초대받고 있다는 것을 깨달았다. 예수님께서는 자신과 함께 기도하도록 하셨다.

내가 아내 룻에게 청혼을 했을 때 나는 우리가 어디서 살 것인지에 대해 그녀에게 말했다. 나는 "우리 가정(our home)"이라고 말했다. 물론 그 집은 우리 두 사람의 소유라는 의미였다. 부동산 문서에는 내 아내와 나의 이름과 사인이 있다. 그래서 "우리 집(our house)"이라는 문구는 그 장소가 나와 내 아내의 소유라는 의미이다.

여러분이 "우리 아버지"라고 기도할 때 복수 대명사는 여러분이 예수님과 함께 아버지께로 간다는 의미이다. 공적 예배에서 다른 사람과 함께 주기도문을 기도한다는 것이 부적절할지라도 여러분보다 더 신성한 다른 사람과 함께 왔다고 해서 하나님께서 여러분의 기도를 들어 주시는 것은 아니다. 여러분이 예수 그리스도와 함께 왔기 때문에 하나님께서는 여러분의 기도를 들으신다.

여러분이 "우리 아버지"라고 기도하면서 하나님께 올 때 우리 – 예수님과 나 – 는 기도로 오고 있다고 이야기하는 것과 같다. 예수님은 내 마음 속에 계시기 때문에 그것은 "우리 두 사람"이다.

예수님께서는 "너희가 내 이름으로 무엇을 구하든지 내가 시행하리니"(요한복음 14:13)라고 제자들에게 말씀하셨다. 그래서 대부분의 우리 기도는 "주 예수님의 이름으로"라고 끝을 맺는다.

주기도문에서는 "주 예수님의 이름으로"라는 문구를 사용하여 끝내지 않는다. 어떤 사람도 주기도문의 끝에 그 문구를 첨언하는 것을 나는 들은 적이 없다. 왜?

우리가 "우리 아버지"라고 주기도문을 시작할 때 "주 예수님의 이름으로"라는 일상적인 결론과 똑같은 생각을 주기도문의 처음에 넣기 때문이다. 두 가지 문구 모두 우리의 기도는 우리 자신의 의로움이 아닌 예수님의 의로우심에 바탕을 두고 있다는 의미이다. 하나님 아버지께서는 우리의 기도가 자신의 아들이신 예수 그리스도의 의로우심에 바탕을 두고 있으므로 우리의 기도를 들으실 것이다. 우리의 기도는 우리의 기도 능력 또는 우리의 진실함에 바탕을 두고 있는 것이 아니다.

우리가 예수 그리스도와 함께 하나님 아버지께 올 때 우리는 그에게 접근을 허용하신 예수님의 피를 통해서 온다. 바울은 이 과정을 "저로 말미암아 우리 둘이 한 성령 안에서 아버지께 나아감을 얻게 하려 하심이라"(에베소서 2:18)라고 서술하고 있다.

많은 기도들이 성서에 기록되어 있고 각 기도들은 하나님께 접근하는 다른 단어들과 하나님을 부르는 다른 호칭들을 가지고 있다. 많은 기도들이 응답을 받았으므로 훌륭한 기도들이다. 그러나 가장 큰 폭의 요청을 위해, 하나님이라는 가장 위대한 호칭을 가지고 계신, 가장 위대하신 분이 가르쳐 주셨기 때문에 주기도문은 가장 훌륭한 기도이다.

훌륭함 속에는 간단함이 있기 때문에 여러분이 기도할 때는 "하늘에 계신 우리 아버지"라고 말하라. 가장 간단한 기도가 가장 큰 영향력을 미칠 것이다.

기도 체크 리스트(PRAYER CHECKLIST)			
어떻게 하나님께 접근하고 이야기하는가?	생활(수준)은 어떠한가?(한 가지만 체크하라)		
	저	중	고
1.			
2.			
3.			
4.			
5.			

일지쓰기(Journaling)

여러분은 매일 다른 방법으로 하나님 아버지께 접근할 것이다. 여러분은 각각 다른 요구, 다른 분위기와 다른 환경에 놓여 있을 것이다. 이전의 기도시에는 어떻게 하나님께 접근했는지 써라. 나중에 여러분이 하나님께 다가선 다양한 방법들을 되돌아 볼 때 어떻게 하나님께 오는지를 넓게 이해할 것이다. 명백하게 우리 모두는 예수 그리스도를 통해 아버지께 온다.

1. "우리 아버지"에서 **우리**라는 단어는 무슨 의미인가?
2. "아버지"라는 이름은 여러분에게 무슨 의미를 가지고 있는가? 그 의미는 하나님에 대한 여러분의 이해

때문인가? 아니면 여러분이 하나님께 다가가는 방법 때문인가?
3. 여러분이 매일 기도할 때 하나님께 다가가는 경험을 서술하라.
4. 주기도문을 기도하는 것이 당신의 느낌, 생각, 행동에 어떻게 작용하는가?

3 단계 성서 연구 :
나는 하나님 아버지가 전지전능하심을 믿는다

이번 성서 연구의 제목은 사도신경(the Apostles' Creed)의 첫행에서 인용했다. 그 첫행은 구약성서의 전지전능하신 하나님은 우리의 아버지라고 이야기하고 있다. 1단계 - 당신이 주기도문의 의미에 대해 생각하게 하는 질문을 읽으라. 2단계 - 그 의미를 결정하기 위해 주기도문의 구절들을 읽으라. 3단계 - 주어진 빈칸에 여러분의 답을 쓰라.

1. 성서에서 예수 그리스도에 대해 기록한 첫번째 단어에 주의하라. 예수님의 부모는 예루살렘의 성전에서 예수님을 잃었다. 예수님의 나이 12살때였다. 예수님을 찾았을 때 그의 부모는 그가 어디에 있었는지를 물었다. 예수님의 대답에서 하나님과 예수님의 관계에 관해 무엇을 알 수 있는가?

> "예수께서 가라사대 어찌하여 나를 찾으셨나이까. 내가 내 아버지 집에 있어야 될 줄을 알지 못하셨나이까 하시니" - 누가복음 2:49

2. 여러분이 하나님의 자식이기 때문에 어떤 특권을 가지는가?

> "우리가 보고 들은 바를 너희에게도 전함은 너희로 우리와 사귐이 있게 하려 함이니 우리의 사귐은 아버지와 그 아들 예수 그리스도와 함께 함이라." - 요한일서 1:3

3. 여러분은 하나님 아버지와 어떤 관계를 가지고 있는가?

> "너희는 다시 무서워하는 종의 영을 받지 아니하였고 양자의 영을 받았으므로 아바 아버지라 부르짖느니라." - 로마서 8:15

4. 여러분은 하나님 아버지로부터 어떤 확신을 받는가?

> "거룩하신 아버지여 내게 주신 아버지의 이름으로 저희를 보전하사 우리와 같이 저희도 하나가 되게 하옵소서." - 요한복음 17:11

5. 여러분은 하나님 아버지로부터 무엇을 얻을 수 있는가 ? 이것은 여러분에게 어떤 도움이 될 것인가 ?

> "우리 주 예수 그리스도의 하나님, 영광의 아버지께서 지혜와 계시의 정신을 너희에게 주사 하나님을 알게 하시고" - 에베소서 1:17

_____
_____
_____

6. 하나님 아버지는 자신의 자식들에게 무엇을 주시는가 ?

> "각양 좋은 은사와 온전한 선물이 다 위로부터 빛들의 아버지께로서 내려오나니 그는 변함도 없으시고 회전하는 그림자도 없으시니라." - 야고보서 1:17

_____
_____
_____

7. 하나님 아버지는 자신을 위해 무엇을 하시는가 ?

> "예수 그리스도의 종이요 야고보의 형제인 유다는 부르심을 입은 자 곧 하나님 아버지 안에서 사랑을 얻고" - 유다서 1:1

_____
_____
_____

8. 만약 여러분이 죄를 짓는다면 당신과 하나님 아버지의 관계에는 어떤 일이 생기는가 ?

> "나의 자녀들아 내가 이것을 너희에게 씀은 너희로 죄를 범치 않게 하려 함이라. 만일 누가 죄를 범하면 아버지 앞에서 우리에게 대언자가 있으니 곧 의로우신 예수 그리스도시라." - 요한일서 2:1

_____
_____
_____

LORD'S PRAYER

주기도문에서의 관계

우리 아버지 … 아버지와 자식

이름이 거룩히 여김을 받으시오며 … 하나님과 경배자

나라이 임하옵시며 … 왕과 신하

뜻이 이루어지이다 … 주인과 종

우리에게 일용할 양식을 주옵시고 … 제공자와 수령자

우리 죄를 사하여 주옵시고 … 구세주와 죄인

우리를 시험에 들게 하지 마옵시고 … 인도자와 추종자

악에서 구하옵소서 … 보호자와 보호받는 자

나라가 아버지께 있사옵나이다 … 국왕과 신하

하늘에 계신 우리 아버지여,
이름이 거룩히 여김을 받으시오며, 나라이 임하옵시며.
뜻이 하늘에서 이룬 것같이 땅에서도 이루어지이다.
오늘날 우리에게 일용할 양식을 주옵시고,
우리가 우리에게 죄 지은 자를 사하여 준 것같이
우리 죄를 사하여 주옵시고.
우리를 시험에 들게 하지 마옵시고,
다만 악에서 구하옵소서.
대개 나라와 권세와 영광이 아버지께 영원히 있사옵나이다.
아멘.

3. 첫번째 간청 :
이름이 거룩히 여김을 받으시오며

하나님을 경배하면 하나님과 만난다

나는 내 인생에서 가장 위대한 경배 경험의 하나를 놓쳤다.

나는 사우스 다코타 주의 레이피드 시 근처의 사우스 다코타 구세군 사무실에서 이야기를 하고 있었다. 나는 저녁 설교를 마친 후에 마운트 러쉬모어(Mount Rushmore)에 있는 대통령들의 얼굴 조각을 구경할 수 있도록 나를 그곳에 태워다 달라는 약속을 사무실장과 해 두었다.

그곳까지 가려면 내가 묵고 있는 숙소에서 30분이 소요될 것이므로 설교를 짧게 하라는 이야기를 들었다. 그러나 설교에 열중하다 보니 예정 시간보다 더 길어졌다. 나는 설교 후에 즉시 떠나야 한다고 말했으나 사무실에서 일하는 몇몇 사람들은 그럴 수 있을지에 관해 의문을 품었다.

나는 마운트 러쉬모어에서는 밤 11시에 전깃불이 꺼진다는 이야기를 들었다.

밤 11시에 우리는 2마일 밖에 떨어져 있었다. 나는 밤에 도시의 불빛이 하늘을 비추는 것을 보듯이 탐조등의 섬광을 볼 수 있었다.

갑자기 지평선이 어두워졌다.

"우리는 달빛으로 대통령들을 볼거야"라고 말하고는 계속 차를 운전할 것을 부탁했다.

우리는 방문자로서 리셉션 센터에 도착했으나 그곳에서 일하는 사람들은 퇴근해 버리고 없었다. 우리는 워싱턴, 제퍼슨, 링컨과 루즈벨트의 전경을 보기 위해 리셉션 센터 뒷쪽의 인도 주변을 따라갔다.

갑자기 천둥을 동반한 크고 시커먼 구름이 달을 뒤덮어서 우리가 보도를 따라가는데 어려움이 있었다. 구름이 너무 어두워서 우리는 서로를 알아 볼 수도 없었다.

나는 나의 운에 대해 생각했다. 나는 **너무 오랫동안 설교를 했고, 그래서 이 검은 구름이 내가 관람하는 것을 방해했다**.

나는 매우 실망했다. 어쩌면 다시는 마운트 러쉬모어에 돌아가지 못할 것이라는 생각이 들었다.

그때 하나님께서 간여하셨다.

한 줄기 은빛 번개가 러쉬모어 뒷쪽에서 번쩍거렸다. 번개가 서쪽 하늘을 비출 때 잠시동안 나는 하얗게 드러난 네 명의 대통령 머리를 보았다.

그리고 하늘은 다시 깜깜해졌다. 나는 아무것도 볼 수 없었다.

번개가 다시 번쩍거렸고 전체 하늘은 거미줄에 전기가 흐르는 것처럼 빛났다. 번갯불은 지평선을 가로질러 달렸고 모든 방향으로 희미한 불빛을 점화시키는 것 같았다.

다시 나는 네 명의 대통령 얼굴을 보았다.

"다시 번개를 쳐 주십시오, 하나님" 이라고 나는 조용히 기도했다.

하나님께서는 그렇게 해 주셨다.

또 다른 거대한 번갯불의 섬광이 광활한 사우스 다코타 시의 하늘에 퍼졌고 몇 초 동안 나는 확실하게 각 대통령의 얼굴을 볼 수 있었다.

그리고 어두움이 마운트 러쉬모어에 다시 내려 앉았다. 나는 아무것도 볼 수 없었다. 심지어 내 옆에 서 있는 구세군조차도 볼 수 없었다.

나는 하나님 앞에 경건하게 서 있었다. 그곳은 사람들이 조용히 들어가는 지성소만큼 신성하게 느껴졌다. 나는 하나님 존재의 장엄함을 느낄 수 있었다. 그 경건한 분위기에서 나는 하나님께 경배했다.

그날 저녁 나의 지성소는 마운트 러쉬모어에 있는 전망대였다. 하나님의 격려는 하나님께서 보내주신 번갯불이었다. 나는 또 다른 번갯불을 기다렸고 그래서 다른 대통령의 얼굴을 볼 수 있었다.

그때 나는 **내가 러쉬모어(Rushmore)를 보기 위해 몹시 애를 쓰는 것처럼 우리는 이 어두운 죄의 세계에서 하나님을 보기 위해 노력한다**는 생각이 들었다.

번갯불 속에서처럼 우리는 하나님을 빨리, 그리고 순간적으로 본다는 것을 깨달았다. 하나님은 완전하나 우리는 한정되어 있으므로 우리는 하나님을 완전하고 정확하게 보지 못한다. **나는 어떻게 하나님을 보는가?** 나는 내 자신에게 물어 보았다.

그리고 스스로 대답하였다. 구세군 대장은 자신의 사고(思考) 세계에서 방황하고 있었기 때문에 나는 그에게 말하지 않았다.

나는 성서에서,

기적에서,

자연에서 하나님을 본다.

나는 **하나님의 많은 이름들 안에서 하나님을 본다**는 생각이 사우스 다코타의 블랙 힐(Black Hills)에서 있었던 전기 폭풍 속에서 서서히 움트기 시작했다.

그날 저녁 번개 속에서 내가 대통령에 관해 무엇인가를 얻었던 것처럼 각각의 하나님 이름은 하나님에 관한 무엇인가를 밝혀 주는 한줄기 번갯불과 같다. 내가 앞에 있는 바위 조각을 알아보려고 했던 것처럼 역시 나는 나를 위해 한줄기 번갯불을 내려 주신 하늘의 하나님을 이해하려고 했다.

블랙 힐(Black Hills)을 만드신 창조주 하나님이시여, 이름이 거룩히 여김을 받으시오며. 나는 이렇게 명상하였다.

주여, 이름이 거룩히 여김을 받으시오며. 나는 자신의 백성들에 대한 하나님의 친절에 대해 생각하였다.

주인이시여, 이름이 거룩히 여김을 받으시오며. 나는 내 생활의 지배자이신 하나님의 지배력에 복종하였다.

전지전능하신 분이시여, 이름이 거룩히 여김을 받으시오며. 계곡을 오르내리는 번개와 천둥 속에서 나는 하나님의 힘을 알았다.

아버지, 이름이 거룩히 여김을 받으시오며. 하나님께서는 나를 사랑하시고 또 돌보아 주시기 때문에 나는 하나님을 찬미했다.

불빛 속에서의 어두움은 더 깜깜한 것처럼 보였다. 아마도 그것은 우리가 하나님의 불빛을 볼 때 모든 것은 밤이기 때문일 것이다. "밤은 밤에게 지식을 전하니"(시편 19:2)처럼 러쉬모어의 어두움은 내게 하나님의 황금빛 기쁨을 비추어 주었다.

번개를 동반한 폭풍우는 러쉬모어를 지나갔고 번개는 그다지 치지 않게 되었으나 하나님은 영원한 빛이셨다. "하나님께서 어두움을 밤이라 칭하셨기 때문에"(창세기 1:5) 나는 어두움 속에서 편안한 느낌이 들었다.

이제 번개는 순간적으로만 깜박거리고 우리는 더 이상 아무것도, 심지어는 나란히 서 있는 우리 서로도 볼 수 없게 되었다. 그러나 내 마음 속으로는 명백하게 볼 수 있었다. 나는 하나님을 볼 수 있었다.

그날 저녁 조용히 집으로 돌아오면서 나와 그 구세군은 우리가 마운트 러쉬모어가 보여 줄 수 있었던 가장 훌륭한 쇼를 목격했다는 것을 깨달았다. 우리는 국립공원 안내지(U.S. Park Service)의 눈을 통해서가 아니라 하나님의 눈을 통해서 산을 보았다.

여러분이 "이름이 거룩히 여김을 받으시오며"라고 기도하기 시작할 때 여러분은 하나님에 관한 다섯 가지 진실들을 깨닫는다.

하나님의 이름을 영광되게 하는 것에 대한 다섯 가지 중요 사실들

1. 하나님은 이름을 가지고 계신다.
2. 하나님의 이름은 신성하다.
3. 하나님께서는 우리가 하나님을 찬미하기를 원하신다.
4. 나는 주기도문으로 하나님의 이름을 찬미할 수 있다.
5. 하나님께서는 강제로 자신의 이름을 찬미하게 하시지 않는다.

여러분이 하나님의 이름에 관해 이러한 다섯 가지 사실들을 알 때 여러분은 기도로 하나님께 더 좋은 방법으로 다가갈 수 있다. 여러분은 영업사원이 고객의 이름을 적절하게 사용하는 방식으로, 남자 친구가 자신이 사랑하는 여자의 이름을 적절하게 부르는 방식으로, 어머니가 부드럽게 자식에게 이름을 가르치는 방식으로, 신하가 왕비에게 이야기하는 방식으로, 하나님은 여러분에게 중요하다는 방식으로 하나님께 다가갈 필요가 있다.

하나님은 이름을 가지고 계신다

내 어머니의 이름은 맥파든(McFadden)이셨다. 어머니는 자신의 이름과 유산에 대해 자랑스럽게 생각하셨다. 내가 어린 소년이었을 때 어머니께서는 사우스 캐롤라이나 주의 사르디니아 근교의 맥파든 가족 공동묘지에 나를 데려가시곤 했다. 어머니께서는 1730년에 사우스 캐롤라이나 주의 그쪽 지역을 개척하기 위해 존 맥파든(John Mcfadden)이 어떻게 미국에 왔는가를 설명하는 화강암 비석 앞에 나를 세우셨다. "네가 누구인지를 기억하라"고 내게 훈계하시고 "네 이름을 자랑스럽게 생각하라"고 일깨우시기도 하셨다. 그리고 나를 북돋우시기 위해 "너는 타운즈 가(家)의 한 사람이라는 것을 명심하라. 너는 너의 마음이 결정한 어떤 일도 할 수 있다"라고 말씀하시곤 하셨다.

내가 성장할 때 내 가족의 이름은 내게 중요했다. 비록 내가 외할아버지를 더 잘 알기 위해 매파든 가문의 역사를 연구했다 할지라도 결혼하면서 어머니가 받은 이름은 그녀와 내게 중요하게 되었다. "너는 타운즈(Towns) 가의 한 사람이라는 것을 명심하라."

여러분이 하나님의 이름을 거룩하게 여길 때 하나님께 주어진 명칭 때문만이 아니라 하나님의 성품 때문에 여러분은 하나님을 존경한다. 오늘날 우리가 "그 사람은 자신에 대한 이름값을 했어"라고 말할 때, 그것은 그 사람이 고유한 철자로 자신의 이름을 만들었다는 의미가 아니다. 그것은 그가 자신의 이름 뒤에 있는 명성을 개발했다는 의미이다. 우리가 훌륭한 이름을 가진 사람을 이야기할 때 우리는 명성을 가지고 있는 사람에 관해 이야기한다.

여러분이 "우리 아버지"라고 기도를 시작할 때 여러분은 아버지와 자식의 관계처럼 하나님과 친밀한 관계에서 기도를 시작한다. 하나님은 여러분을 벌 주시기 위해 기다리고 있는 성난 재판관이 아니시며 더구나 냉담하게 여러분을 무시하시지도 않으며 여러분의 이야기를 듣지 못하실 만큼 바쁘지도 않다. 하나님은 멀리 떨어져 계신 분이 아니다. 하나님은 친밀하게 다가갈 수 있는 여러분의 아버지이시다.

기도는 "아빠를 사랑해요"라고 말하면서 아버지의 무릎에 뛰어드는 자식처럼 해야 한다.

따라서 주기도문은 꼭 여러분만을 위한 것은 아니다. 주기도문은 역시 하나님을 위한 것이기도 하다. "이름이 거룩히 여김을 받으시오며"라고 주기도문을 시작하라. 하나님과 하나님께서 원하시는 것으로 하라. 하나님께서는 영광을 받는 것을 좋아하신다.

"거룩히 여김을 받으시오며"라는 문구는 어떤 대학의 "거룩한 동산"이나 법원 빌딩의 "정의의 거룩한 본부"를 생각나게 한다. "거룩히 여김을 받으시오며"라는 문구는 일정 기간 동안에 존경이 증가함을 의미한다.

왜 어떤 사람은 값비싼 보석을 소중하게 여기는가? 보석은 값이 비싸기 때문이다. 보석은 이 세대에서 다음 세대로 전해지기 때문이며 보석은 역사를 가지고 있다. 또 보석은 사랑과 신뢰의 약속으로서 주어진다. 여러분이 "이름이 거룩히 여김을 받으시오며"라고 기도할 때 여러분은, 여러분과 여러분의 생활에 하나님이 매우 의미있는 분이시라는 것을 깨닫고 있다.

어떤 사람들은 "하나님, 여왕을 구해 주소서." 또는 "하나님, 미국에 축복을 주옵소서"라고 말하는 방식으로 기도한다. 그들은 미국인이 국기에 대한 경례를 하는 것처럼, 자신이 제단 위를 가로질러 가고 있는 것처럼, 또 두 신사가 만나서 악수를 하는 것처럼 이 말들을 생각한다. 그러나 예수님께서 "이름이 거룩히 여김을 받으시오며"라고 기도하도록 가르치실 때 인간의 단어들로는 거의 표현할 수 없는 그런 풍부하고, 가득차고, 철저한 문구들을 사용하셨다. 그러나 예수님께서는 우리가 인간이라는 것을 아셨기 때문에 우리가 새로운 경배의 단계를 갈망하도록 힘쓰셨다.

여러분이 "이름이 거룩히 여김을 받으시오며"라고 기도할 때 여러분은 하나님에 대한 새로운 존경과 하나님의 인성에 대한 경배의 단계로 오르는 것이다. 여러분은 하나님이 누구이신지 또 하나님께서 우리를 위해 무엇을 베풀어 주시는지를 깨닫기 위해 바로 하나님의 심장으로 올라가고 있다.

이름에는 무엇이 있는가? 우리는 이름에 의미를 거의 두지 않고 있기 때문에 우리는 히브리인들이 이 구절을 이해하기 위해 사용했던 것처럼 이름들을 보아야 한다.

구약성서에는 주요한 하나님의 이름이 세 개 있다.

하나님의 첫번째 이름은 **엘로힘**(*Elohim* : 전능하신 창조주 하나님)이다. 이 이름을 사용함으로써 우리는 "태초에 하나님이 천지를 창조하시니라"(창세기 1:1)라고 말한다.

하나님의 두 번째 이름은 **야훼**(*Yahweh*)로서 이는 "서약을 지키시는 분"이라는 뜻이다.

그리고 하나님의 세 번째 이름은 **아도나이**(*Adonai*)로서 "주인" 또는 "주"를 의미한다. 하나님은 우리의 주인으로서 우리의 생활을 지배하시는 분이다. 따라서 하나님에게는 세 개의 주요한 이름이 있으나 "우리 하나님 여호와는 오직 하나인 여호와시니"(신명기 6:4)처럼 하나님에게는 오직 한 개의 이름만 있다.

예수님의 시대에 유대인들은 하나님의 이름을 경배하였으나 **야훼**(*Yahweh*)라는 이름은 너무 신성하였기 때문에 이 이름은 말하려고 하지 않았다. 그들은 야훼(*Yahweh*)에서 자음을, 아도나이(*Adonai*)에서는 모음을 빼내 함께 묶어 **"여호와"**(*Jehova*)라는 새로운 단어를 만들었다. 믿음이 깊은 유대인들은 **야훼**(*Yahweh*)라는 단어 대신에 **아도나이**(*Adonai*)라고 말하곤 했다. 그래서 그들은 하나님의 실제 이름을 사용함으로써 하나님의 실제 이름을 영광되게 하지 않았다. 유대인 학자들이 성서를 필경했을 때 그들은 하나님의 이름을 쓸 새로운 펜을 선택했다. 그래서 그들은 다른 단어들을 사용하기 위해 선택된 펜을 가지고 하나님의 이름을 씀으로써 하나님의 영광을 그릇되게 하지 않으려고 했다. 하나님의 이름을 쓸 새로운 펜을 사용한 후에 그 펜들이 다시 사용되지 않도록 그들은 그 펜들을 부숴버렸다.

이와 똑같은 많은 유대인들이 하나님의 이름을 경배하였으나 그들은 자신들의 자기도취적인 율법주의에 의해 하나님에게 불손한 단어들을 사용하였다. 그들은 겉으로는 법에 따랐으나 마음은 하나님을 경배하지 않았다. 예수님께서 우리에게 "이름이 거룩히 여김을 받으시오며"라고 기도할 것을 가르치실 때, 이것은 우리의 마음 속에 하나님이 실제로 존재하게 하라고 말씀하시는 것이다.

여러분이 "이름이 거룩히 여김을 받으시오며"라고 기도할 때 여러분은 여러분의 마음의 보좌에 하나님을 모시는 것이다.

여러분이 "이름이 거룩히 여김을 받으시오며"라고 기도하기 시작할 때 여러분은 무언가를 요구하면서 하나님 앞으로 뛰어드는 것이 아니며, 또 여러분의 죄나 기도 능력에 관해 관심을 가지고 있는 것도 아니다. 여러분은 하나님이 어떤 분이신지 또 하나님께서 여러분을 위해 무엇을 해 주시는지를 알고 하나님 앞으로 오는 것이다.

여러분이 "이름이 거룩히 여김을 받으시오며"라고 기도할 때 하나님과 거래를 하는 것이 아니며, 또 기도에 대한 응답의 조건들을 하나님께 거는 것도 아니다. 그렇게도 많은 사람들이 "하나님, 제가 죄 짓는 것을 그만 두면 저의 기도에 응답해 주실 것인가요?"라고 말하거나 또는 "하나님께서 저의 기도에 응답해 주시면 하나님을 위해 좋은 일(예를 들면 교회에 예배 드리러 가거나 헌금하는 일)을 하겠습니다"라고 기도한다. 어떤 사람들은 한 시간 또는 하루처럼 오랜 시간 동안 기도하면 그들이 요청하는 것을 하나님께서 들어 주실 것이라고 생각한다. 이런 모든 동기 부여들은 잘못된 것이다. 여러분의 기도는 하나님을 찬미하는 기반이다. 여러분이 주기도문을 기도할 때 여러분은 여러분의 인생에 하나님의 영광을 전시하는 것이다.

여러분이 "이름이 거룩히 여김을 받으시오며"라고 기도할 때 주기도문에서 하나님의 이름을 인식하라. 하나님은 여러분의 아버지로서 여러분에게 가까이 계시고 친밀하다. 그러나 여러분의 왕, 강력한 창조주, 우주의 지배자이시며 자연의 법칙을 만드시고 영원한 신의 뜻에 의해 미래의 일들을 다스리시는 분이시다.

따라서 주기도문에서 여러분은 여러분의 상처와 필요에 대해 관심을 가지고 계신 아버지 하나님의 가족 방에 들어간다. 또 여러분은 순종과 존경을 필요로 하는 왕이신 하나님의 왕실 안으로 경건하고 두렵게 들어간다.

하나님의 이름은 신성하다

"거룩히 여김을 받으시오며"는 오늘날 사람들에게 거의 의미가 없는 문구이다. 사람들이 이 문구를 생각할 때는 섬뜩한 지성소, 애도하는 조곡, 성인(聖人)의 후광, 또는 그들이 가지 않는 교회 내의 제단을 생각한다.

충심으로 기도하기 위해 "거룩히 여김을 받으시오며"라는 문구의 의미를 검토해 볼 필요가 있다. 이 단어는 "신성한"(holy)이라는 의미를 가진 그리스어의 *hagios*에서 유래했다. 여러분이 "이름이 거룩히 여김을 받으시오며"라고 기도할 때 여러분은 "하늘에서처럼 땅에서도 이름이 신성하옵소서"라고 말하는 것이다.

이와 관련된 동사인 *hagiadzo*는 "신성하게 하다" 또는 "구별하다"라는 의미이다. 이는 하나님은 세속적이고 죄 많은 이 세상의 어떤 것과도 구별된다는 의미이다. 하나님은 신성하시다. 우리의 기도는 "거룩하다 거룩하다 거룩하다. 만군의 여호와여 그 영광이 온 땅에 충만하도다"(이사야 6:3)라고 외치는 천사와 같아야 한다.

따라서 여러분이 "이름이 거룩히 여김을 받으시오며"라고 기도할 때 여러분은 하나님께서 받으실 만한 영광을 하나님께 드리고 있는 것이다. 여러분은 하나님의 특성에 맞는 경배를 하나님께 드리는 것이다.

하나님의 이름이 어떻게 영광될 수 있는지를 이해하기 위해 모세의 기도에 주목하자. 모세는 출애굽기 33:18에서 "주의 영광을 내게 보이소서"라고 기도했다. 하나님의 권능이 세키나 영광의 구름을 타고 내려 오실 때 모세는 시내산 꼭대기에서 기도하고 있었다. 모세는 이미 어떤 다른 사람들보다 더 많은 하나님의 영광을 보았으나 그는 "주의 영광을 내게 보이소서"라고 요청하였다. 하나님께서는 이 요청에 어떻게 하셨는가?

"여호와께서 구름 가운데 강림하사 그와 함께 거기 서서 여호와의 이름을 반포하실쌔"(출애굽기 34:5) 반포된 하나님의 이름은 무엇이었는가? "여호와께서 그의 앞으로 지나시며 반포하시되 여호와로라 여호와로라 자비롭고 은혜롭고 노하기를 더디하고 인자와 진실이 많은 하나님이로라. 인자를 천대까지 베풀며 악과 진실과 죄를 용서하나 형벌 받을 자는 결단코 면죄하지 않고"(출애굽기 34:6, 7).

하나님께서는 자신의 이름이 하나님의 속성을 복합적으로 보여주는 것이라고 모세에게 말씀하셨다. 즉 하나님의 이름은 하나님 그분이시다.

따라서 여러분이 "이름이 거룩히 여김을 받으시오며"라고 기도할 때 여러분은 하나님의 모든 속성들을 알고 있는 것이다. 또 하나님은 누구이신지를 알고 있는 것이다. 하나님의 모든 속성은 하나님의 이름으로 구체화되고 있다. 여러분이 하나님의 이름을 거룩되게 할 때 여러분은 하나님의 인성을 높이는 것이다.

하나님께서는 우리가 하나님을 찬미하기를 원하신다

예수님께서는, 하나님께서는 참된 마음을 가진 경배자를 원하신다고 추종자들에게 가르치시면서 "아버지께서는 이렇게 자기에게 예배하는 자들을 찾으시느니라"(요한복음 4:23)라고 말씀하셨다. 이 구절에서 예수님께서는 우리가 어떻게 기도를 시작해야 하는지를 제시하고 계신다. 하나님께서는 우리가 하나님을 찬미하기를 희망하시기 때문에 우리는 "이름이 거룩히 여김을 받으시오며"라고 시작한다. 이것이 하나님께서 우리에게 요구하시는 것이다.

따라서 여러분이 기도할 때 하나님의 영광은 여러분의 문제, 요구, 두려움, 여러분이 하나님을 위해 하기 원하는 어떤 것보다 더 크다는 것을 명심해야 한다. 기도에서 가장 중요한 것은 하나님의 이름이 찬미되고 찬양되는 것이기 때문에 여러분은 "이름이 거룩히 여김을 받으시오며"라고 기도를 시작하라.

하나님께서는 여러분의 기도에서 무엇을 얻으시는가? 여러분 자신에게 하나님께서는 내게서 무엇을 필요로 하시는지를 물어보라.

> 하나님께서는 기적을 행하시므로 우리의 도움을 필요로 하시지 않는다.
> 그분은 전지하시므로 우리의 조언을 필요로 하시지 않는다.
> 그분은 전능하시므로 우리의 도움을 필요로 하시지 않는다.
> 그분은 부유하시므로 우리의 돈을 필요로 하시지 않는다.
> 그분은 하나님이시므로 우리가 그분을 경배하기 원하신다.

주기도문을 **영적인 사귐**으로 생각하라. 주기도문은 하나님과 이야기하는 것이다. 어떻게 평범한 시민들이 미국의 대통령과 이야기할 수 있는지를 느낄 것인가? 대부분의 사람들은 그 순간에 압도당할 것이다. 하나님은 많은 권능을 가지고 계시나 우리는 매우 평범하기 때문에 우리는 주눅들 것이다. 우리는 어쩌면 역시 하나님 앞으로 갈 때도 주눅들지도 모른다. 만약 우리가 하나님의 상황하에 들어가서 하나님의 초대를 받는다면 우리는 "이름이 거룩히 여김을 받으시오며"라고 기도하기 시작한다. 그러면 하나님께서는 자신의 앞에서 우리를 은혜롭게 받아주신다.

하나님께서는 여러분이 오도록 초청하신다. 예수님께서는 "내게로 오라"(마태복음 11:28)라고 말씀하셨다.

"성령과 신부가 말씀하시기를 오라 하시는도다 … 목마른 자도 올 것이요"(요한계시록 22:17).

"아버지께서는 이렇게 자기에게 예배하는 자들을 찾으시느니라"(요한복음 4:23).

나는 주기도문으로 하나님의 이름을 찬미할 수 있다

미국인들은 우호적이기 때문에 하나님을 우호적인 방식으로 대하기를 원한다. 우리 미국의 많은 교회들은 하나님께 비공식적으로 접근함으로써 신성함과 경건함을 잃어버렸다. 우리는 손을 붙잡고 하나님께 "어떻게 지내세요?"라고 묻거나, 또는 아침에 방을 나서면서 "주여, 안녕하십니까?"라고 외친다.

하나님은 우리의 가족이기 때문에 비공식적으로 대한다. 그러나 예수님께서는 "이름이 거룩히 여김을 받으시오며"라고 시작할 것을 가르치셨다. 주기도문의 목적은 우리의 생활에서 하나님을 올바른 위치에 두는 것이다. 그 목적이 주로 무엇인가를 얻는데 있는 것은 아니다. 그 목적이 주로 죄를 직시하는 것은 아니다. 주기도문의 목적은 하나님께서 하늘의 보좌에 앉아 계시듯이 이 땅에서도 하나님을 우리 생활의 보좌에 앉아 계시도록 하는 것이다.

여러분이 "이름이 거룩히 여김을 받으시오며"라고 기도할 때 여러분은 하나님께서 하나님의 영광을 입증하실 수 있는 단을 만들어 드리는 것이다. 여러분이 정직하게 이런 간청을 할 때 여러분은 여러분의 마음을 하나님의 인성에 초점 맞추고 하나님의 인성의 위대함과 하나님께서 여러분을 위해 하신 일에 대해 이해할 때까지 그 마음을 간직해야 한다.

여러분은 여러분의 영성(靈性)과 기도 능력으로 하나님께 어떤 인상을 주기 위해 주기도문을 기도해서는 안 된다. 먼저, 컴퓨터의 전원을 켜서 부팅하듯이 하나님을 여러분의 마음에 나타내고 하나님을 경배하라.

서론에서 내가 한 시간 동안 기도하려고 했던 일과 나는 겨우 17분을 기도하고서 두 시간 동안 기도했다고 생각한 일에 대해 이야기했다. 기도는 판매 증대를 위해 하나님께 하는 노력이 아니므로 나는 이제 더 오랫동안 기도할 수 있다. 하나님은 그렇게 크시고, 그렇게 많은 속성들을 가지고 계시며, 또 내게 전부이신 하나님을 찬미하는 데는 많은 시간이 걸리기 때문에 나는 하나님을 위해 경배한다.

하나님께서는 강제로 자신의 이름을 찬미하게 하시지 않는다

주기도문은 왕이신 하나님의 통치권에 대해 가르치며 하나님의 백성들은 자유 의지를 가지고 있다는 것도 역시 가르친다. 아담은 금단의 열매를 먹을 수 있는 선택권을 가지고 있었다. 다윗은 간음을 선택할 수 있었다. 그리고 아브라함은 거짓말을 선택할 수 있었다. 베드로는 부인하는 것을 선택할 수 있었고, 유다는 배반하는 것을 선택할 수 있었다. 그들 모두는 나쁜 것을 선택할 수 있었다.

경배는 선택이다.

시편에서는 하나님의 백성들에게 "아름답고 거룩한 것으로 여호와를 경배할지어다"(시편 96:9)라고 명하고 있다.

시편에서는 구원받지 못한 백성들에게 "온 땅이여, 여호와께 즐거이 부를지어다"(시편 100:1)라고 명하고 있다.

그 명은 하나님을 경배하라고 하는 것이나 많은 사람들이 그렇게 하지 않는다. 어떤 사람들은 속마음으로는 하나님을 알고 있어도 무시한다. 또 어떤 사람들은 죄 때문에 반항한다. 어떤 사람들은 이 세상을 돌보는 일 때문에 너무 바쁘다. 어떤 사람들은 다른 일들이 예수님을 떠밀어내기 때문에 잊어버린다.

주는 전화를 기다리고 계시며, 우리는 주와 이야기하기 위해 수화기를 집어 들어야 한다. 오늘 "이름이 거룩히 여김을 받으시오며"라고 기도하기 시작하라. 오늘 이 구절을 여러 번 기도하라.

경배는 양방향으로 통행하는 길이다

찬미는 양방향으로 통행하는 길이다. 여러분이 하나님을 영광되게 할 때 여러분의 요구는 충족된다. 여러분이 경배로 하나님께 갈 때 하나님께서는 여러분의 문제 해결을 도와주시기 위해 오신다.

여러분에게 하나님의 이해가 필요할 때 예수 그리스도의 완전한 인성을 통해 여러분의 아버지를 찬미하라. "우리 아버지"라고 말하면 여러분에게 생명을 주신 여러분의 아버지는 여러분을 이해하실 것이다.

여러분이 외로움을 느낄 때 우리의 중보자이신 예수 그리스도를 통해 하나님을 찬미하라. "우리 아버지"라고 말하면 여러분의 본질을 알고 계시는 여러분의 아버지는 여러분에게 도움을 주는 사람이 되고 친구가 되어 주실 것이다.

여러분이 실패할 때 예수 그리스도의 피를 통해 여러분의 아버지를 찬미하라. "우리 아버지"라고 말하면 여러분이 하나님께 말하기 전에 이미 여러분의 실패를 알고 계시는 여러분의 아버지는 여러분을 용서하시고 올바른 일을 할 수 있도록 격려해 주실 것이다.

여러분이 하나님과 만나기 위해 뛰어 오르는 만큼 하나님께서는 여러분과 만나기 위해 뛰어 내려 오실 것이다.

기도 체크 리스트(PRAYER CHECKLIST)			
이름이 거룩히 여김을 받으시오며 하나님을 위해 경배하고 싶은 것을 열거하라	생활(수준)은 어떠한가?(한 가지만 체크하라)		
	저	중	고
1.			
2.			
3.			
4.			
5.			
6.			
7.			

일지쓰기(Journaling)

여러분이 기독교인으로서 성장하는 것에 대해 진지하게 생각한다면 어떻게 하나님을 경배할 것인가를 기록하라. 여러분 자신을 평가하라. 그리고 일주일을 그 일주일 전의 7일 동안과 비교하라. 여러분은 하나님을 이해하는 측면이나 하나님을 경배하는 측면에서 성장하고 있는가? 여러분이 일지쓰는 것을 위해 다음의 질문들을 이용하라.

1. 하나님을 경배하기 위해 여러분은 어떤 단어들을 사용하고 있는가?(예를 들어 찬미하다, 찬양하다, 거룩되게 하다 등)
2. 하나님을 경배하기 위해 여러분이 사용하는 하나님의 이름은 무엇인가?
3. 하나님을 경배하기 위해 여러분은 찬송을 하는가? 어떤 찬송가인가? 여러분은 찬송에서 무엇을 얻는가?
4. 여러분은 경배를 점점 더 잘 이해하고 있는가? 어떻게 이해하는가?
5. 여러분은 경배의 표현을 어떻게 바꾸는가?

3단계 성서 연구 : 이름이 거룩히 여김을 받으시오며

이번 성서 연구는 왜 하나님의 이름이 특별하고, 또 여러분의 생활에서 여러분이 어떻게 하나님의 이름을 거룩되게 할 수 있는지를 보여 준다. 1단계-하나님의 이름에 대해 생각하게 하는 질문을 읽으라. 2단계-그 질문에 대해 성서에서 말하고 있는 것을 보기 위해 각 질문들과 함께 그 구절들을 분석하라. 3단계-주어진 빈칸에 여러분의 답을 쓰라.

1. 하나님의 이름은 하나님의 인성을 대표한다. 하나님의 이름에 대한 여러분의 반응은 무엇이어야 하는가?

   "이제부터 영원까지 여호와의 이름을 찬송할지로다." - 시편 113:2

   _____
   _____
   _____

2. 우리가 하나님의 이름을 잘못 사용하는데 대해 하나님께서는 얼마나 심각하게 생각하시는가?

   "너는 너의 하나님 여호와의 이름을 망령되이 일컫지 말라. 나 여호와는 나의 이름을 망령되이 일컫는 자를 죄 없다 하지 아니하리라." - 출애굽기 20:7

   _____
   _____
   _____

3. 우리 백성들은 하나님의 이름에 어떻게 반응해야 하는가?

   "주는 계신 곳 하늘에서 들으시고 무릇 이방인이 주께 부르짖는 대로 이루사 땅의 만민으로 주의 이름을 알고 주의 백성 이스라엘처럼 경외하게 하옵시며 또 내가 건축한 이 전을 주의 이름으로 일컫는 줄을 알게 하옵소서." - 열왕기상 8:43

4. 하나님의 이름이 영광되게 될 때 기독교인이 아닌 사람들 사이에서는 어떤 일이 발생하는가?

> "사람으로 영원히 주의 이름을 높여 이르기를 만군의 여호와는 이스라엘의 하나님 곧 이스라엘에게 하나님이시라." - 역대상 17:24

5. 하나님의 이름에 대해 기독교인들은 어떻게 반응해야 하는가?

> "너희 무리는 마땅히 일어나 영원부터 영원까지 계신 너희 하나님 여호와를 송축할지어다. 주여, 주의 영화로운 이름을 송축하올 것은 주의 이름이 존귀하여 모든 송축이나 찬양에서 뛰어남이니이다." - 느헤미야 9:5

6. 하나님의 이름에 대해 우리는 무엇이라고 말할 수 있고, 또 우리의 태도는 어떠한가?

> "그 이름이 거룩하시고 지존하시도다." - 시편 111:9
> "서로 창화하여 가로되 거룩하다 거룩하다 거룩하다 만군의 여호와여 그 영광이 온 땅에 충만하도다." - 이사야 6:3

7. 우리가 하나님의 이름을 거룩되게 할 때 우리는 하나님의 인성을 경배한다. 하나님께서는 우리가 하나님의 이름을 어떻게 대하기를 원하시는가?

> "아버지께 참으로 예배하는 자들은 신령과 진정으로 예배할 때가 오나니 곧 이 때라. 아버지께서는 이렇게 자기에게 예배하는 자들을 찾으시느니라. 하나님은 영이시니 예배하는 자가 신령과 진정으로 예배할지니라." - 요한복음 4:23, 24

LORD'S PRAYER

주기도문은

자세에 관한 것이 아니다.

하나님의 백성들은 서서, 무릎 꿇고, 누워서, 팔짱을 낀 채로, 손을 위로 향하게 들고, 머리를 숙이고, 머리를 들고, 눈을 감고, 눈을 뜨고 등 다양한 자세로 기도한다. 주기도문은 하나님에게 마음을 여는 것에 관한 것이다.

장소에 관한 것이 아니다.

하나님의 백성들은 산 위에서, 들판에서, 배 안에서, 집 안에서, 신전 안에서, 전쟁 중에, 일을 하면서, 집으로 향하여 걸어가면서 등 여러 상황에서 기도한다. 주기도문은 어디에서나 할 수 있는 것이다.

시간에 관한 것이 아니다.

하나님의 백성들은 아침, 점심, 저녁에 그리고 침대에 누운 밤에, 식사 전에, 추수하기 전에, 일을 하는 중에 경배한다. 주기도문은 하루 중 언제라도 그리고 육체적, 영적인 성장기의 어느 때에도 할 수 있다.

모든 사람들의 기도이다.

주기도문은 언제, 어디서나, 어떤 상황하에서도, 모든 장소에서, 모든 날씨 하에서, 모든 집에서, 모든 야외에서, 모든 일에서, 모든 놀이에서, 모든 관계에서, 모든 갈등 중에서, 모든 행복의 장소에서 모든 사람들이 해야 한다. 왜냐하면 주기도문은 모든 것을 해결해 주는 기도이기 때문이다.

하늘에 계신 우리 아버지여,
이름이 거룩히 여김을 받으시오며, 나라이 임하옵시며,
뜻이 하늘에서 이룬 것같이 땅에서도 이루어지이다.
오늘날 우리에게 일용할 양식을 주옵시고,
우리가 우리에게 죄 지은 자를 사하여 준 것같이
우리 죄를 사하여 주옵시고,
우리를 시험에 들게 하지 마옵시고,
다만 악에서 구하옵소서.
대개 나라와 권세와 영광이 아버지께 영원히 있사옵나이다.
아멘.

4. 두 번째 간청 :
나라이 임하옵시며

하나님 나라의 원칙들에 대해 배우기

어린 아들이 프렌치 후라이(패스트푸드점에서 파는 튀긴 감자의 일종 - 역자주) 한 개의 끝을 케찹에 찍어서 지휘봉처럼 휘두르면서 놀고 있었다. 아버지는 그 순간을 즐기고 있었다. 아내는 세미나에 갔기 때문에 점심으로 아들과 함께 햄버거와 프렌치 후라이를 먹었다. 그러나 그 소년은 프렌치 후라이를 먹기보다는 가지고 노는 데 더 관심이 있었다.

아버지는 "프렌치 후라이를 먹거라"라고 하면서 소년을 달랬다.

그 아들은 계속 프렌치 후라이 지휘봉을 흔들어 댔고 음악 밴드는 계속 음악을 연주했다. 아버지는 자신의 시계를 쳐다 보았다. 식사가 끝난 아버지는 더 이상 그곳에 머무를 이유가 없었다. 매사를 서두르는 것이 그의 습관이었다. 그래서 점심 식사가 끝나자 그는 집으로 돌아갈 준비를 하고 있었다.

그때 거의 본능적으로 아버지는 팔을 뻗쳐 대부분의 아버지들이 하는 행동을 했다. 그는 자신의 아들이 들고 가는 봉지에서 프렌치 후라이 한 개를 잡았다.

"그러지 마세요!"라고 아들은 날카롭게 외치며 아버지의 손을 뿌리쳤다. 그리고 목소리를 높여서 "그러지 마세요!"라고 하는 말을 반복했다. 분명 어떤 사람도 그 어린 소년이 아버지의 손을 치는 것을 보지 않았다. 아무도 그 소년이 하는 말을 듣지 않았다.

깜짝 놀란 아버지는 아무 말도 하지 않았지만 그 상황을 살피면서 앉아 있었다. 아버지는 그 아들이 누구인지를 생각하였다. '그는 내 아들이야. 나는 그에게 프렌치 후라이를 사 주었고 또 그애가 먹지 않으려고 하는 프렌치 후라이를 먹게 할 수 있어야 해!'

그러나 상황은 그렇지 않았다. 어린 소년은 그 상황을 잊어 버린듯이 가공의 음악 밴드를 지휘하는 일에 다시 몰두했다. 그러나 아버지는 일어났던 일을 잊을 수 없었다. 아버지는 "나는 화가 날 수 있었고 그 애의 일생에서 다시는 프렌치 후라이를 사주지 않을거야"라고 혼자 생각했다.

그러나 아버지는 자신의 아들에게 화내지 않았다. 그는 무엇보다도 매우 놀랐다. 그는 침착한 유형의 사람은 아니었다. 그렇기는 하지만 그는 부드러운 유형의 남자였다. 그는 계속 생각했다. "나는 아들을 프렌치 후라이 속에 파묻을 수도 있고, 케찹 속에 질식시킬 수도 있어. 나는 그만큼 아들을 사랑해."

아버지는 아들이 다른 프렌치 후라이에 케찹을 묻혀 음악 밴드를 지휘하는 것을 지켜보면서 플라스틱 의자에 앉아 있었다. 그 어린 소년은 이러한 생각이 아버지의 마음 속으로 들어가는 것을 몰랐다.

우리는 인생에서 이렇게 노는 어린이들 같다. 우리의 하늘에 계신 아버지께서는 우리의 프렌치 후라이 한 개를 잡아 주기 위해 팔을 뻗치신다.

그러나 우리는 "그러지 마세요! 내 인생에 상관하지 마세요"라고 말하면서 너무 종종 하나님의 손을 뿌리친다.

하나님께서는 우리에게서 떨어지는 모든 프렌치 후라이를 잡아 주려고 하시지 않는다. 우리는 이기적인 소년처럼 "그러지 마세요!"라고 말한다.

어린 소년과 그 아버지의 문제는 하늘에 계신 우리 아버지와 그 자식들에 관한 문제이다.

누가 여러분의 프렌치 후라이를 소유하는가?

우리가 "나라이 임하옵시며"라고 기도할 때 우리는 하나님이 우리 생활의 통치자라는 것을 알고 있다. 우리는 하나님께서 우리의 프렌치 후라이를 소유하고 계심을 알고 있다.

두 번째 간청인 "나라이 임하옵시며"는 우리에게 다섯 가지의 중요한 사실들을 가르쳐 준다.

하나님의 나라에 관한 다섯 가지의 중요한 사실들

1. 하나님께서는 우리의 통치자이신 왕이시다.
2. 하나님께서는 자신이 통치하는 나라를 가지고 계신다.
3. 하나님의 나라는 현재 충분하게 존재하지 않는다.
4. 하나님의 나라는 지금 여기에 **올 수 있다**.
5. 주기도문은 하나님의 나라에 가는 것을 도와줄 수 있다.

여러분이 주기도문을 기도할 때 여러분은 먼저 "하늘에 계신 우리 아버지"라고 기도한다. 여러분은 하나님은 가까이 계시고 친밀한 여러분의 아버지이시며 여러분을 돌보아 주시는 아버지시라

는 것을 알고 있다.

두 번째 간청에서 여러분은 "나라이 임하옵시며"라고 기도한다. 여러분은 하나님을 하늘의 보좌에서 통치하시는 숭고한 분으로 알고 있다.

세 번째 간청에서 여러분은 "뜻이 이루어지이다"라고 기도한다. 여러분은 하나님을 여러분의 인생을 위한 계획을 가지고 계신 왕으로 알고 있다. 왕으로서 하나님은 하나님의 원칙들을 가지고 하나님의 목적을 위해 여러분의 생활을 통치하시기 원하신다.

하나님은 우리의 통치자이신 왕이시다

사람들은 왕에게서 무엇을 원하는가? 이 생각은 민주주의에서 사는 사람들에게는 어려운 것이다. 미국에서 우리는 사람들의 투표를 믿기 때문에 왕에게 의존하지 않는다. 미국의 헌법은 "우리 사람"(We the People)으로 시작한다. 민주주의 체제하에 있는 사람들이 자신들을 통치한다.

미국 정부에는 세 개의 권력 원천이 있다. 이들은 국가의 세 가지 기능을 수행한다.

첫째, 입법부(의회)는 우리가 살아갈 기준을 정한다.

둘째, 사법부(법원과 판사)는 특정한 경우에 우리의 법률을 해석하고 적용한다.

셋째, 행정부(대통령)는 우리를 위해 행정을 집행한다.

기독교인들 역시 왕이신 하나님 아래에서 살고 있다. 다윗은 "하나님이여, 주는 나의 왕이시니"(시편 44:4)라고 말했다. 미국 민주주의가 세 개의 국가 부문에 의해 다스려지고 있듯이 하나님은 자신의 왕국을 통치하신다.

첫째, 하나님은 땅에서와 마찬가지로 하늘에서 자신의 나라의 규칙들을 정하신다.

둘째, 하나님은 자신의 규칙을 어기는 자를 심판하시고, 자신의 법을 준수하는 자에게 상을 주신다.

셋째, 하나님은 자신의 나라의 행정 관리자이시다.

하나님께서는 자신이 통치하는 왕국을 가지고 계신다

우리가 "나라이 임하옵시며"라고 기도하는 것은 하나님의 원칙으로 당신의 마음을 다스려 주시도록 하나님을 우선 초청하는 것이다. 그것은 하나님의 나라를 여러분의 내적이고 개인적인 것으로 만든다. 하나님은 여러분의 개인적인 왕이시고 여러분은 하나님의 신하이다. 여러분은 "당신의 나라를 하늘에서 통치하듯이 내 마음 안에서도 통치하옵소서"라고 기도한다. 명백하게 우리는 불완전한 인간이기 때문에 하나님의 통치를 완전하게 받아들이지 않는다. 그러나 기준은 언제나 거기에 있다. 우리가 천국에 들어간 후에 하나님께서 우리를 통치하시듯이 오늘날 하나님께서 우리를 통치하시는 것을 허용해야 한다.

하나님께서는 천국에서 어떻게 통치하시는가?

1. 올바른 목적 2. 올바른 동기
3. 올바른 타이밍 4. 올바른 결정
5. 올바른 민감성 6. 올바른 존경
7. 하나님의 기준들에 올바르게 따름

이 땅에서의 하나님 통치는 하나님 나라라고 불린다. 모든 사람이 하나님 나라의 구성원이 되는 것은 아니다. 그 사람은 하나님 나라에 참가해야 하고 하나님께 충성을 맹세해야 한다. 그 사람이 다시 태어날 때 그는 하나님 나라에 들어간다. 예수님께서는 "사람이 거듭나지 아니하면 하나님 나라를 볼 수 없느니라"(요한복음 3:3)라고 말씀하셨다. 여러분이 하나님의 나라에 들어가기 위해서는 영적으로 거듭나야 한다. 여러분이 여러분의 구세주로서 예수님을 영접하는 것은 하나님을 믿는 것과 똑같다. "그(그리스도)를 영접하는 자 곧 그 이름을 믿는 자들에게는 하나님의 자녀가 되는 권세를 주셨으니"(요한복음 1:12).

우리가 하나님 나라에 들어간 후에 우리는 우리의 왕이신 하나님을 기쁘게 해 드려야 한다. "너희는 먼저 그의 나라와 그의 의를 구하라. 그리하면 이 모든 것을 너희에게 더하시리라"(마태복음 6:33).

여러분이 "나라이 임하옵시며"라고 기도할 때 여러분은 그리스도에 속하지 않은 사람들에게 복음이 전파되기를 요청하고 있다. "나라이 임하옵시며"는 정신의 승리와 복음 전도를 위한 기도이다. 여러분은 하나님 나라가 하나님과 올바른 관계를 가지게 될 사람들의 생활 안으로 확산되기를 기도하는 것이다. 여러분은 구원받지 않은 친구들과 친척들을 생각하기 때문에 "나라이 임하옵시며"라고 기도할 때마다 그들이 구원받을 수 있도록 기도하는 것이다.

하나님의 나라를 확장시키는 공동의식이 있다. 여러분은 여러분의 교회가 새로운 선교회를 만들려고 하는 곳의 이웃에게 복음을 전파할 수 있도록 기도할 수 있다. 여러분은 실제로 그 이웃의 어느 누구도 알지 못할지도 모른다. 그러나 여러분이 "나라이 임하옵시며"라고 기도할 때 이것은 그 새로운 교회가 효과적이 되도록 요청하는 것이다.

또한 여러분이 "나라이 임하옵시며"라고 기도하는 것은 예수 그리스도의 복음을 전혀 들어본 적이 없는 사람들에게 그 복음을 설교할 외국 선교사를 요청하고 있는 것이다. 여러분은 외국 선교의 분야에 하나님의 나라가 들어 오기를 요청하고 있는 것이다. 작사가인 이삭 왓츠(Isaac Watts)는 이 행동을 노래하였다.

예수님께서는 태양이 있는 곳을 통치하실 것이네.
예수님의 여행이 계속될 것인가
그의 나라는 해안에서 해안으로 확대되네
달이 더 이상 빛나고 이지러지지 않을 때까지.
- 이삭 왓츠(1674-1748)

"나라이 임하옵시며"라고 기도하는 데에는 또 다른 면이 있다. 이 땅에 하나님의 나라를 건설할 예수님의 귀환을 요청하고 있는 것이다. 이 기도는 하나님의 나라가 현재 이 땅을 통치하고 있지 않다는 것을 보여 준다. 그러므로 여러분이 "나라이 임하옵시며"라고 기도할 때 이것은 이 땅에 예수님의 재림을 요청하고 있는 것이다.

여러분이 "나라이 임하옵시며"라고 기도한다면 하나님께서는 여러분에게 면류관을 주실 것이다.

이제 후로는 나를 위하여 의의 면류관이 예비되었으므

로 주 곧 의로우신 재판장이 그날에 내게 주실 것이니 내게만 아니라 주의 나타나심을 사모하는 모든 자에게니라(디모데후서 4:8).

여러분이 하나님의 나라가 오기를 요청할 때 여러분은 하나님의 다가올 나라에 대한 사랑을 표현하고 있다. 성서에 있는 마지막 기도는 주기도문에서의 이 간청 "주 예수여 오소서"(요한계시록 11:15)를 다시 반복한 것이다.

하나님 나라의 왕이 오실 때 이 땅의 모든 왕들은 더 이상 통치하지 않을 것이다. 하나님은 통치자의 왕이시다. "세상 나라가 우리 주와 그 그리스도의 나라가 되어 그가 세세토록 왕노릇하시리로다"(요한계시록 11:15).

모든 박해들이 그칠 것이다. 왜냐하면 하나님의 백성들을 박해한 파라오들은 사라질 것이기 때문이다. 모든 죽음은 끝날 것이다. 왜냐하면 이스라엘의 북부 왕국을 파괴한 산헤립 왕같은 폭군들이 모두 사라질 것이기 때문이다. 바빌론의 느부갓네살 왕이 이스라엘에 대해 가졌던 모든 증오와 인종 편견 같은 것들이 없어질 것이다. 아기 예수를 죽이고자 했던 헤롯 왕과 같은 교회에 대한 모든 비난과 공격들은 사라질 것이다.

하나님의 나라는 현재 충분하게 존재하지 않는다

여러분이 "나라이 임하옵시며"라고 기도할 때 여러분은 하나님의 나라가 여기에 충분하게 존재하지 않는다는 사실을 인정한다. 하나님께서는 자신의 땅을 통치하시기를 원하신다. 그러나 사람들이 항상 그렇게 해 왔듯이 사람들은 하나님을 배척한다.

하나님께서는 구약성서에서 자신의 백성들에게 자신을 따라 오도록 부르셨다. 하나님께서는 이집트의 노예 속박에서 그들을 해방시키셨다. 그들은 홍해를 건너 사막을 걸었으며 40년 동안 광야에서 방황했으나 하나님께서는 자신의 백성들은 돌보아 주셨다. 하나님께서는 그들에게 먹을 만나를 주셨고 또 바위에서 그들이 마실 물을 주셨다. 하나님께서는 그들에게 가나안 땅을 약속하셨고 그들에게 주셨다.

한번은 하나님께서 약속의 땅에서 그들의 왕이 되기를 원하셨다. 그러나 하나님의 백성들은 "열방과 같이 우리에게 왕을 세워 우리를 다스리게 하소서"(사무엘상 8:5)라고 외쳤다. 하나님께서는 "나를 버려 자기들의 왕이 되지 못하게 함이니라"(사무엘상 8:7)라고 하시면서 그들의 요청을 불신과 반역으로 해석하셨다.

하나님께서는 그들에게 다른 왕을 보내셨다. 그는 베들레헴에서 태어난 자신의 아들이었다. 동방의 박사들이 "유대인의 왕으로 나신 이가 어디 계시뇨? 우리가 동방에서 그의 별을 보고 그에게 경배하러 왔노라"(마태복음 2:2)하고 물었다. 그러나 유대의 헤롯 왕은 아기 왕을 죽이려고 하였다.

예수님께서는 "천국이 가까웠느니라"(마태복음 4:17)라고 전파하시면서 오셨다. 그러나 예수님은 유대인들에 의해 배척당하셨다. 예수님께서는 로마 재판관에 의해 재판을 받으셨다. 유대인들은 "없이 하소서… 저를 십자가에 못박게 하소서… 가이사 외에는 우리에게 왕이 없나이다"(요한복음 19:15)라고 외쳤다.

그들은 가시 면류관을 그들의 왕에게 씌웠고 그들의 왕을 십자가에 못박았다. 하나님께서는 빌라도를 통하여 십자가에 "**나사렛**

예수 유대인의 왕"이라고 쓴 패를 써서 십자가에 붙이도록 하셨다 (요한복음 19).

오늘날 예수님은 외형적인 나라를 가지고 계시지 않는다. 예수님은 이 땅의 나라를 가지고 계시지 않는다. 예수님은 자신을 영접하고 자신에게 순종하는 사람들의 마음 속에서 통치하신다. 바울은 예수님을 다음과 같은 통치자로서 지적하였다. "만세의 왕, 곧 썩지 아니하고 보이지 아니하고 홀로 하나이신 하나님께 존귀와 영광이 세세토록 있어지이다. 아멘"(디모데전서 1:17).

오늘날 하나님 나라의 특징들
1. 내면적인 통치 2. 눈에 보이지 않는 통치
3. 사랑에 의한 통치 4. 자기 수양에 의한 통치
5. 은총에 의한 통치

하나님의 나라는 지금 여기에 올 수 있다

여러분이 "나라이 임하옵시며"라고 기도할 때 여러분은 현재 여기에 존재하지 않는 무엇인가를 요청하고 있는 것이다. 여러분은 여러분의 인생에서 하나님의 나라가 그 사실을 증명해 주기를 요청하고 있다.

사람들은 많은 이유로 하나님 나라가 오기를 기도한다. 어떤 사람들은 암으로 고통스러운 죽음에 직면할 때 "나라이 임하옵시며"라고 기도한다. 그들은 이제 더 이상 고통을 감수할 수 없기 때문이다. 그들은 빠르고 고통이 없는 죽음을 원한다.

어떤 사람들은 직장에서의 압력에 당면한다. 그들은 충분하지 못한 돈, 시간, 그날을 지탱하지 못하는 무기력함 등으로 비참하다. 그들은 하나님의 평화와 행복을 원하기 때문에 "나라이 임하옵시며"라고 기도한다.

어떤 사람들은 좌절당하고 패배하기도 한다. 그들은 파산을 겪고 또 한 번 이상의 이혼을 당하기도 한다. 그들의 귀여운 아기들은 바르게 자라지 못하는 것으로 입증되기도 한다. 그들은 모든 사람들을 실망시킨다. 그들은 거듭 태어나서 모든 것을 다시 시작하려는 두 번째의 출발을 원하기 때문에 "나라이 임하옵시며"라고 기도한다. 그들은 하나님께서 그들에게 두 번째 기회를 주실 분인지에 대해 의심을 한다.

어떤 사람들은 중독되어 있다. 그들은 약물이나 알코올에 무기력하게 중독되어 있다. 그들은 그 습관은 끊을 수 없다고 이야기할 수 있으나 하나님에 대하여는 "끊을 수 있다"고 말할 수 있는 사람들이다. 바울처럼 "내가 원하는 바 선은 하지 아니하고 도리어 원치 아니하는 바 악은 행하는도다"(로마서 7:19)라고 하며 그들은 눈물을 흘린다. 그들은 하나님께서 그들의 생활에 들어 오셔서 바르게 살 능력을 주시길 원하면서 "나라이 임하옵시며"라고 기도한다.

그리고 그들의 생활 속에서 하나님의 통치를 원하는 어떤 사람들도 있다. 그들은 감옥에 갔다 온 적도 없고 어디에도 중독되지 않은 사람들이다. 그들은 치명적인 병에도 걸리지 않았고 그들의 생활에 위급한 상태가 있는 것도 아니다. 그들은 하나님을 사랑하고 예수님의 원칙들이 그들의 생활에서 통치하기를 원하기 때문에 "나라이 임하옵시며"라고 기도한다. 그들은 비순종적이지 않았다. 그들은 단지 하나님을 더 많이 사랑하기를 원하기 때문이다.

그리스도와 이야기하고, 성서 연구반에 급히 들어가서 그들의 팔 아래에 하나님이라는 단어를 끼고 다니는 사람들도 있다. 그들은 성서 연구 시간에 그 페이지를 펼쳐서는 "당신의 나라가 내 생활에 임하옵소서"라고 기도한다. 그들은 하나님께서 하나님의 원칙들에 의해 사는 법을 그들에게 가르쳐 주실 것을 요청한다. 그들은 다음 주에는 그 전주보다 더 좋은 방법으로 하나님의 나라가 자신의 생활에 들어오기를 원한다.

어떤 사람들은 하나님의 나라를 위해 서명할 수 있다. 예수님께서는 "아무든지 나를 따라 오려거든 자기를 위해 살지 말고 날마다 나의 원칙들을 좇을 것이니라"(누가복음 9:23, 저자 의역)라고 말씀하셨다. 사업가는 돈 버는데 전념하기를 그만 두고 그리스도를 따를 수 있다. 그리하면 그는 성서상의 직업 원칙을 따르게 될 것이고 더 좋은 사업가가 될 수 있다.

자신의 가족을 위해 이기적으로 사는 어머니는 그리스도를 따를 수 있다. 그러면 그녀는 더 높은 수준의 그리스도의 사랑을 얻게 되고 더 좋은 어머니가 될 것이다.

명예와 지위를 추구하는 정치가는 그리스도를 따를 수 있다. 그러면 그는 하나님의 나라에서 봉사하면서 이전보다 더 좋게 정치적으로 활동할 수 있다.

예수님께서 "어린아이들이 내게 오는 것을 허용하라"(마태복음 19:14, 저자의 의역)라고 말씀하셨기 때문에 어린이들은 "제 생활에서 하나님의 나라가 임하옵소서"라고 기도할 수 있다.

요한이 "청년들아 내가 너희에게 쓴 것은 너희가 강하고 하나님의 말씀이 너희속에 거하시고"(요한1서 2:14)"라고 말했기 때문에 10대 청소년들은 "내 생활에서 하나님의 나라가 임하옵소서"라고 기도할 수 있다.

바울이 "늙은 남자"(디도서 2:2)와 "늙은 여자"(디도서 2:3)에 관해 썼기 때문에 나이 많은 사람들은 "내 생활에서 하나님 나라가 임하옵소서"라고 기도할 수 있다.

주기도문은 하나님의 나라에 가는 것을 도와줄 수 있다

주기도문에 암시되어 있는 것은 여러분이 차별화될 수 있다는 것이다. 만약 여러분이 "나라이 임하옵시며"라고 기도하면 하늘에서 증거된 것처럼 땅에서도 하나님께서는 자신의 나라를 보내셔서 증거하실 것이다. 예수님께서도 역시 우리가 만약 "나라이 임하옵시며"라고 기도하지 않는다면 아마 하나님의 나라가 오지 않을 것이라고 암시하시는 것처럼 보인다. 이 땅에 올 하나님 나라는 부분적으로 선택에 달려 있다.

여러분의 선택.

여러분은 하나님의 나라가 오는 것을 도울 수 있다. 물론 하나님께서는 자신이 그렇게 하고 싶어 하실 때 스스로 충분히 하나님 나라 안으로 오실 수 있다. 하나님의 일과 백성들의 책임감 사이에 있는 영원한 긴장이 주기도문에서 보인다. 하나님은 최고이시다. 하나님은 우리 없이 이 땅에 자신의 나라를 가져 오실 수 있고 가져 오실 것이다. 그러나 그분은 우리가 그 문제에서 선택을 표현할 수 있도록 "나라이 임하옵시며"라고 기도할 것을 명령하셨다.

때때로 하나님께서는 자신의 백성들이 자신의 일을 망치는 것을 허용하신다. 하나님께서는 요셉을 자신의 일을 하도록 선택하셨으나 요셉의 형제들이 요셉을 죽이려고 하였고 종으로 그를 팔아서 결국은 애굽까지 가게 했다. 그러나 하나님은 요셉이 자신의 형제들과 가족들을 구원하도록 역사하셨다(창세기 45 - 46를 보라).

우리는 이 땅이 생기기 전에 예정되어 있었고(에베소서 1:5를 보라) 영원의 과거 속에서 그리스도의 피는 우리의 죄를 위해 흘려졌다(베드로전서 1:18 - 20를 보라). 그러나 우리는 회개하고 그리스도를 영접해야 하며 그릇된 결정은 하나님의 심판을 받을 것이라는 경고를 받고 있다(히브리서 2:1 - 4를 보라).

여러분의 선택은 중대하다.

여러분이 "나라이 임하옵시며"라고 기도하는 것은 여러분은 하나님을 위해 살 것이라고, 하나님의 원칙에 의해 살 것이라고, 여러분의 생활에서 하나님을 영광되게 할 것이라고 선택한 것을 의미한다.

여러분이 "나라이 임하옵시며"라고 기도할 때 이것은 대개 여러분에게 갑자기 오는 것이 아니다. 고등학교 졸업장을 받는데 12년이 걸리는 것처럼 기도는 아이를 교육시키는 것과 같다. 여러분은 하나님의 나라가 여러분의 생활에 가져올 많은 교훈들을 배울 필요가 있기 때문에 하나님 나라의 원칙들을 여러분의 생활에 가져 오는 데는 12년이 걸릴지도 모른다.

그러나 여러분이 "나라이 임하옵시며"라고 기도할 때 여러분은 씨를 뿌리는 것이다. 그리고 하나님 나라가 여러분의 생활에서 즉각 증거하지 않더라도 최근에 뿌려진 씨처럼 뿌리를 내리기 시작할 것이다. 어쩌면 한밤중에 열매를 맺지 못할지도 모른다. 예수님께서는 속도는 느리나 확실한 성장에 대한 계획을 알고 계셨다. "처음에는 싹이요 다음에는 이삭이요 그 다음에는 이삭에 충실한 곡식이라"(마가복음 4:28).

하나님 나라의 원칙들이 여러분의 생활에서 열매를 맺는 데는 시간이 걸린다.

기도 체크 리스트(PRAYER CHECKLIST)				
나라이 임하옵시며 하나님께서 여러분의 생활을 어떻게 통치하시기를 원하는지 열거하라	생활(수준)은 어떠한가?(한 가지만 체크하라)			
^	저	중	고	
1.				
2.				
3.				
4.				
5.				
6.				
7.				

일지쓰기(Journaling)

여러분은 매일 하나님의 나라가 여러분의 생활에 임하시도록 기도할 것이다. 여러분은 이것이 달성되기를 원하는 방법의 리스트를 작성하라. 여러분이 이런 구체적인 것들을 위해 기도할 때 여러분의 일지에 그 답을 서술하라. 하나님께서는 긍정적인 대답과 일들을 하고 계신 것 같지는 않다. 여러분은 하나님께서 응답해 주시지 않는 것에 대해 분석할 때 왜 하나님께서 응답해 주시지 않는지를 발견할지도 모른다.

하나님께서는 여러분에게 하나님 나라의 원칙들을 가르쳐 주심으로써, 그리고 자신의 기준에 의해 사는 것을 도와주심으로써 여러분의 생활에 자신의 나라를 가져 오신다. 매일 여러분이 배우고 있는 새 나라의 원칙들을 완전한 문장으로 써보라. 그리고 나라의 원칙들을 여러분의 다른 생활 영역에 적용해 보라. 어떻게 그 원칙들을 적용하고 있는지를 써보라.

1. 당신이 배우고 있는 하나님 나라의 원칙들은 무엇인가?
2. 여러분은 그 원칙들을 여러분 생활의 어떤 영역에 적용하고 있는가?
3. 그 원칙들은 적용이 잘 되는가?
4. 여러분이 "나라이 임하옵시며"라고 기도할 때 하나님께서 당신에게 가르치고 있는 것은 무엇인가?

3단계 성서 연구 : 생활을 위한 하나님 나라의 원칙들을 발견하기

다음의 3단계 성서 연구는 하나님 나라의 원칙들을 여러분의 생활에 적용하는데 도움을 주기 위해 고안되었다. 여러분이 "나라이 임하옵시며"라고 기도할 때 당신은 무엇을 위해 기도하는가?

1. 왕은 자신의 추종자들에 대해 많은 책임들을 가지고 있다. 하나님께서는 우리에 대해 어떤 의무를 가지고 계시는가?

> "나의 왕, 나의 하나님이여 나의 부르짖는 소리를 들으소서. 내가 주께 기도하나이다." - 시편 5:2

___
___
___

2. 우리의 왕이신 하나님에 대한 여러분의 의무들 중의 하나는 무엇인가?

> "그러하면 왕이 너의 아름다움을 사모할지라. 저는 너의 주시니 너는 저를 경배할지어다." - 시편 45:11

___
___
___

3. 여러분은 어떻게 하나님의 나라에 들어갈 수 있고 하나님의 추종자가 될 수 있는가?

> "예수께서 대답하여 가라사대, 진실로 진실로 네게 이르노니 사람이 거듭나지 아니하면 하나님 나라를 볼 수 없느니라." - 요한복음 3:3

___
___
___

4. 왕의 추종자로서 여러분의 의무는 무엇인가?

> "너희는 먼저 그의 나라와 그의 의를 구하라. 그리하면 이 모든 것을 너희에게 더하시리라." - 마태복음 6:33

_____
_____
_____

5. 하나님의 나라는 물질적인가? 여러분은 물질적인 나라에 살고 있는가? 왜, 또는 왜 아닌가?

> "예수께서 대답하시되 내 나라는 이 세상에 속한 것이 아니라 만일 내 나라가 이 세상에 속한 것이었더면 내 종들이 싸워 나로 유대인들에게 넘기우지 않게 하였으리라. 이제 내 나라는 여기에 속한 것이 아니니라." - 요한복음 18:36

_____
_____
_____

6. 만약 여러분이 물질적인 나라에 살고 있지 않다면 하나님의 나라가 여러분에 대해 가지는 규칙들은 무엇인가?

> "하나님의 나라는 먹는 것과 마시는 것이 아니요 오직 성령 안에서 의와 평강과 희락이라." - 로마서 14:17

_____
_____
_____

7. 모든 나라들은 법률을 깨뜨리는데 대한 벌칙을 가지고 있다. 하나님 나라의 법률은 무엇이고 하나님께서는 법률을 깨뜨리는 자에 대해 어떻게 벌하시는가?

> "육체의 일은 현저하니 곧 음행과 더러운 것과 호색과 우상 숭배와 술수와 원수를 맺는 것과 분쟁과 시기와 분냄과 당 짓는 것과 분리함과 이단과 투기와 술취함과 방탕함과 또 그와 같은 것들이라. 전에 너희에게 경계한 것 같이 경계하노니 이런 일을 하는 자들은 하나님의 나라를 유업으로 받지 못할 것이요." - 갈라디아서 5:19~21

___
___
___

8. 하나님 나라의 보상은 무엇인가?

> "우리로 하여금 빛 가운데서 성도의 기업의 부분을 얻기에 합당하게 하신 아버지께 감사하게 하시기를 원하노라. 그가 우리를 흑암의 권세에서 건져내사 그의 사랑의 아들의 나라로 옮기셨으니 그 아들 안에서 우리가 구속 곧 죄사함을 얻었도다." - 골로새서 1:12~14

___
___
___

9. 우리 마음에서의 하나님의 영적인 통치는 언제 물질적인 나라가 될 것인가?

> "일곱째 천사가 나팔을 불매 하늘에 큰 음성들이 나서 가로되 세상 나라가 우리 주와 그리스도의 나라가 되어 그가 세세토록 왕노릇 하시리로다." - 요한계시록 11:15

___
___
___

10. 하나님의 나라가 물질적으로 증거될 때 여러분의 반응은 어떠할 것인가?

> "이러므로 하나님이 그를 지극히 높여 모든 이름 위에 뛰어난 이름을 주사 하늘에 있는 자들과 땅에 있는 자들과 땅 아래 있는 자들로 모든 무릎을 예수의 이름에 꿇게 하시고 모든 입으로 예수 그리스도를 주라 시인하여 하나님 아버지께 영광을 돌리게 하셨느니라." - 빌립보서 2:9~11

_____
_____
_____

LORD'S PRAYER

주기도문 : 모든 것을 포함하는 기도

주기도문은 …

    모든 연령층의

    모든 사람들에 의해

    모든 나라에서

    모든 시간에

    모든 교회에서

    모든 성숙의 단계에서

    모든 상황에서

    충심껏

    기도되어져야 한다.

하늘에 계신 우리 아버지여,
이름이 거룩히 여김을 받으시오며, 나라이 임하옵시며,
뜻이 하늘에서 이룬 것같이 땅에서도 이루어지이다.
오늘날 우리에게 일용할 양식을 주옵시고,
우리가 우리에게 죄 지은 자를 사하여 준 것같이
우리 죄를 사하여 주옵시고,
우리를 시험에 들게 하지 마옵시고,
다만 악에서 구하옵소서.
대개 나라와 권세와 영광이 아버지께 영원히 있사옵나이다.
아멘.

5. 세 번째 간청 :
뜻이 이루어지이다

여러분의 생활을 위해 하나님의 계획에 따르기

주방 바닥이 두꺼운 겨울 먼지 층으로 덮인 것은 말할 것도 없고 구석에는 낙엽들도 있었다. 구멍이 뚫린 콘크리트 바닥은 막대 걸레에서 나오는 비눗물을 빨아 먹고 있었기 때문에 막대 걸레질은 어려웠다. 오래된 면 걸레는 바닥에 하얀 천 조각을 남겼다.

거의 자정이 다 되었을 무렵 내 친구들은 나 혼자서 그 큰 주방 청소를 끝내도록 내버려둔 채 자러 갔다.

노스 캐롤라이나 주의 애쉬빌에 있는 벤 립펜 캠프는 겨울 동안 폐쇄되어 있었다. 나는 여름에 캠핑하는 사람들을 위해 모든 것을 준비하기 위해 고용된 세 명의 대학생들 중 한 사람이었다. 내 친구들은 내가 너무 일을 열심히 하는 것을 비웃었다.

그들은 "우리 대신에 일 다 끝내라. 내일 아침에 보자"하고 말했다.

나는 일하는 동안 휘파람을 불었다.

그러다가 나는 방의 중간 오른쪽을 보았다. 무언가 게시판에 붙어 있었다. 그것은 은빛 글자체로 인쇄된 암청색의 포스터였다. 나는 그것을 읽고 죽은 듯이 서 있었다. 그 포스터는 언제나 내가 생각하던 가장 큰 질문에 대답하고 있었기 때문이었다. 나는 막대걸레 손잡이에 기대어 서 있었다. 나는 내 인생에 대해 어떻게 해야 할지를 몰랐었는데 그 암청색의 포스터에는 다음과 같이 씌여져 있었다.

> 하나님께서는 당신의 생활을 위한 계획을 가지고 계신다.

'하나님의 계획은 내가 이 바닥 걸레질하는 것을 끝내는 것이야' 라고 나는 생각했다.

'그리고 하나님께서는 내가 어떤 다른 일을 하기 원하실까?' 하는 의문이 생겼다.

"음…" 나는 어느 누구에게도 말하지 않았다.

'내 생활을 위한 하나님의 계획은 어떤 것일까?' 라는 호기심이 나를 자극했다. 그래서 나는 '내가 바닥 걸레질을 끝내고 난 후에 하나님께서는 내가 무엇을 하기 원하실까?' 라고 내 스스로에게 물었다.

"음…"

'하나님께서는 바닥에 떨어진 하얀 천 조각을 주움으로써 착한 일을 하기 원하실거야' 라고 나는 생각했다.

"음…"

'하나님께서는 오늘밤 잠을 충분히 자서 내일 일을 열심히 할 수 있기를 원하실 거야.'

"음…"

'하나님께서는 이번 여름 캠프의 훌륭한 상담자가 되기를 원하실 거야.'

"음…"

'하나님께서는 좋은 교육을 받아서 하나님을 위해 더 좋은 봉사하기를 원하실 거야'

나는 거의 30분 동안 이 암청색 포스터 앞에 서 있었다. 나는 하나님께서 내가 하기를 원하시는 모든 일들에 대해 생각했다. 그리고 내가 하지 못했던 일들에 대해 생각했다. 그러나 이 생각은 나의 사기를 저하시키는 것이었다.

다음으로 나는 내가 해야 할 모든 일들에 대해 생각했다. 나는 자야 하고, 먹어야 하고, 운동해야 하고, 배워야 하고 씻으러 가야 한다.

하나님께서는 이런 일들을 해야 할 인간들을 창조하셨기 때문에 그 일들은 내 생활을 위한 하나님의 계획이어야 한다.

'십계명에 대해서는 어떤가?' 하고 나는 생각했다.

하나님의 계획에는 사실을 이야기하는 것, 성적으로 순수한 것, 도적질하지 않는 것, 부모를 공경하는 것, 우상을 만들지 않는 것 등이 포함되어 있다. 나는 "우상"이 무엇인지를 몰랐으나 하나님께서는 자신이 벌지 않고 도박하여 번 돈은 가지지도, 심지어 그 돈으로 사지도 말라고 내게 말씀해 주셨다.

'내 직업에 대해서는 어떤가?' 하고 나는 생각했다.

하나님께서는 내 생활을 위한 계획을 가지고 계시기 때문에 그 날 밤 나는 하나님께 내 미래를 맡겼다. 많은 사람들이 이 화제에 대해 세미나를 들어 왔고 그에 반응하여 기도하기 위해 교회의 제단으로 갔다. 그러나 나의 경우 내 교회 제단은 막대 걸레의 손잡이였다. 나는 자정이 지난 시각에 벤 립펜 캠프의 주방에서 막대 걸레의 끝을 향해 절을 하고 하나님께 나의 미래를 맡겼다.

내 마음은 종종 그 암청색 포스터로 되돌아 간다. 나는 내 인생의 방향을 제시해 주었던 늦은 밤의 만남에 대해 생각한다. 이제 나는 그 포스터를 뜯어 내 책상위에 붙여 두었으면 한다. 그 포스터를 보면서 내 생활을 위한 하나님의 목적에 대해 가져야 할 내 의무들을 항상 생각하고 싶다. 그러나 내게는 그 포스터가 없다.

그로부터 2주가 지난 어느 날, 누군가가 그 포스터를 떼어 버렸다. 그 포스터에는 기름기가 많았다. 은빛 색상으로 칠해진 글자들은 금이 가 있었다. 모서리는 다 닳아 있었다. 비록 그 포스터가 캠핑 온 젊은 사람들에게는 오래되고 매력적이지 못했지만 그 메시지는 오늘날 주기도문이 나를 매료시키는 것처럼 나를 사로 잡았다.

여러분이 "뜻이 이루어지이다"라고 기도할 때 그것은 하나님께 국가 경제의 미래를 인도해 달라고 요청하는 것은 아니며, 또 전쟁에서의 승리를 요청하는 것도 아니다. 여러분은 하나님의 뜻이 하늘에서 이루어진 것처럼 이 땅의 여러분 생활에서도 이루어지도록 요청하는 것이다. 주기도문의 이 간청은 주방에 있던 표시인 **'하나님께서는 당신의 인생을 위한 계획을 가지고 계신다'** 와 꼭같은 전제를 바탕으로 하고 있다.

여러분이 "뜻이 이루어지이다"라고 기도할 때 여러분은 하나님의 뜻에 관한 다섯 가지 사실들을 받아들이고 있는 것이다.

> **하나님의 뜻에 관한 다섯 가지 사실들**
> 1. 하나님께서는 여러분의 개인 생활을 위한 계획을 가지고 계신다.
> 2. 하나님의 계획을 따르는 것이 여러분에게 좋다.
> 3. 여러분은 이제 하나님의 뜻을 발견하고 행할 수 있다.
> 4. 하나님의 계획은 여러분에게 강요하지 않는다.
> 5. 주기도문은 하나님의 계획을 발견하는데 도움이 될 것이다.

여러분이 "뜻이 하늘에서 이룬 것 같이 땅에서도 이루어지이다"라고 기도할 때 여러분은 두 장소에는 큰 차이가 있음을 고백하는 것이다. 하늘에서 천사들은 하나님의 뜻에 대해 기도하지 않는다. 그들은 하나님의 뜻을 단지 행한다. 하늘에서 하나님의 뜻은 즉시 이루어지지, 나중에 이루어지지 않는다. 하늘에서 하나님의 뜻은 열정적으로 이루어지지, 열의 없이 이루어지지 않는다. 하늘에서 하나님의 뜻은 완전하게 이루어지지, 부분적으로 이루어지는 것이 아니다. 하늘에서 하나님의 뜻은 이 땅에서 우리가 하는 것과는 달리 완전하게 이루어진다.

하나님께서는 여러분의 개인 생활을 위한 계획을 가지고 계신다

여러분이 "뜻이 이루어지이다"라고 기도할 때 여러분은 무엇을 요청하고 있는지를 깨달아야 한다. 만약 여러분이 하나님을 여러분의 아버지로 인정한다면 "당신이 가기 원하는 곳으로 방학 휴가를 떠나겠습니다"라고 말하는 것과 같다. 여러분은 여러분의 아버지가 여러분의 생활을 위한 계획을 세워 주기를 이야기하고 있는 것이다. 여러분이 하나님을 여러분의 왕으로 인정하고 있다면 여러분이 "뜻이 이루어지이다"라고 기도할 때 여러분은 여러분의 뜻을 하나님께 맡기고 있는 것이다.

여러분이 "뜻이 이루어지이다"라고 기도할 때 여러분은 하나님의 뜻이 무엇인지를 알아야 한다. 그렇지 않으면 당신이 얻는 것이 무엇인지를 모른다. 하나님의 뜻은 두 가지를 의미할 수 있다.

첫째, 하나님의 뜻은 건물을 짓는데 있어서의 청사진처럼 여러분의 생활을 위한 전반적인 계획을 의미할 수 있다. 그래서 여러분은 "제 생활을 위해 당신의 장기적인 청사진이 이루어지옵소서"라고 기도하는 것이다.

둘째, "뜻이 이루어지이다"라고 기도하는 것은 여러분이 하나님의 의사결정 능력을 믿는다는 것을 의미한다.

여러분은 하나님의 의사결정 능력에 의해 여러분의 결정을 인도해 달라고 요청하는 것이다. 전투 중에 사령관은 군대를 배치하는 일련의 결정을 하고 포병을 이동시키며 군수품을 보급한다. 사령관은 총괄적인 계획이나 전략을 가지고 있다. 그것은 "큰 그림"(Big Picture)이다. 사령관은 역시 매일의 문제도 결정한다. 이것은 승리하기 위해 그의 군대를 어떻게 끌고 나갈 것인가를 보여 주는 것이다. 따라서 여러분이 "뜻이 이루어지이다"라고 기도할 때 "큰 그림"을 보기 위해 하나님의 능력에 기초를 두고 하나님의 결정이 여러분의 생활에 효과적이기를 기도하는 것이다. 그리고 여러분은 그날의 문제 해결을 위해 하나님의 인도를 요청하는 것이다.

> ### 하나님의 뜻은 무엇인가?
> **명사**로서 그것은 여러분의 인생을 위한 청사진과 같다(큰 그림). **동사**로서는 하나님의 뜻! 하나님께서는 여러분의 생활을 위해 적절한 결정을 **하실 것이다(인도)**.

하나님의 뜻에는 여러 가지 표현 방법이 있다.

첫째, **자동적인 하나님의 뜻**이 있다. 이것들은 하나님께서 우주를 경영하시는 법칙들과 같다. 이것들은 하나님의 전략이고 자연의 법칙들이다. 여러분이 숨을 쉴 때 하나님의 뜻은 자동적으로 이루어진다. 숨쉬기 위해 여러분이 의사결정을 할 필요는 없다. 숨쉬는 것은 인간적인 본성의 표현이기 때문에 여러분은 자동적으로 숨을 쉰다. 하나님의 계획에는 우리들의 호흡 시스템과 숨쉴 공기의 창조가 포함되어 있다.

연필이 책상 밑으로 떨어질 때 또 다른 하나님의 자동적인 법칙인 인력의 법칙 때문에 연필은 자동적으로 아래로 떨어진다.

그런 자연의 법칙 외에 하나님의 자동적인 뜻은 하늘의 법칙에서 작용한다. 하나님께서는 "나의 생각한 것이 반드시 되며 나의 경영한 것이 반드시 이루리라"(이사야 14:24)라고 말씀하셨다.

그러므로 때때로 여러분은 "뜻이 이루어지이다"라고 기도할 필요가 없다. 그것은 자동적으로 발생한다. 여러분은 물이 화씨 212도에서 끓도록 기도할 필요가 없다. 여러분은 물이 바다로 흘러가도록 기도할 필요가 없다. "만군의 여호와께서 경영하셨은즉 누가 그것을 능히 폐하며"(이사야 14:27).

하나님 뜻의 두 번째 표현은 하나님의 **희망**(desire)으로 불린다. 이것은 하나님께서 이루어지기를 희망하시는 것들로 이루어져 있으나 그것이 항상 이루어지는 것은 아니다. 하나님께서는 자주 발생하지 않는 일들이 이루어지기를 원하시지 않는다. 예를 들면 하나님께서는 모든 사람들이 자신을 믿기를 원하신다 … **모든 사람이**.

"하나님이 그 아들을 세상에 보내신 것은 세상을 심판하려 하심이 아니요. 저로 말미암아 세상이 구원을 받게 하려 하심이라"(요한복음 3:17). "주의 약속은 어떤 이의 더디다고 생각하는 것 같이 더딘 것이 아니라 오직 너희를 대하여 오래 참으사 아무도 멸망치 않고 다 회개하기에 이르기를 원하시느니라"(베드로후서 3:9). 하나님께서는 어떤 이도 자신을 배척하기를 원하시지 않으시나 백성들은 하나님의 희망을 항상 존중하지는 않는다.

성서의 가장 짧은 구절은 "예수께서 눈물을 흘리시더라"(요한복음 11:35)라는 구절이다. 많은 사람들이 이 구절이 가장 짧은 것이라고 알고 있으나 어떤 사람도 왜 하나님의 아들이 눈물을 흘리셨는지에 대해서는 거의 묻지 않는다. 예수님께서는 죽은 나사로의 누이에 대한 통분과 울고 있는 다른 친구들 때문에 눈물을 흘리셨다. 또한 예수님께서는 믿지 않는 군중들의 조롱과 배척에 직면하셨을때 비탄에 잠기셨다. 예수님께서는 모든 사람들이 자신을 영접하기를 희망하셨으나 그들은 예수님을 배척했다. 하나님의 뜻이 좌절되었다.

여러분이 "뜻이 이루어지이다"라고 기도할 때 여러분은 이루어지지 않을지도 모르는 하나님의 희망들이 달성되기를 소망한다고 말하고 있는 것이다.

하나님 뜻의 세 번째 표현은 하나님께서 **명령**하시는 것이다. 어머니가 "네 방 청소를 해라!"라고 이야기할 때 그 명령은 어머니의 뜻, 또는 희망이다. 아버지가 아들에게 안된다고 이야기할 때 그것은 아버지 뜻의 표현이다. 하나님께서는 자신의 아들들에게 "내가 거룩하니 너희도 거룩할지어다"(베드로전서 1:16)라고 명령하셨다. 하나님의 뜻은 자신의 자식들이 매일, 모든 방법으로 하나님께 완전히 복종하는 것이다. 따라서 하나님의 자식들은 거룩해야 한다. 거룩하지 못한 사람들은 하나님께 복종하지 않는다. 여러분이 "뜻이 이루어지이다"라고 기도할 때 여러분은 하나님의 뜻을 달성하는데 있어서 도움을 요청하고 있는 것이다. 여러분은 하나님의 명령에 따라서 거룩하게 되는 것을 도와 달라고 요청하고 있는 것이다.

성서에는 많은 명령들이 있다. 어떤 명령들은 우리가 알고 있는 것들이고 또 어떤 것들은 우리가 전혀 읽어 보지 못한 것들이다. 하나님의 뜻을 이루기 위해 우리는 그 명령들을 알아야 하고 따라야 한다.

하나님의 계획을 따르는 것이 여러분에게 좋다

몇몇 사람들은 하나님의 뜻이 크래커의 상자와 같다고 생각한다. 단지 어쩌다 한번 우리는 상을 받는다. 대부분의 시간에 우리는 일상적인 것들을 한손 가득히 얻는다.

또 어떤 사람들은 하나님의 뜻이 공기놀이에 쓰이는 공기 주머니 같다고 생각한다. 공기 주머니에서 끄집어 내어 닦고, 보여 주며 더 많은 공기 놀이에서 이기기 위해 사용하는 것이라고 생각한다.

어떤 사람들은 하나님의 뜻이 산타 클로스의 주머니 같다고 생각한다. 그 주머니에는 사탕과 장난감으로 가득 차 있으나 산타는 누가 장난꾸러기이고 착한지를 알기 때문에 1년에 단한번 착한 어린 소년, 소녀에게 온다.

어떤 사람들은 화재 또는 다른 응급 사태의 경우에 사용하는 119 구급 전화번호 같다고 생각한다.

어떤 사람들은 하나님의 뜻이 최후의 수단으로서 이용되는 대통령의 책상 위에 있는 비상 전화기라고 생각한다.

이 사실은 하나님의 뜻을 실행하는 것이 자신의 상황에 적절한 것이라는 점이다.

> 너희는 이 세대에 의해 영향을 받지 말고 오직 새로운 사고방식으로 초자연적으로 변화하라. 그러면 하나님의 선하시고 올바르고 온전하신 뜻을 행할 수 있다(로마서 12:2, 저자 의역).

하나님께서는 자신의 뜻이 훌륭하기 때문에 또 여러분과 여러분의 가족과 하나님에게 도움이 되기 때문에 여러분이 하나님의 뜻을 행하기를 원하신다. 부모가 자정까지는 자식이 데이트에서 돌아오기를 원하는 것은 그 자식이 불안해서가 아니다. 제약을 두고 그 제약에 복종하는 것이 자식에게 도움이 되기 때문이다. 그것은 나중에 그 자식이 자신의 성격을 형성하게 해준다. 자식에 대한 제약은 역시 부모가 잠을 잘 자게 해주고 부모의 근심 걱정을 덜어 준다. 어린 자식이 정시에 귀가하는 것이 전체 가족에게 좋다. 만약 늦는다면 가족의 화합이 깨어지고 가족의 계획도 무산된다.

다시 말해서 하나님의 뜻은 여러분에게 도움이 된다. 하나님께서는 여러분의 키가 5. 1인치 밖에 되지 않는데 자신의 농구팀의 센터가 될 것을 부탁하시지 않는다. 하나님께서는 여러분에게 관리와 경영의 영적인 재능을 주시면서 여러분이 성경반을 가르치기를 부탁하시지 않는다. 주방에 있던 암청색 포스터처럼 **하나님께서는 여러분의 생활을 위한 계획을 가지고 계신다**.

여러분이 "뜻이 이루어지이다"라고 기도할 때 여러분은 아버지의 도움 없이는 아버지가 원하는 것을 할 수 없는 어린 소년과 같다. 아버지는 자식이 크리스마스때 받았던 새 자전거를 타기 원한다. 본질적으로 자식은 아버지가 원하는 것을 실행하려고 노력한다. 그러나 자식은 계속 넘어진다. 그래서 자식은 "도와 주세요"라고 도움을 청한다. 자식은 아버지에게 자전거 타는 것을 도와달라고 요청하는 것이 아니다. 그는 "아버지의 뜻이 실행되는 것을 도와 주세요"라고 요청하고 있는 것이다. 그러면 아버지는 자신의 아들이 넘어지지 않도록 자전거를 잡아주고 끌어주며 밀어준다. 그러는 동안 자식은 자전거를 타고 있다고 생각한다. 실제로 아버지는 자기가 원하는 것을 아들이 하는 것을 도와 주면서 뒤를 쫓아 달린다.

"뜻이 이루어지이다"라는 간청은 최초 언어에서는 부정(不定) 과거 시제가 사용되었는데 이는 "점"(point) 행동을 의미하였다. 여러분이 "뜻이 이루어지이다"라고 요청할 때 여러분은 "지금 당장" 기꺼이 그 일을 해야 한다는 것이다.

어머니가 자식에게 저녁 먹으러 오라고 말했으나 자식은 계속 놀고 있다. 어머니는 문으로 가서 "나는 네가 지금 당장 오기를 바란다"라고 소리치신다. 어머니는 즉각적인 복종을 원한다.

여러분이 "뜻이 이루어지이다"라고 기도할 때 여러분은 여러분의 생활 전반에서 하나님께서 자신의 뜻을 실행하실 것이라는 믿음을 가져야 한다. 여러분이 마지 못해 하려는 것을 하나님께서는 즉각 하실 것이고 도와 주실 것이라는 기대를 하지 마라.

여러분은 이제 하나님의 뜻을 발견하고 행할 수 있다

주기도문의 세 번째 간청은 여러분의 생활에서 하나님의 뜻이 이루어질 것이라는 요청이다. 여러분은 하나님께서 자신의 뜻을 행하시고 자신의 뜻을 바꾸시도록 요청하는 것이 아니라는 것에 주목하라. 그리고 하나님께서 여러분의 뜻을 축복해 주시도록 요청하지 마라. 여러분은 여러분의 생활에서 하나님의 뜻을 발견하고 행하는 것을 하나님께서 도와 주시도록 요청하는 것이다.

여러분은 기독교인이 되기 전에는 **여러분** 자신이 생활의 보좌에 앉아 있었다. 왕처럼 여러분은 여러분의 생활을 다스렸고 자신을 기쁘게 했다. 구원의 쟁점은 '누가 여러분의 보좌에 앉을 것인가?' 이다. 여러분이 여러분 심장의 보좌에 앉을 것인가? 아니면 그리스도를 거기에 앉게 하실 것인가? 여러분이 기독교인이 될 때 여러분은 그리스도가 여러분의 인생을 통제하도록 한 것이다. 여러분은 바울처럼 "내게 사는 것이 그리스도니…"(빌립보서 1:21)라고 말한다. 구원은 그리스도가 우리 생활의 보좌에 앉으시는 것을 허용하는 논점에 찬성하는 우리의 뜻을 보여 주는 것이다.

그리고 우리는 매일 "뜻이 이루어지이다"라고 기도해야 한다. 우리가 그 기도를 매일할 때 이는 그리스도가 우리의 인생에 대한 방향을 잡아 주시도록 하게 하는 의식있는 결정이다. 우리는 매일

"예"라고 말한다. 이것은 기독교인의 생활 초기에는 크게 동의하고 매일 작게 동의하는 생활이 수반되어야 한다는 것을 의미한다.

그러므로 매일 여러분이 "뜻이 이루어지이다"라고 기도할 때 여러분은 적어도 다음의 네 가지 것들을 기도하고 있는 것이다.

> **여러분의 인생을 위한 하나님의 계획에 대한 네 가지 간청**
> 1. 당신의 계획을 발견하는 것을 도와주소서.
> 2. 당신의 계획을 이해하는 것을 도와주소서.
> 3. 당신의 계획에 순종하는 것을 도와주소서.
> 4. 당신의 계획을 행하는 것을 도와주소서.

여러분이 "뜻이 이루어지이다"라고 기도할 때 여러분은 성서에서 여러분을 위한 하나님의 계획을 발견하고 이해하는 것을 도와달라고 하나님께 요청하고 있는지도 모른다. 다윗은 하나님이라는 단어에 그가 이해하지 못한 무엇인가가 있다는 사실을 알았다. 그는 "내 눈을 열어서 주의 법의 기이한 것을 보게 하소서"(시편 119:18)라고 기도했다.

여러분이 "뜻이 이루어지이다"라고 기도할 때 그 기도는 여러분의 뜻을 하나님의 뜻에 맡기는 것일지도 모른다. 운전 연습을 시키는 교습자는 차의 운전 방법을 가르치고 올바른 운전에 대한 비디오를 보여 주고 심지어는 올바른 운전 기법을 위해 배우는 사람에게 실습 운전을 시키기도 한다. 그러나 언젠가 자동차 열쇠는 교습 받는 학생에게 주어진다. 차의 통제는 학생에게 맡겨진다.

여러분은 하나님께서 여러분의 생활을 위한 계획을 가지고 계신다는 것을 알고 이해할지도 모르겠다. 또 여러분은 여러분의 생활을 위한 하나님의 계획에 관해 성서의 교훈을 들어 왔을지도,

심지어는 하나님의 계획대로 사는 법에 관한 실제 단계를 지도자가 설명하게 했는지도 모르겠다. 그러나 여러분이 여러분의 생활을 하나님께 맡기는 때가 온다. 여러분은 넘기고 하나님께서는 인수하신다. 그러면 여러분은 "뜻이 이루어지이다"라는 기도를 이해하게 된다.

> 여러분은 하나님의 뜻을 꺾기 위해 기도하지 마라. 기도는 여러분의 뜻을 하나님의 뜻에 맡기게 한다.

하나님의 계획은 여러분에게 강요되지 않는다

하나님께서는 이 우주에 대한 계획을 가지고 계신다. 이 우주는 하나님의 자연 법칙에 의해 경영된다. 하나님께서는 역시 인간에 대한 계획도 가지고 계신다. 인간들은 심리학, 사회학, 영양, 위생과 좋은 정신 건강의 원칙에 의해 살고 있다. 어떤 사람들은 하나님의 우주 법칙들을 거부하고 알려진 법칙들을 깨버림으로써 직접 오는 자연적인 결과 등에 의해 괴로움을 당하고 있다.

하나님께서는 성적인 순결에 관한 법칙을 가지고 계신다. AIDS에 걸린 사람과 접촉한 사람들은 AIDS에 걸릴 것이다. 어떤 사람들은 하나님께서 드디어 벌을 주시기 위한 목적으로 그들이 감염된 것처럼 잘못 이야기하고 있다. 실제로 그것은 AIDS에 접촉하여 감염됨으로써 어떤 건강의 법칙을 깨뜨렸다는 것이다. 최초에 하나님께서는 위생의 법칙을 만드셨으나 그들이 질병을 얻은 것은 하나님과 관련이 없었다. 그들은 건강의 선을 넘어 섰다.

때때로 여러분은 하나님께서 무엇을 원하시는지 모르기 때문에 하나님의 뜻을 행하지 않는다. 여러분이 직장에서 기대한 만큼의 승진을 하지 못했다고 하자. 여러분은 조직이 기대한 것이 무엇인지를 몰랐기 때문에 승진되지 않았을지도 모른다. 여러분의 직장 상사는 여러분이 서류 기안 작업을 잘 못했기 때문에 승진되지 못했다고 말한다. 여러분의 직장 상사가 여러분에게 서류 기안작업을 하는 법을 보여 줄 때 여러분은 그 작업을 할 수 있고 승진할 수 있다.

똑같은 방법으로 여러분이 "뜻이 이루어지이다"라고 기도할 때 여러분은 무엇을 해야 할지 하나님께서 보여 주시기를 요청한다.

> 여러분 자신을 하나님께 맡기는 것은 여러분의 기도 생활의 시작이다.

때때로 여러분이 "뜻이 이루어지이다"라고 기도할 때 여러분은 하나님께서 세상을 있는 그대로 받아 들이시지 않는다고 말하는 것이다. 하나님께서는 범죄, 무지, 질병을 좋아 하시지 않는다. 하나님께서는 정치가나 부패한 기업들이 거짓말하는 것을 원하시지 않는다. 그래서 여러분이 "뜻이 이루어지이다"라고 기도할 때 여러분은 하나님께서 세상을 변화시켜 달라고 요청하는 것이다. 또는 하나님의 계획에 따라 여러분이 세상을 변화시키는 것을 하나님께서 도와 주시도록 요청하는 것이다.

많은 기독교인들은 자신들에 관하여 그렇게 많은 부패를 보기 때문에 절망하여 자신들의 손을 던져 버린다. 그러나 예수님께서는 그런 방법으로 반응하시지 않았다. 예수님께서는 성전에서 타락한 환전상들을 보셨을 때 그들을 밖으로 던져 버리셨다. "뜻이 이루어지이다"라는 정신으로 초기 복음 활동의 처음과 끝 두 번에 성전을 깨끗이 청소하셨다.

> 기도는 세상을 변화시키고자 하는 부름이다.

여러분이 "뜻이 이루어지이다"라고 기도할 때 여러분은 여러분의 태도를 하나님께 맡기는 것이다. 어떤 사람들은 하나님의 뜻을 실행하나 잘못된 태도를 가지고 실행한다. 그들은 하나님께 순종하여 교회에 가나 예배 시간에 그들의 마음은 다른 곳에 가 있다. 고개 숙여 기도할 때 그들은 죄가 되는 것들을 희망한다. 여러분이 "뜻이 이루어지이다"라고 기도할 때 여러분은 여러분의 태도를 하나님께 맡기는 것이다.

어떤 사람들은 주일에 헌금하면서 '저 돈으로 주식시장에서 주식을 살 수 있을텐데' 하고 후회한다. 또는 그들이 필요로 하는 새 차나 새 옷에 관해 생각한다. 그들은 심지어 **내가 교회에 헌금을 하는 대신 교회가 내게 돈을 주어야 하는데** 라고 생각하기도 한다. 여러분이 "뜻이 이루어지이다"라고 기도할 때 여러분은 하나님에 대한 더 큰 신뢰를 가지고 분노로부터 여러분을 보호하고 또 분노를 극복할 수 있도록 하나님께 요청하는 것이다.

어떤 사람들은 하나님께 시간을 내는 것에 대해 분개한다. 교회에 앉아 있는 동안 '나는 골프장에 있을 수 있는데'라고 생각한다. 또 어떤 사람들은 '**나는 내 가족을 먹여 살리기 위해 열심히 일해. 그런데 교회에 참석하여 일요일의 가족 시간을 포기하고 싶지는 않아**' 라고 합리화시키기도 한다. 이처럼 여러분이 "뜻이 이루어지이다"라고 기도할 때 여러분은 하나님께 여러분의 시간을 바치는 것에 대해 분개하기도 하다.

어떤 사람들은 역시 내적으로 반항하는 문제를 가지고 있다. 그들은 하나님의 뜻을 행해야 한다는 것을 알고 있으나 그들은 외형적으로만 순종한다. 그들은 '**나는 하나님을 이길 수 없어. 그래서 순종하는 거야**'라고 생각한다.

한 어린 유치원생이 선생님이 앉으라고 했음에도 불구하고 수업 시간에 계속 서 있었다. 여 선생님은 "모두 다 앉아 있는데 너도 앉을 수 없니?"라고 그에게 강압적으로 말했다. 그 소년이 계속 서 있었을 때 보조 교사가 소년의 어깨 위에 손을 얹고 억지로 앉게 했다.

절망하여 그 소년은 "겉으로 보기에는 앉아 있을지 몰라도 내 마음 속으로는 서 있어요"라고 불쑥 말을 꺼냈다.

어떤 사람들은 외형적으로는 하나님의 뜻에 순종하나 속으로는 고집스럽게 서 있다. 그러므로 여러분은 "뜻이 이루어지이다"라고 기도할 때 외형적으로 뿐만 아니라 내형적으로도 하나님의 뜻에 순종해야 한다.

> 기도는 하나님을 변화시키기 전에 여러분을 변화시킨다.

어떤 사람들은 수동적인 순종의 자세를 가진다. 숙명론자처럼 하나님께서 모든 문제를 야기하신다고 믿는다. 그들의 철학은 "무슨 일이든 그럴 거야"이다. 그래서 이들 숙명론자들은 "뜻이 이루어지이다"라고 열렬히 기도하지 않는다. 그리고 이들은 하나님의 뜻에 행복해 하지도 않는다. 이들은 결혼한 지 40년 이상은 된 부부 같다. 아내는 끊임없이 지껄여대고 남편은 말없이 부루퉁해 있다. 그녀는 계속 지껄이고 남편은 그녀를 변화시키기를 포기했다.

여러분이 "뜻이 이루어지이다"라고 기도할 때 여러분이 하나님의 뜻에 관해 아무것도 할 수 없다고 해서 여러분이 수동적으로 하나님의 뜻에 순종하는 것이 아니다. 여러분은 하나님의 뜻을 행하는 것에 관해 즐거운 기대감으로 하나님의 계획에 적극적으로 순종하라.

> 기도는 우리를 헌신적인 제자로 변환시키는 개인적인 훈련이다.

어떤 사람들은 주기도문에 대해 신학적인 문제를 가지고 있다. 그들은 하나님의 뜻에는 하늘에서 일어나는 일만 포함되고 이 땅의 우리에게 발생하는 일은 포함되지 않는다고 믿는다. 그들은 하나님의 뜻은 성서 시대에 일어났던 일들에게만 적용되고 오늘날에는 적용되지 않는다고 믿는다. 여러분의 기도 생활이 이런 종류의 신학에 한정되어 있다면 여러분은 잘못된 신학을 가지고 있다. 여러분이 "뜻이 하늘에서 이룬 것 같이 땅에서도 이루어지이다"라고 기도할 때 여러분은 **하나님께 여러분을 위해 지금, 여기서, 개인적으로 하나님의 중보를 요청하는 것이다.**

잘못된 신학을 믿는 사람들은 주기도문은 구약성서 법 아래에 있었던 사람들, 또는 하나님께서 통치하시는 미래의 나라만을 위한 것이라고 가르친다. 그들은 주기도문을 유대 율법시대에 적용시키고 있다. 그들은 예수님께서 돌아가시기 전에 주기도문을 구약성서의 기도로 만드시면서 가르치셨다고 주장한다. 기독교의 역사는 주기도문은 교회를 위한 것이라고 가르친다. 주기도문은 오늘날을 위한 것이고 미국에 살고 있는 사람들을 위한 것이며 오늘날 세계의 모든 사람들을 위한 것이다.

주기도문은 그리스도가 처음 주기도문을 가르치셨을 때 구약성서 법 아래에서의 제자들을 포함한 모든 기독교인들을 위한 것이고 신약(新約)하에서의 그리스도 권한하에서 살고 있는 사람들을 위한 것이다. 예수님께서는 자신의 제자들이 교회의 기초가 될 것임을 알았다(에베소서 2:20을 보라). 예수님의 제자들이 "우리에게도 기도를 가르쳐 주옵소서"(누가복음 11:1)라고 요청했을 때 예수님께서는 모든 체제상의 장애물을 뛰어 넘는 주기도문을 주셨다.

주기도문은 하나님의 계획을 발견하는데 도움이 될 것이다

여러분이 매일 말만 되풀이하면서가 아니라 충심껏 하나님의 뜻을 찾으면서 "뜻이 이루어지이다"라고 기도한다면 여러분은 여러분의 인생을 위한 하나님의 계획을 발견할 것이다. 예수님께서는 "먼저 그의 나라를 구하라"(마태복음 6:33)라고 우리에게 말씀하셨다.

어떤 사람에게 하나님의 계획은 새 날의 새벽처럼 천천히, 그리고 점진적으로 다가온다. 태양은 갑자기 그 풍경에 나타나는 것이 아니다. 동쪽에서 터 오는 희미한 빛으로 조간 신문을 읽을 수 있기 전에, 어둠을 몰아내는 희미한 빛의 궤적이 있다. 그래서 하나님의 계획은 죄의 속박에 있는 사람들에게 천천히 온다. 그러나 그들이 "뜻이 이루어지이다"라고 매일 계속적으로 기도할 때 하나님께서는 그들에게 그들의 생활을 위한 계획을 가져다 주신다.

또 어떤 사람들에게 하나님의 계획은 어두운 방에서 불을 켜는 것과 같다고 말한다. 젊은 사람들은 인생에 대한 방향이나 실마리 없이 교회에 간다. 어떤 선교 모임에서 그들의 인생에 초점이 모아지게 된다. 그들은 선교 현장을 향한 모임에 나온다. 그들은 하나님께서 그날 저녁에 그들을 부르셨다는 것을 알고 그들은 복종한다.

주기도문은 어린이처럼 우리의 문제들에 대해 지껄이면서, 또는 선물을 기대하면서 하나님 앞으로 돌진하지 않도록 가르친다. 우리는 하나님을 영광되게 하기 위해, 하나님의 협의 사항을 알기 위해, 하나님의 뜻을 추구하기 위해 하나님 앞으로 오도록 배운다. 주기도문은 우리가 "뜻이 이루어지이다"라고 기도하고, 또 하나님께서 우리 생활에서 하나님의 뜻을 밝히시도록 기도하도록 가르치고 있다.

기도 체크 리스트(PRAYER CHECKLIST)			
뜻이 이루어지이다 하나님께서 여러분의 생활을 어떻게 통치하시기를 원하는지 열거하라	생활(수준)은 어떠한가?(한 가지만 체크하라)		
	저	중	고
1.			
2.			
3.			
4.			
5.			
6.			
7.			

일지쓰기(Journaling)

여러분이 진지하게 하나님의 뜻을 발견하고 실행한다면 여러분은 여러분이 어떻게 하고 있는지를 기록하여야 한다. 잘 작성된 행적 기록이 여러분의 미래에 대한 방향을 제시해 주듯이 여러분의 생활을 위한 하나님의 계획을 발견하기 위한 여러분의 노력을 잘 되돌아 볼 때 여러분은 하나님의 뜻을 더 잘 이해할 것이다. 매일 다음의 몇 가지 질문에 대답하라.

1. 여러분의 생활을 위한 하나님의 계획들을 발견하는 데 도움이 되는 원칙들은 무엇인가?
2. 하나님께서 여러분이 무엇을 하기를 원하시는지 여러분은 확실히 알고 있는가?
3. 하나님께서 여러분이 무엇을 하지 않기를 원하시는지 여러분은 확실히 알고 있는가? 여러분은 어떻게 이 사실을 아는가?
4. 여러분이 여러분의 생활을 위한 하나님의 계획을 발견하고 있기 때문에 여러분의 생활은 어떻게 변화하고 있는가?

3단계 성서 연구 : 하나님의 뜻을 발견하는 방법

다음의 3단계 성서 연구는 여러분이 여러분의 생활에서 하나님의 뜻을 채택하는데 도움이 되는 방법으로 "뜻이 이루어지이다"

라고 기도하는데 도움을 주기 위해 고안되었다. 1단계 – 질문을 읽고 대답하도록 하라. 2단계 – 상자 안의 성서 구절을 읽고 어떻게 대답할 것인지를 결정하라. 3단계 – 밑줄친 빈칸에 답을 써라.

1. 하나님의 뜻은 때때로 알 수 있을 것처럼 보이는데 여러분은 어떻게 반응하는가?

> "온유한 자를 공의로 지도하심이여 온유한 자에게 그 도를 가르치시리로다."
> – 시편 25:9
> "그러므로 어리석은 자가 되지 말고 오직 주의 뜻이 무엇인가 이해하라."
> – 에베소서 5:17

_____

_____

2. 이 세상에서 여러분을 위한 하나님의 뜻은 무엇인가?

> "우리 하나님 아버지와 주 예수 그리스도로 좇아 은혜와 평강이 있기를 원하노라. 그리스도께서 하나님 곧 우리 아버지의 뜻을 따라 이 악한 세대에서 우리를 건지시려고 우리 죄를 위하여 자기 몸을 드리셨으니." – 갈라디아서 1:3, 4

_____

_____

3. 여러분의 육체적인 생활을 위한 하나님의 뜻은 무엇인가?

> "그러므로 형제들아 내가 하나님의 모든 자비하심으로 너희를 권하노니 너희 몸을 하나님이 기뻐하시는 거룩한 산 제사로 드리라. 이는 너희의 드릴 영적 예배니라. 너희는 이 세대를 본받지 말고 오직 마음을 새롭게 함으로 변화를 받아 하나님의 선하시고 온전하신 뜻이 무엇인지 분별하도록 하라." – 로마서 12:1, 2

_____
_____
_____

4. 하나님의 뜻은 여러분이 시험을 감당하는 것이고(고린도전서 10:13를 보라) 세상을 이기는 것이다(요한일서 5:4를 보라).

> "이 세상도, 그 정욕도 지나가되 오직 하나님의 뜻을 행하는 이는 영원히 거하느니라." - 요한일서 2:17

_____
_____
_____

5. 여러분은 여러분의 생활을 위한 하나님의 뜻을 어떻게 발견할 수 있는가?

> "사람이 하나님의 뜻을 알려하면 하나님께서 그가 알기를 원하시는 것인지를 알아야 한다." - 요한복음 7:17(저자 의역)

_____
_____
_____

6. 여러분은 하나님의 뜻을 어디서 발견할 수 있는가?

> "그가 그 조물 중에 우리로 한 첫 열매가 되게 하시려고 자기의 뜻을 좇아 진리의 말씀으로 우리를 낳으셨느니라." - 야고보서 1:18

_____
_____

7. 여러분은 언제 여러분의 행동을 확신하지 못하며, 여러분은 어떻게 반응해야 하는가?

> "바울이 대답하되 너희가 어찌하여 울어 내 마음을 상하게 하느냐. 나는 주 예수의 이름을 위하여 결박 받을 뿐 아니라 예루살렘에서 죽을 것도 각오하였노라 하니 저가 권함을 받지 아니하므로 우리가 주의 뜻대로 이루어지이다 하고 그쳤노라." - 사도행전 21:13, 14

8. 바울은 하나님의 뜻에 의해 로마에 가기를 희망한다고 말했다 (로마서 1:10 참조. 15:32). 그는 역시 똑같은 자세로 고린도에 가려고 계획했다. 그의 태도는 무엇인가?

> "그러나 주께서 허락하시면 내가 너희에게 속히 나아가서." - 고린도전서 4:19

> "들으라. 너희 중에 말하기를 오늘이나 내일이나 우리가 아무 도시에 가서 거기서 일 년을 유하며 장사하여 이를 보리라 하는 자들아, 내일 일을 너희가 알지 못하는도다. 너희 생명이 무엇이뇨. 너희는 잠간 보이다가 없어지는 안개니라. 너희가 도리어 말하기를 주의 뜻이면 우리가 살기도 하고 이것 저것을 하리라 할 것이거늘." - 야고보서 4:13~15

LORD'S PRAYER

주기도문의 초점

"당신의" 간청들
    (당신의) **이름**이 거룩히 여김을 받으시오며
    (당신의) **나라**이 임하옵시며
    (당신의) **뜻**이 이루어지이다

경첩 :
    하늘에서 이룬 것 같이 땅에서도

"우리" 간청들
    우리에게 일용할 **양식**을 주옵시고
    우리 **죄**를 사하여 주옵시고
    우리를 **시험**에 들게 하지 마옵시고
    (우리를) **악**에서 구하옵소서

하늘에 계신 우리 아버지여,
이름이 거룩히 여김을 받으시오며, 나라이 임하옵시며,
뜻이 하늘에서 이룬 것같이 땅에서도 이루어지이다.
오늘날 우리에게 일용할 양식을 주옵시고,
우리가 우리에게 죄 지은 자를 사하여 준 것같이
우리 죄를 사하여 주옵시고,
우리를 시험에 들게 하지 마옵시고,
다만 악에서 구하옵소서.
대개 나라와 권세와 영광이 아버지께 영원히 있사옵나이다.
아멘.

6. 경첩 :
"땅에서"와 "하늘에서"

"당신의" 부분에 대한 요약

주기도문은 완전한 대칭을 이루고 있기 때문에 주기도문에는 일곱 개의 간청이 포함된 두 개의 부분과 그 부분 사이에 있는 "중간 결론"이 있다. 첫 부분에는 세 가지의 간청들이 있고, 두 번째 부분에는 "중간 연결 역할"을 하는 네 번째 간청을 포함하여 네 가지의 간청들이 있다.

첫 번째의 세 가지 간청들은 하나님의 영광에 중심을 두고 있기 때문에 "당신의" 간청들이라고 한다.

마지막 네 가지 간청들은 "우리" 간청들이라고 한다.

첫번째의 세 가지 "우리" 간청들의 끝에서 여러분은 첫번째 부분을 요약하는 중간 결론을 발견할 것이다. 그 결론은 이 시점까지 한 말들을 요약하는 것이나 최종 요약도 아니고 마지막 결론도 아니다. 그것은 주기도문의 중간에 오기 때문에 "중간 결론"이라고 불린다. 이 중간 결론은 여러분이 더 진행하기 전에 여러분의 생각을 정리하는 기회를 제공해 준다.

```
                        주기도문의 대칭관계
서론 :           우리 아버지
"당신의" 부분
"하늘에서"    1. (당신의) 이름이 거룩히 여김을 받으시오며 - 경배
             2. (당신의) 나라이 임하옵시며 - 인도
             3. (당신의) 뜻이 이루어지이다 - 순종
중간결론 :    하늘에서 이룬 것 같이 땅에서도
"우리" 부분    4. 중간 연결 : 우리에게 일용할 양식을 주옵시고-양식 공급
"땅에서"      5. 우리 죄를 사하여 주옵시고 - 용서
             6. 우리를 시험에 들게 하지 마옵시고 - 승리
             7. (우리를) 악에서 구하옵소서 - 보호
축복 :        나라와 권세와 영광이 아버지께 영원히 있사옵나이다.
```

중간 결론은 "하늘에서 이룬 것 같이 땅에서도"이다. 예수님께서는 "세 가지 일들이 하늘에서 이루어진 것 같이 땅에서도" 이루어지도록 요청할 것을 말씀하셨다. 우리는 하나님께서 완벽한 하늘에서 경배를 받으신 것처럼 죄 많은 이 땅에서 영광을 받으시도록 요청한다. 우리는 하나님의 원칙들이 하늘에서의 통치 아래에서 지배하듯이 완고한 이 땅에서도 지배하도록 요청하고 있다. 우리는 역시 하나님의 완전한 뜻이 하늘에서 이루어진 것 같이 이 불완전한 땅에서도 이루어지도록 요청한다.

예수님께서는 왜 **하늘에서 이룬 것 같이 땅에서도** 라는 중간 결론을 넣으셨는가? 우리가 하는 기도가 얼마나 짧은가를 우리에게 보여 주기 위해서가 아니다. 주위를 둘러 보면 하나님께서 이 땅

에서 항상 찬미를 받으시는 것이 아니라는 것을 여러분은 발견할 수 있다. 중간 결론은 여러분이 얼마나 많이 구할 필요가 있는지를 보여 준다. 중간 결론은 여러분의 기도를 늘려 주기 위해, 여러분의 믿음을 증대시키기 위해, 여러분의 기대들을 증가시키기 위해 그곳에 있다. 중간 결론은 이 땅에 있는 모든 것들이 하늘에 있는 것처럼 되도록 여러분이 기도하게 해준다.

예수님께서는 "속세의 빵을 구하지 말고 하늘의 진수성찬을 구하라"라고 우리에게 말씀하고 계신다. 자전거에 만족하지 말고 리무진을 요청하라. 중간 결론은 하나님으로부터 가장 좋은 것을 원하고 있다.

하나님의 뜻은 어떻게 하늘에서 이루어지는가? 하늘은 완전한 곳이며 이곳에는 죄, 부패, 질병과 눈물이 없다. 하늘에서는 이기적인 협의 사항이 없으며 즉각적인 순종만이 있다. 그래서 하나님의 뜻은 하늘에서 어떻게 이루어지는가?

즉시. 하나님의 결정들은 하늘에서 즉시 수행되고 따라서 여러분의 간청들은 이제 이루어질 것이다.

완전하게. 하나님의 목적들은 여러 가지 방식으로 하늘에서 충만하므로 완전함은 오늘날 순종에 대한 기준이다.

뜻있게. 하나님에 대한 의무들은 하늘에서의 유일한 우선권이므로 오늘날 이 땅의 이곳을 위한 하나님의 뜻에 우리는 우리의 모든 뜻을 바쳐야 한다.

끊임없이. 하나님의 뜻은 하늘에서 이루어지고 있으므로 하나님의 뜻은 오늘을 위한 여러분의 스케줄이 되어야 한다.

즐겁게. 하나님의 계획은 하늘에서 행복하게 이루어지고 있으므로 하나님의 계획은 오늘을 위한 이 땅 여기에서의 여러분의 태도이다.

열렬하게. 하나님의 청사진은 하늘에 있는 것들에 의해 갈망하여 추구되므로 하나님의 청사진은 오늘을 위한 여러분의 열정이어야 한다.

충심으로. 하나님의 공식은 하늘에 있는 모든 부분들을 사로잡고 있으므로 오늘과 여러분 매일의 생활을 위해 충심으로 하나님의 공식을 추구해야 한다.

주기도문의 전반부는 하나님께 초점을 맞추고 있다. 이들 부분은 "당신의" 부분이라고 한다. 여러분이 하나님께 이야기할 때 여러분은 먼저 하나님께 초점을 맞추어야 한다. 첫째, "(당신의) 이름이 거룩히 여김을 받으시오며" 둘째, "(당신의) 나라이 임하옵시며" 셋째, "(당신의) 뜻이 이루어지이다."

"당신의" 간청들 하나님의 전체 주권을 알기
1. 하나님은 신성하시기 때문에 … (당신의) **이름이 거룩히 여김을 받으시오며**
2. 하나님은 통치하시기 때문에 … (당신의) **나라이 임하옵시며**
3. 하나님은 최고이시기 때문에 … (당신의) **뜻이 이루어지이다**

"당신의" 부분은 기도는 하나님께 이야기하는 것이지 여러분이 필요로 하는 것들을 간청하기 위해 하나님 앞에 이기적으로 뛰어드는 것이 아니라는 것을 보여 준다. 여러분은 하나님께서 하늘에서 경배의 중심에 계셨듯이 이 땅에서 하나님의 이름이 거룩히 여김을 받으시기를 원한다고 말하라. 여러분은 하나님께서 하늘에서 통치하셨듯이 이 땅에서 하나님의 원칙들이 이루어지기를 원한다고 말하라. 하늘에 있는 모든 것들이 하나님의 뜻에 순종하듯

이 여러분도 하나님의 계획과 목적에 순종한다고 말하라.

네 번째 간청은 중간을 연결하는 경첩 간청이다. 경첩(hinge)은 두 개의 물체를 함께 붙잡기 위해 붙어 있는 것이다. 주기도문에서 경첩 간청인 "우리에게 일용할 양식을 주옵시고"는 "우리" 간청의 역할을 하면서 "당신의" 간청들과 "우리" 간청들을 함께 잡고 있다.

여러분은 강한 육체 없이 "당신의" 간청들에 초점을 맞출 수 없다. 그래서 여러분은 육체적으로 강해지기 위해 "양식"을 요청한다. "양식"은 우리 생활에서 필요한 모든 물리적인 것들을 대표하는 상징어이다. 경첩 간청은 강한 육체적인 생활을 요청한다.

경첩은 하나님과 함께 하는 영적인 산책을 위한 기도로 구성된 끝의 네 가지 간청들에도 붙어 있다. 처음의 세 가지 간청들을 우선적으로 확립하지 않고서는 마지막 세 가지 간청들을 요청할 수 없다. 경첩 간청은 "땅에서"와 "하늘에서" 일들을 할 수 있는 물리적인 능력을 요청하는 것이다. 여러분은 하나님의 이름을 영광되게 하고 하나님 나라의 원칙으로 살며 여러분의 생활에서 하나님의 뜻에 순종한 후에야 비로소 "양식"을 요청할 수 있다. 여러분은 이 땅에서 하나님과 함께 영적인 산책(예를 들면 죄를 용서 받고 죄에 대해 승리하고 악에서 보호받는 것)을 할 수 있게 하는 물리적인 능력을 가진 "양식"을 요청한다.

경첩 간청은 하늘의 간청들과 땅의 간청들을 구별한다. 경첩만이 유일하게 사물들을 연결할 때 경첩은 우리가 하늘의 기준들에 의해 이 땅에서 사는 것을 도와 준다.

여러분이 죄 사함을 받고 승리하며 악에서 보호될 때(두 번째 부분) 여러분은 하나님의 이름을 거룩되게 한다(첫번째 부분).

여러분이 죄 사함을 받고 승리하며 악에서 보호될 때(두 번째 부분) 여러분은 하나님 나라의 통치가 이 땅에 오게 한다(첫번째 부분).

여러분이 과거의 죄를 올바르게 처리하고 미래의 죄에 빠지지 않으며 악에서 매일 보호될 때(두 번째 부분) 여러분은 하나님의 뜻을 행한다(첫번째 부분).

"우리" 간청들 : 하나님께 우리가 전적으로 의존함을 알기

1. 우리는 물리적인 필요성을 느끼기 때문에 … **우리에게 일용할 양식을 주옵시고**
2. 우리는 죄를 짓기 때문에 … **우리 죄를 사하여 주옵시고**
3. 우리는 방황하기 때문에 … **우리를 시험에 들게 하지 마옵시고**
4. 우리는 죄에 저항할 필요가 있기 때문에 … **(우리를) 악에서 구하옵소서**

경첩은 문이 열리고 닫히게 한다. 주기도문의 경첩은 하나님의 신비들을 열어서 모든 간청들이 서로 어떻게 작용하는지를 여러분이 볼 수 있게 한다.

경첩은 여러분이 자유롭게 움직일 수 있게 한다. 문을 타고 앉은 어린이는 비행기에 타고 있거나 다섯 척짜리 해적선에 타고 있는 것처럼 행동할 수 있다. 흔들리는 문은 우리가 원하는 곳은 어디든지 갈 수 있게 한다.

여러분이 중간 결론에 이를 때 여러분은 "하늘에" 있는 것처럼 이 땅에서 하나님께 기도한다. 여러분은 비록 "이 땅에" 살고 있지만 "하늘에 계신" 하나님께 여러분을 위한 응답을 해 주실 것을 경첩을 잡고 구한다.

경첩은 실제이고 여러분은 실제적인 것들을 요청한다. 여러분은 여러분의 상상 속에서 사는 것이 아니고 또 기도의 상황들을 "지어낼 수" 있는 것도 아니다. 문을 타는 어린이는 실제로 절대 비행기를 타거나 배를 타고 있는 것이 아니다. 그 어린이는 단지 마음 속에서만 그렇게 할 뿐이다. 점진적으로 모든 어린이들은 "땅으로 내려 와야 하고" 실제 세상에서 살아야 한다. 그래서 우리는 "하늘에 있는" 것처럼 기도하나 "땅에서" 살아야 한다.

> 우리는 모든 것이 하나님께 달려 있는 것처럼 기도해야 한다. 우리는 모든 것이 우리에게 달려 있는 것처럼 살아야 한다.

기도 체크 리스트(PRAYER CHECKLIST)

이 기도 체크 리스트는 주기도문의 처음 세 가지 간청들을
어떻게 여러분이 잘 적용하고 있는지를 뒤돌아 보게 하는 기회를 제공한다.
여러분의 영적인 성장을 평가하는 기회를 가져라.

하늘에서 이룬 것 같이 땅에서도 이 땅에서 여러분은 요청에 대해 어떤 응답을 원하는지 열거하라	생활(수준)은 어떠한가?(한 가지만 체크하라)		
	저	중	고
1. 여러분의 생활에서 하나님의 이름이 거룩히 여기어졌는가?			
2. 여러분의 생활에 하나님의 나라가 오도록 구하고 또 보았는가?			
3. 여러분은 하나님의 뜻에 순종하고 또 이 땅에서 그 뜻이 이루어졌는가?			

일지쓰기(Journaling)

여러분이 매일 주기도문을 기도함으로써 하나님과 진지하게 만난다면 여러분은 여러분이 처음의 세 가지 간청들을 기도한 대로 기록하여야 한다. 지금은 여러분의 진척 상황을 되돌아 볼 좋은 시간이다. 과거의 일지를 들여다 보고 다음 질문에 대답하라.

1. 여러분은 하나님을 경배하는 것에 대해 무엇을 배웠는가? 어떻게 하나님을 찬미해 왔는가? 여러분이 개인적으로 성장하고 하나님과 함께 산책하는데 경배가 어떤 역할을 하였는가?
2. 여러분은 하나님께서 오늘날 세상에서 자신의 나라를 통치하시는 관리 원칙들에 관해 무엇을 배웠는가? 여러분이 배운 기도의 원칙들을 열거하라. 우리는 하나님의 원칙에 의해 살아야 하기 때문에 어떤 범위에서 여러분은 배우고 성장할 필요가 있는가?
3. 여러분은 매일 하나님의 뜻을 이루어야 한다. 매일 주기도문을 기도함으로써 여러분은 하나님의 뜻에 대해 무엇을 배웠는가? 여러분이 배운 명백한 하나님의 뜻을 몇 가지 써 보라. 여러분의 생활을 위해 하나님 뜻의 어떤 범위에서 여러분은 배우고 성장할 필요가 있는가?

3단계 성서 연구 :
"당신의" 간청들에 대한 복습

다음의 3단계 성서 연구는 여러분이 "당신의" 간청들을 복습하여 통찰력을 얻고 이러한 진리들이 여러분의 생활에 도움을 주기 위해 고안되었다. 1단계 - 질문을 읽고 대답하라. 2단계 - 상자 안의 성서 구절을 읽고 성서에서는 그 질문에 어떻게 대답하고 있는지를 결정하라. 3단계 - 밑줄친 빈칸에 답을 써라.

1. 우리가 주기도문을 외울 때 우리의 첫번째 관심은 무엇이어야 하는가?

> "하늘에 계신 우리 아버지여 이름이 거룩히 여김을 받으시오며" - 마태복음 6:9
> "아버지여 아버지의 이름을 영광스럽게 하옵소서 하시니 이에 하늘에서 소리가 나서 가로되 내가 이미 영광스럽게 하였고 또 다시 영광스럽게 하리라 하신대." - 요한복음 12: 28

_____

_____

2. 여러분이 "우리 아버지"라고 기도할 때 우리는 예수님과 함께 기도 안으로 들어 온다. 예수님께서는 어떻게 기도를 시작하셨는가?

> "아버지여 때가 이르렀사오니 아들을 영화롭게 하사 아들로 아버지를 영화롭게 하게 하옵소서. 영생은 곧 유일하신 참 하나님과 그의 보내신 자 예수 그리스도를 아는 것이니라." - 요한복음 17: 1, 3

3. 우리가 "나라이 임하옵시며"라고 기도할 때 우리는 하나님 나라의 원칙들이 우리 생활을 다스리도록 구하는 것이다. 하나님 나라 원칙들의 특징은 무엇인가?

> "하나님의 나라는 먹는 것과 마시는 것이 아니요 오직 성령 안에서 의와 평강과 희락이라." - 로마서 14:17

4. "나라이 임하옵시며"라는 기도는 하늘에서처럼 땅에서도 하나님의 통치가 우리의 생활을 통치해야 한다는 의미이다. 우리의 태도는 무엇인가?

> "너희는 무엇을 먹을까 무엇을 마실까 하여 구하지 말며 근심하지도 말라. 이 모든 것은 세상 백성들이 구하는 것이라. 너희 아버지께서 이런 것이 너희에게 있어야 될 줄을 아시느니라. 오직 너희는 그의 나라를 구하라. 그리하면 이런 것을 너희에게 더하시리라." - 누가복음 12:29, 30

5. "뜻이 이루어지이다"라는 기도는 순종의 기도이다. 우리의 태도는 어떠해야 하는가?

> "아무든지 나를 따라오려거든 자기를 부인하고 날마다 제 십자가를 지고 나를 좇을 것이니라." - 누가복음 9:23

___

___

___

6. 우리는 하나님께 어떻게 순종해야 하는가?

> "또한 너희 지체를 불의의 병기로 죄에게 드리지 말고 오직 너희 자신을 죽은 자 가운데서 다시 산 자 같이 하나님께 드리며 너희 지체를 의의 병기로 하나님께 드리라." - 로마서 6:13

___

___

___

7. 하나님께서 하늘에서 또는 땅에서 통치하시는가?

> "여호와께서 그 보좌를 하늘에 세우시고 그 정권으로 만유를 통치하시도다." - 시편 103:19

___

___

___

8. 하늘에서 무슨 일이 생기고 있는가?

> "오직 주는 여호와시라. 하늘과 하늘들의 일월성신과 땅과 땅 위의 만물과 바다와 그 가운데 모든 것을 지으시고 다 보존하시오니 모든 천군이 주께 경배하나이다." - 느헤미야 9:6

_____
_____
_____

9. 땅위의 만물은 하늘에서처럼 하나님의 뜻을 행하지 않고 있다. 우리의 반응은 어떻게 될까?

> "양의 큰 목자이신 우리 주 예수를 영원한 언약의 피로 죽은 자 가운데서 이끌어 내신 평강의 하나님이 모든 선한 일에 너희를 온전케 하사 자기 뜻을 행하게 하시고 그 앞에 즐거운 것을 예수 그리스도로 말미암아 우리 속에 이루시기를 원하노라." - 히브리서 13:20, 21

_____
_____
_____

주기도문		
당신의 간청	경첩	우리 간청
하나님을 영광되게 하기	나의 필요를 위해	내 명예의 성장을 위해
기도의 목적	기도의 실시	기도의 계획
아버지 / 왕 / 주인	일용할 양식	구세주 / 인도자 / 보호자
영원	지금	과거 / 현재 / 미래
하나님에 대한 나의 경배	내게 필요한 것들이 공급됨	하나님과 나의 관계
찬미	약속	개인적
하나님 앞에 엎드림	두 손을 뻗치고	목을 숙이고
올려다 보기	조건 없이 쳐다 봄	~안에서 쳐다보기
하나님을 향해 내 손으로	손에 쟁기를 잡고	내 손을 하나님 안에서
아버지 하나님 / 왕	농부이신 하나님/제공자	구세주/보호자이신 하나님
신전에서 다른 경배자와 함께	세상에 있는 다른 농부들과 함께	이번 여행에서 다른 여행자들과 함께
시편에서	잠언에서	로마서에서
하나님을 찬미하기	하나님 안에서 일하기	하나님과 친분을 갖기
하나님의 원칙	인간의 원칙	구세의 원칙
하나님에 의해 인도되는 인간	인간에게로 향하는 하나님	하나님과 인간은 서로간에 향한다

LORD'S PRAYER

주기도문의 본질

이름이 거룩히 여김을 받으시오며 ⋯ 하나님의 찬미

나라이 임하옵시며 ⋯ 하나님의 목적

뜻이 이루어지이다 ⋯ 하나님의 계획

우리에게 일용할 양식을 주옵시고 ⋯ 하나님의 양식 제공

우리 죄를 사하여 주옵시고 ⋯ 하나님의 용서

우리를 시험에 들게 하지 마옵시고 ⋯ 하나님의 권세

악에서 구하옵소서 ⋯ 하나님의 보호

하늘에 계신 우리 아버지여,
이름이 거룩히 여김을 받으시오며, 나라이 임하옵시며,
뜻이 하늘에서 이룬 것같이 땅에서도 이루어지이다.
오늘날 우리에게 일용할 양식을 주옵시고,
우리가 우리에게 죄 지은 자를 사하여 준 것같이
우리 죄를 사하여 주옵시고,
우리를 시험에 들게 하지 마옵시고,
다만 악에서 구하옵소서.
대개 나라와 권세와 영광이 아버지께 영원히 있사옵나이다.
아멘.

7. 네 번째 간청 :
우리에게 일용할 양식을 주옵시고

필요한 것들을 요청하기

우리의 저녁 식사는 참치 카세롤(참치를 냄비에 넣고 끓인 요리)이었다. 나는 참치 요리를 좋아하지는 않았으나 값이 쌌다. 참치 한 캔은 약 25센트였고 국수는 한 다발에 5센트(1953년 가격)였다.

나와 아내 룻은 일용할 양식을 주신 하나님께 감사하기 위해 고개를 숙였다. 우리 앞에는 카세롤, 몇 조각의 빵, 아이스 티와 젤오(Jell-O)샐러드가 있었는데 이는 그날의 마지막에 가지는 간단한 식사였다. 하나님께서는 항상 우리를 돌보아 주셨고 우리는 그날을 위한 "일용할 양식"을 충분히 가졌다.

내일을 위해서는 아무것도 없었다. 봉급일까지는 약 3일이 남았다.

나는 목회직을 연구하는 대학 4학년생이었다. 나는 시간당 1달러의 급료로 학교 버스를 운전했다. 그 일이 1953년에 내가 얻을 수 있었던 최상의 것은 아니었지만 내 시간을 맞출 수 있었던 유일한 일이었다. 공부하는 시간과 교회에서 봉사하는 시간 사이에서 나는 돈을 벌 충분한 시간이 없었다. 나는 1주일에 약 20달러를 가져다 주었다. 그 당시에 나는 내 아내가 일을 해서는 안된다고 믿었기 때문에 그녀는 나와 함께 학생이었다.

"이 참치 카세롤을 주셔서 감사합니다"라고 나는 기도했다. 나는 그날을 위해 하나님께서 양식을 주신 데 대해 진심으로 감사드렸고 하나님께서는 내일도 돌보아 주실 것이라는 것을 알았다. 그러나 어떻게 돌보아 주실지에 대해서는 몰랐다.

"당신께서는 우리의 필요한 것을 아십니다"라고 나는 하나님께 말했다. 나는 할 말을 찾으면서 더듬거렸다. "우리에게는 돈이 없습니다."

여러분은 하나님께서 응답하시도록 하기 위해 길게 기도할 필요가 없다. 하나님께서는 도움을 청하는 가장 짧은 외침도 들으실 수 있으며 응답하여 무언가를 해 주신다.

"우리에게 일용할 양식을 주옵시고…"

내가 "아멘"이라는 말을 하자 마자 세탁물 트럭이 우리 집으로 달려오는 것을 보았다. 룻은 현관으로 갔다. 세탁업자는 우리의 이웃이자 집주인이었다. 그는 원래 집주인은 아니나 자신이 빌린 방을 다시 우리에게 빌려 주고 월세를 받았다.

"오늘은 세탁할 옷이 없어요"라고 룻이 그 세탁업자에게 말했다. 그리고 웃으면서 "우리가 더러운 옷을 세탁하도록 당신에게 준다 해도 세탁비가 없어요"라고 말을 덧붙였다.

"아니예요, 나는 세탁물을 받기 위해 온 것이 아니에요"라고 그는 말했다. 그는 전날 밤 우리의 월세를 주의 깊게 살펴보고 있었다고 설명했다.

"나는 돈을 돌려 주기 위해 왔어요"라고 그는 설명했다. "내가 수도관 새는 비용을 지불하지 않았어요."

그는 자신의 호주머니에서 25달러를 꺼내 룻에게 넘겨 주었다.

우리가 4개월 전에 처음 우리의 미네소타(Minnesota) 집으로 이사왔을 때 이곳은 얼음이 꽁꽁 얼 정도로 추웠다. 기온은 영하 40°F로 떨어졌고 욕실의 수도관이 얼었다. 그래서 나는 그 수도관을 녹이기 위해 버스 회사로부터 열을 내는 램프를 빌렸었다. "3개월 전에 지불했어야 하는데"라고 그는 룻에게 말했다.

우리는 25달러를 참치 카세롤 옆에 두고 "우리에게 일용할 양식을 주셔서 하나님께 감사드립니다"라고 다시 기도했다.

하나님께서는 우리에게 기적적으로 돈을 주셨으나 이 경우에 하나님께서는 우리가 수도관을 녹이기 위해 했던 일들을 이용하셨다. 나는 수도관을 녹이기 위해 하루종일 일했다. 하나님의 타이밍은 언제나 완벽하다. 3개월 전에 나는 내가 해야 할 일을 했고, 우리가 필요로 하는 시간에 하나님께서는 우리에게 빚진 25달러를 그 세탁업자가 기억하도록 하셨다.

우리가 "오늘날 우리에게 일용할 양식을 주옵시고"라고 기도할 때 그 간청에는 일용할 양식이 포함되어 있지만 우리는 "일용할 양식" 이상의 것을 요청한다. "양식"은 우리의 모든 물리적인 욕구를 나타내는 상징어이다. 양식은 우리에게 걷고, 일하고, 땅을 파고, 워드프로세서할 때 타자치는 힘을 준다. 양식은 우리에게 사업거래를 완료할 수 있게 추진해 가는 힘을 준다. 양식은 우리의 고용주를 위해 생각하고 장기 계획을 세울 수 있도록 마음을 깨끗하게 유지하게 해 준다. 양식은 들떠 있는 아이들을 다룰 수 있는 에너지를 선생님에게 준다. 양식은 음식 이상의 것을 나타낸다. 양식은 우리가 음식을 먹음으로써 얻는 결과를 나타낸다. 양식은 우리가 생활에서 필요로 하는 모든 물리적인 것을 나타낸다.

"양식"은 돈, 시간, 일, 물질적인 것을 나타내는 상징어이다. 양식은 집과 옷을 나타낸다. 양식은 기본적인 수송 수단인 차를 나타내고 우리를 직장까지 실어다 주는 지하철 요금을 나타내기도 한다. 양식은 겨울의 연료, 여름의 냉방, 우리가 일할 수 있게 하는 육체 치료, 우리가 가족을 부양할 수 있도록 하는 적절한 봉급 인상을 나타낸다. 양식은 우리 생활에서 필요한 모든 물리적인 것들을 나타낸다.

여러분이 "오늘날 우리에게 일용할 양식을 주옵시고"라고 기도할 때 여러분은 하나님과의 관계에서 여러분이 필요로 하는 것에 관한 다섯 가지 사항들을 알고 있다.

우리가 매일 필요로 하는 것에 관한 다섯 가지 중요한 사실들

1. 우리에게 매일 필요한 것이 있다.
2. 하나님께서는 우리가 필요로 하는 것을 제공해 주신다.
3. 우리는 하나님께서 우리가 필요로 하는 것을 제공해 주시도록 구해야 한다.
4. 우리에게 필요한 것은 언젠가 한번 제공된다.
5. 우리는 **모든 것**을 요청할 필요는 없으나 **모든 것**에 관해 기도해야 한다.

내 성경반에 참석했던 한 영업 사원은 백화점의 전기제품 코너에서 일하고 있었는데 일하는 동안 항상 모자를 쓰고 있었다. 모든 사람은 그를 밀짚 모자를 쓰고 하얀 셔츠에 하얀 넥타이 그리고 팔꿈치까지 소매를 걷어 올린 키가 큰 사람으로 생각하였다.

사람들은 그가 대머리이기 때문에 어디서든 밀짚 모자를 쓰고 있다고 생각했다. 물론 그는 대머리였지만 이것이 그가 밀짚 모자를 쓰고 있는 이유는 아니었다.

그는 전파력이 있는 미소를 가지고 있었고 사람들에게 이야기하는 것을 좋아했다. 그러나 그에 관한 최상의 평은 그가 훌륭한 영업사원이라는 것이었다. 그는 판매를 끝내는데 있어서 "정형화된" 방식을 사용했다. 사람들이 물건을 사지 않겠다고 할 때 그는 자신이 들은 말을 믿을 수 없다는 것처럼 자신의 머리를 흔들곤 했다. 그리고 밀짚 모자를 벗어서 자신의 팔꿈치로 이마를 닦고 모자 안을 들여다 보곤 했다. 멈추어 서서 몇 초 동안 자신의 모자를 응시하곤 했는데 그가 모자 안을 들여다 보고 있을 때 그가 무엇을 하고 있는지 아무도 묻지 않았다. 그것은 자신이 습득한 습관에 불과했다. 그리고 대개 모자를 든 채로 영업을 끝냈다. 그는 고객이 떠날 때까지 모자를 다시 쓰지 않았다.

몇 년 전의 어느 날 내 성경반에서 주기도문을 가르치고 난 후 그 대머리 영업사원은 자신의 영업 능력에 관한 비밀을 내게 와서 말했다. 그는 대부분의 자신의 고객들은 기독교인들이고 또 영업을 끝낼 때 자신이 모자를 벗는 습관에 대해 신기하다고 생각하는 것을 원하지 않았기 때문에 어느 누구에게도 말하지 않겠다는 약속을 해 줄 것을 요구했다. 그는 한 가지 이유 때문에 모자를 쓰고 있다고 이야기했다. 글로 기도를 쓴 용지가 모자 띠의 안쪽에 붙어 있다고 했다. 그는 모자의 안쪽을 보면서 거기에 씌여진 '**우리에게 일용할 양식을 주옵소서**' 라는 기도를 하고 있었다.

그의 모든 판매는 자신의 가족을 먹여 살리기 위한 "일용할 양식"이었다. 그는 그 모자를 들여다 보면서 그 기도를 하고 있었다.

그리고 그 영업이 끝날 때까지 계속 주기도문을 외우고 있었다.

일용할 양식은 늘어나고 있으나 배는 더 배고프다

현실적으로 이 책을 구매하는 대부분의 미국인들은 실제로 배가 고프지 않다. 그들은 "오늘 저에게 끼니를 주십시오. 그렇지 않으면 저는 굶을 것입니다"라고 기도하지 않는다. 미국은 풍요의 땅이다. 우리에게는 많은 레스토랑과 패스트 푸드점, 잡화점들이 있다. 설사 기도를 한다 하더라도 그들은 "하나님, 체중 줄이는 것을 도와 주십시오"라고 기도한다.

물론, 그것이 완전한 그림은 아니다. 많은 집 없는 미국인들은 먹을 것이 충분하지 않고 이 지구에는 수백 만의 사람들이 굶은 채로 잠자리에 든다. "오늘날 우리에게 일용할 양식을 주옵시고"라고 기도하는 많은 사람들은 심각한 문제를 가지고 있다.

수퍼마켓 안으로 들어 가는 대부분의 많은 사람들은 얇게 썬 빵, 보리 빵, 호밀 빵, 잡곡 빵, 다양한 종류의 롤 케익 등 빵에 대해 상당히 넓은 범위의 선택권을 가지고 있다. 빵은 다양한 상표와 규격과 가격으로 팔린다. 우리는 집에서 만든 빵이나 하루 지난 빵, 그리고 오븐으로 구울 수 있게 준비된 빵을 살 수 있다. 그래서 우리가 "우리에게 일용할 양식을 주옵시고"라고 기도할 때 오히려 그 기도는 현실과 동떨어지고 이상한 것처럼 보일지 모른다.

왜?

우리는 빵을 당연한 것으로 여기기 때문이다. 빵은 매우 풍부해서 필요로 하는 모든 사람에게 공급될 수 있기 때문이다.

기술과 과학의 세계에서 우리는 전에 생각했던 것보다 더 많은 빵과 많은 다른 종류의 음식을 생산해 왔다.

옥수수를 예를 들어 보자. 우리의 농업 과학은 세계의 어떤 나라보다 그리고 역사의 어떤 시간보다 더 큰 수확량을 만들어 내면서 한 대의 옥수수 줄기에서 더 많은 옥수수를, 함께 모여 재배할 수 있는 더 많은 옥수수를, 그리고 옥수수 열매 한 개당 더 많은 알갱이를 생산해 왔다. 이제 농업 연구가들은 농부들이 심을 필요 없이 자체적으로 다시 열매가 생겨나는 옥수수를 개발하려 하고 있다. 그들은 자연적으로 영양을 공급하기 위해 질소를 만드는 옥수수를 만들고 있다. 아마 미래에 우리는 나무에서 열매를 따듯이 옥수수를 수확할 것이다. 이 모든 것은 과거에 생산되었던 것보다 더 많은 옥수수를 생산한다는 의미이다.

미국은 이전보다 더 많은 옥수수를 수확할 수 있는 충분한 농업 기계를 가지고 있다. 미국은 만약 일렬로 줄을 세운다면 하루만에 아이오와(Iowa)의 모든 옥수수를 수확할 수 있는 값비싼 콤바인을 충분히 가지고 있다.

만약 세계의 다른 나라들이 하는 것처럼 하루만에 아이오와(Iowa)의 모든 옥수수를 수확한다면 6,100만 마리의 말과 3,100만 명의 사람들이 필요할 것이다.

미국은 세계를 여러 번 도는 화물 수송 화차를 채울 만큼 충분한 옥수수를 생산하고 있다. 미국의 연간 생산량은 1,000억 달러에 해당하는 양으로서 우리의 상상을 초월한다. 그래서 "오늘날 우리에게 일용할 양식을 주옵시고"라고 기도하는 것은 기도의 주된 요청 사항이 아닌 것처럼 보일지도 모른다.

만약 여러분에게 양식이 없다면 어떻게 되겠는가? 여러분에게 이틀분의 양식이 없는 경우를 상상해 보라. 만약 여러분에게 다른 것보다 더 많은 양식이 필요하다면 여러분은 충심으로 양식을 구할 것이다. 여러분은 집중적으로 "우리에게 일용할 양식을 주옵시고"라고 기도할 것이다.

미국은 세계의 어떤 나라들보다 더 많은 **물리적인** 양식을 가지고 있다. 그러면 영적인 양식에 관해서는 어떠한가? 그 목적에 맞게 우리는 물리적인 양식을 사용하고 있는가? 우리는 물리적으로 그리고 영적으로 많은 사람들을 먹여 살리기 위해 물리적인 양식을 사용할 수 있는가? 어쩌면 물리적인 배고픔이나 영적인 배고픔 중의 하나는 서로 다른 것을 먹여 살릴 수 있을지는 모르는데 그렇다면 어떤 것이 먼저인가?

우리는 일용할 양식을 가지고 있다

하나님께서 사람들을 창조하셨을 때 하나님께서는 사람들을 연료가 필요없고 유지할 필요가 없으며 어떤 감독이 필요 없는 영원한 작동 기계처럼 만드신 것은 아니다. 영원한 작동 기계에게는 그것을 운영할 사람이 필요 없다. 그 기계에는 아무것도 필요 없다.

하나님께서는 자급자족할 수 있는 인간을 만드시지 않았다. 하나님께서는 숨쉬는 공기와 영양을 주기 위한 음식을 필요로 하는 인간을 만드셨다. 인간에게는 자신을 보호해 줄 피난처와 몸을 따뜻하게 해 줄 옷이 필요하다. 또 인간들에게는 자신들을 모이게 해 줄 사랑과 행복하게 해 줄 사회적인 관계가 필요하다.

하나님께서는 인간들이 필요로 하는 것이 있도록 만드셨다. 그들에게는 음식, 피난처, 옷과 많은 다른 것이 필요하다. 아마 하나님께서는 인간들이 하나님에게서 멀어져 방황할 때 그들이 필요로 하는 것들로 말미암아 하나님께 돌아오도록 사람들이 욕구를 가지도록 만드셨다.

사람들은 음식이나 옷을 습득하기 위해 밖을 돌아볼 필요가 있다. 만약 그들이 어떤 필요성이나 욕구를 가지고 있지 않다면 북극곰이 겨울 내내 겨울 잠을 자듯이 구멍 속에 숨어 있을 수 있다. 그러나 구멍 속에서 겨울 잠을 자는 사람은 하나님을 영광되게 할 수 없다. 그들은 그들이 사는 목적을 발견하지 못한다.

내가 어렸을 때 어머니께서는 웨스트민스터 교리문답(Westminster Catechism)을 가르쳐 주셨다. 우리는 주일학교에서 어린이 교리 문답을 암송하기 위해 방 앞에 일렬로 서 있던 조그만 장로 교회에 다녔다. 남자 어린이들은 한쪽 옆에 서고 여자 어린이들은 반대편 쪽 옆에 섰다. 그것은 남자 어린이와 여자 어린이의 대결이었다. 우리가 대답을 하지 못했을 때 우리는 앉아야 했다. 나는 한번도 이기지 못했다. 알버트(Albert)가 언제나 이겼다. 오늘날 알버트는 미시시피 주의 잭슨에 있는 개혁신학교(Reformed Theological Seminary)의 교회 역사 교수로 있다.

나는 첫번째 질문이 쉬웠기 때문에 언제나 첫번째 질문에 대답을 하고 싶었다.

나의 마지막 이름은 타운즈(Towns)였으므로 언제나 줄의 끝에 앉았고 어려운 질문에 대답해야 했다.

웨스트민스터 교리문답에서의 첫번째 질문

질문 : 인간의 주된 목적은 무엇인가?

대답 : 인간의 주된 목적은 하나님을 영광되게 하는 것이고 하나님을 영원히 기쁘게 하는 것이다.

우리가 주일학교에서 직면했던 첫번째 교리문답상의 질문은 생활에 관한 기본적인 것이었다. 나는 왜 여기 있는가? 우리는 하나님을 영광되게 하기 위해 이 땅에서 부름을 받았는데 여러 가지 방법으로 우리는 그렇게 해야 한다. 그 방법들 중의 하나는 우리 자신을 어떻게 돌보고 우리에게 필요한 것을 어떻게 공급할 것이냐 하는 것이다.

하나님께서는 우리가 필요로 하는 욕구를 가지게 하셨고 그래서 우리는 그 필요한 것들을 공급해 주시도록 하나님께 구하곤 한다.

만약 우리가 양식을 필요로 하지 않는다면 대부분의 사람들은 일을 하지 않을 것이다. 그러나 우리는 땀과 수고에서 의미, 행복과 양식을 살 돈을 발견한다.

만약 우리가 양식을 필요로 하지 않는다면 대부분의 사람들은 앉아서 아무 일도 하지 않을 것이다. 우리가 아무 일도 하지 않는다면 하나님을 영광되게 하지 못한다.

만약 우리가 양식을 필요로 하지 않는다면 일을 하는 새로운 방법을 만들지 않을 것이다. 우리는 일을 더 쉽게 하는 방법을 고안하지 않을 것이다. 우리는 하나님께서 우리에게 주신 모든 지능을 쓰지 않을 것이다.

우리는 필요하다는 욕구를 가지고 있기 때문에 성장하고 더 잘 되고 다른 사람에게 손을 내민다. 그리고 우리는 하나님께서 태초에 동산에서 아담에게 "생육하고 번성하여 땅에 충만하라. 땅을 정복하라… 모든 생물을 다스리라"(창세기 1:28)라고 말씀하신 일들을 한다.

그리고 하나님께서 말씀하신 의미를 사람들이 확실하게 이해하도록 하나님께서는 다음과 같이 양식이 어디에서 오는지를 설명하셨다. "내가 온 지면의 씨 맺는 모든 채소와 씨 가진 열매 맺는 모든 나무를 너희에게 주노니 너희 식물이 되리라"(창세기 1:29).

하나님께서는 우리가 필요로 하는 것을 제공해 주신다

대부분의 사람들은 자신의 개인적인 욕구를 충족시키기 위해, 그들이 성장하기 위해, 좀더 좋은 기분을 느끼기 위해, 그들이 힘을 얻기 위해, 배고픔을 극복하기 위해 양식을 먹는다. 이 모든 것들도 좋지만 이보다 더 큰 목표가 있다. 바울은 "너희가 먹든지 마시든지 무엇을 하든지 다 하나님의 영광을 위하여 하라"(고린도전서 10:31)고 우리에게 말한다.

하나님께서는 모든 것을 제공해 주시기 때문에 여러분은 하나님을 영광되게 하기 위해 양식을 먹어야 한다. 여러분이 먹을 때마다 하나님께서는 영광을 받으신다. 이것이 하나님께서 양식을 만드시고 인생이 성장하도록 양식을 주신 이유이다. 하나님께서는 우리에게 양식을 수확할 힘과 지능을 주셨는데 우리가 요리를 하고 식사를 하기 전에 고개 숙여 하나님께 감사를 드릴 때 하나님께서는 영광을 받으신다. 따라서 여러분은 어디서 양식을 얻었는지, 누가 여러분에게 양식을 주셨는지, 그 목적은 무엇인지를 기억하라.

여러분이 "오늘날 우리에게 일용할 양식을 주옵시고"라고 기도할 때 여러분은 하나님의 관심을 끌기 위해 인형극에서 하듯이 인형의 줄을 잡아 당기고 있는 것이 아니다. 너무 종종 기도는 모든 것을 주시는 신성하신 하나님께서 양식과 같은 것들을 우리에게 주시도록 인형의 줄을 우리가 조종하는 것으로 취급된다.

어떤 사람들은 응석꾸러기 애기처럼 "**당장** 저에게 양식을 주옵소서"라고 떼쓰듯이 기도한다. 그들은 하나님께서 자신들이 요구하는 것은 무엇이든지 다 즉시 그들에게 주기를 기대하고 있다. 이것은 하나님을 인간 이하의 수준으로 끌어내려 욕되게 하는 것이다. 주기도문에 대한 이러한 접근방법은 모독적인 것이다. 이러한 태도는 하나님을 우리의 119 전화에 응대하는 구조대원처럼 보이게 한다.

"오늘날 우리에게 일용할 양식을 주옵시고"라고 기도하는 것은 샌드위치를 요청하는 것보다 더 넓은 신뢰의 이야기이다. "양식"은 상징어이기 때문에 여러분은 하나님께서 여러분의 일을 축복해 주셔서 양식을 만들 수 있는 농작물을 재배할 수 있게 해 주시고, 또는 양식을 살 수 있는 돈을 벌게 해 달라고 구하는 것이다. 여러분은 하나님께서 원인(어떻게 물리적인 것을 구하는지)과 결과(여러분이 먹을 필요가 있는 음식), 둘 다 주시기를 구하고 있는 것이다.

그래서 여러분이 "오늘날 우리에게 일용할 양식을 주옵시고"라고 기도할 때 여러분은 여러분이 필요한 것에 대해 하나님과 함께 이야기하고 있는 것이다. 여러분은 여러분의 생활에서 하나님께서 올바른 위치를 차지하시기를 허용하고 있는 것이다. 기도는 하나님을 영광되게 하는 제단이다.

여러분이 첫 세 가지의 간청들을 기도하고 있을 때 여러분은 하나님을 하늘에서와 이 땅에 있는 여러분의 마음에서 바른 위치에 두는 것이다. 첫 세 가지 간청들에서 여러분은 하나님의 이름이 거룩히 여김을 받으시고, 하나님 나라의 원칙들이 오기를, 그리고 하나님의 뜻이 하늘과 땅에서 이루어지기를 기도했다.

그렇다면 어떻게 이러한 간청들이 "땅에서" 이루어질 수 있는가? 첫째, "오늘날 우리에게 일용할 양식을 주옵시고"라고 기도할 때 여러분은 이 땅에서 재배된 양식을 요청하고 있는 것이다. 따라서 여러분이 양식을 요청할 때, 하나님은 그 원천이시라는 것을 알고 여러분에게 양식을 주신 데 대해서 하나님을 경배하는 것이다.

둘째, 여러분은 하나님께서 양식을 주심으로 인해 이 땅에서 하나님 나라의 원칙들이 실현되도록 요청하는 것이다. 여러분이 "뜻이 이루어지이다"라고 기도할 때 여러분 생활에서의 하나님의 계획, 즉 양식을 위해 일하고 양식을 요리하며 강해지기 위해 먹는 것을 요청하여 여러분은 하나님의 뜻을 이룰 수 있고 하나님의 뜻이 필요한 사람들과 함께 그 뜻을 공유할 수 있다.

여러분이 "오늘날 우리에게 일용할 양식을 주옵시고"라고 기도할 때 여러분은 하나님을 생존을 위한 인간의 매일의 투쟁 속으로 모시는 것이다. 여러분이 "우리 죄를 사하여 주옵시고"라고 기도할 때 여러분은 하나님을 죄와의 매일의 투쟁 속으로 모시는 것이다. 여러분이 "우리를 시험에 들게 하지 마옵시고"라고 기도할 때 여러분은 하나님을 승리를 위한 투쟁 속으로 모시는 것이다. 여러분이 "악에서 구하옵소서"라고 기도할 때 여러분은 하나님을 방어를 위한 여러분의 투쟁 속으로 모시는 것이다.

여러분은 여러분 자신만을 위한 것을 얻기 위해 기도에 접근해서는 안 되고 여러분이 필요로 하는 것을 주심으로써 하나님을 영광되게 하기 위한 양식을 요청해야 한다.

우리는 하나님께서 우리가 필요로 하는 것을 주시도록 구해야 한다

너무 종종 우리는 기도가 동전을 집어 넣으면 냉 음료수나 땅콩 꾸러미가 나오는 자동판매기와 같다고 생각한다. 그러나 일용할 양식은 자동판매기에서 나오지 않는다. 우리는 기도를 자판기 동전 구멍에 넣지 않으며 우리가 원하는 양식이나 어떤 것이라도 자동적으로 자판기에서 나오도록 기대하지 않는다.

어떤 사람들은 하나님으로부터 필요한 것을 구할 수 있다고 생각한다. 그들은 하나님으로부터 원하는 것을 구하기 위해 단식하거나 또는 이름을 부르고 외치면 하나님으로부터 얻을 수 있다고 말한다. 그러나 하나님께서는 자동판매기 전략처럼 움직이시는 것이 아니다. 모든 기도의 밑바닥에는 "이름이 거룩히 여김을 받으시고"라는 것이 깔려 있다. 기도는 우리가 하는 것, 우리가 구하는 것, 우리가 애걸하는 것이 아니다. 기도는 하나님을 영광되게 하고 경배하는 하나의 방법이다. 기도는 하나님이 최고임을 인정하는 것이다.

> 기도는 하나님의 위엄을 선언하고 여러분의 생활을 하나님의 뜻에 순종하게 하는 것이다.

기도는 그 판결이 옳든 또는 필수적이든 간에 배심원으로부터 승리의 판결을 얻기 위해 변호사가 하는 설득의 말들이 아니다. 우리는 하나님께서 올바른 일, 우리가 원하는 일을 하시도록 조종할 수 없다.

기도는 어떤 학생이 숙제할 시간을 더 달라고 청하거나, 또는 더 좋은 학점을 얻기 위해 선생님의 책상 위에 사과를 올려 놓는 것과 같은 것이 아니다. 하나님은 학점을 주지 않는 선생님이 아니시다. 하나님은 우주를 통치하시는 최고의 지배자이시며 여러분이 주기도문을 기도할 때 여러분은 하나님의 영광을 여러분의 생활 속으로 모시는 것이다. 기도는 여러분이 하나님을 경배하는 제단이다.

> 기도는 여러분이 구하는 것 이상의 것이고 여러분이 하는 일 이상의 것이며 여러분이 말하는 것 이상의 것이다.
> 기도는 여러분의 생활 방식이다.

하나님께서는 "우리에게 일용할 양식을 주옵소서"라고 기도할 것을 가르치셨다. 예수님께서는 "구하라 그러면 너희에게 주실 것이요. 찾으라 그러면 찾을 것이요. 문을 두드리라 그러면 너희에게 열릴 것이니"(마태복음 7:7)라고 말씀해 오셨다. 하나님의 계획은 우리가 구하는 것이다.

그렇다 하더라도 하나님께서는 우리가 구하는 모든 것을 다 주시지는 않는다.

어떤 사람들은 너무 많은 것을 구한다. 그들은 초코렛 아이스크림이 있는 케이크를 구하나 하나님께서는 단순한 하얀 빵을 그들에게 주신다. 왜? 그들이 열심히 일하지 않을 수 있거나 또는 그것이 하나님의 목적이 아닐 수 있기 때문이다.

어떤 사람들은 복권에 당첨되기를 구한다. 그들은 퇴직하여 더 이상 일하지 않기를 원한다. 그것은 하나님께서 돈과 편안함을 주시지 않기 위해서가 아니다. 그들이 너무 편하면 하나님으로부터 멀어진다는 것을 하나님께서는 알고 계신다. 그들이 하나님께 대한 믿음을 유지하게 하기 위해 하나님께서는 그들을 재정적인 속박하에 둘 필요가 있다고 생각하신다.

하나님께서 그들을 믿으실 수 없기 때문에 돈에 대한 사람들의 요청에 응답하시지 않은 적이 있었는가?

어떤 사람들은 오늘, 내일의 빵을 구한다. 하나님의 응답은 "내일까지 기다려라"이다. 우리의 기도가 응답되지 않을 때 하나님은 응답을 하시지 않을지도 모른다. 하나님께서는 기다리라고 응답하시는지도 모른다. 우리는 인내심을 배울 필요가 있다.

어떤 사람들은 빵을 요청해 왔으나 하나님께서는 전혀 응답을 하시지 않았다. 굶주림의 시대에 기독교인들은 굶어 죽었다. 비록 그들이 빵을 위해 기도했을 때에도 그들이 요청하는 대로 하나님께서는 응답하시지 않으셨다. 그것은 하나님께서 "일용할 양식"에 대한 그들의 요청을 듣지 않으셨다는 의미인가? 그것은 하나님께서 우리가 "구하라 … 찾으라 … 두드리라"라고 하신 약속에 대해 눈을 닫으신 것인가?

아니다. 하나님께서는 우리 모두가 죽을 시간, 모두가 집에 가서 하나님을 만날 시간을 가지고 계신다. 하나님의 섭리에서 어떤 기독교인들은 굶어 죽거나 또는 옷을 걸치지 않은 채로 죽을지도 모른다(이 생활에서 버림받은 것처럼 보이는 사람들을 위해 히브리서 11:35~39를 보라).

여러분은 항상 주기도문의 첫 간청과 함께 "일용할 양식"에 대한 요청으로 앞부분을 시작하라(예를 들면 여러분이 필요로 하는 것을 주신 데 대해 하나님의 이름이 거룩히 여김을 받으시옵소서). 여러분이 필요로 하는 것을 받음으로써 하나님을 영광되게 하고자 할 때 여러분은 하나님께로 향하는 결과들을 남겨야 한다.

우리에게 필요한 것들은 언젠가 한번 주어질 것이다

"오늘날 우리에게 일용할 양식을 주옵시고"라는 간청은 매우 간단하면서 이해할 만한 진리를 가지고 있다. 우리는 매일 매일을 살아간다. 우리는 매일 필요하기 때문에 매일 먹는다. 그래서 여러분이 "오늘날 우리에게 주옵시고"라고 기도할 때 여러분은 하나님 아버지께 언젠가 한번 하나님과 함께 산책할 것이라고 이야기하는 것이다.

"오늘날"이라는 단어는 여러분 생활의 특징이 되는 매일의 인내심을 강조한다. 여러분은 내일이 오기 전에 내일의 문제에 직면하기 때문에 불안감으로 스트레스를 받는 사람들을 생각해 보라. 여러분이 걱정하는 대부분의 문제들이 일어나지 않는다는 것은 사실이 아니지 않는가? 그래서 예수님께서는 여러분에게 인생을 사는 아름다운 방법을 주셨다. 여러분이 "오늘날"에 대한 양식을 위해 기도할 때 여러분은 언젠가 단한번으로 살겠다는 생각을 하나님께 이야기하는 것이다.

여러분이 "오늘날"을 위한 양식을 위해 기도할 때 여러분은 하나님에 대한 궁극적인 믿음을 표현하고 있다. 여러분은 하나님은 여러분의 아버지이시고 여러분은 하나님의 자식이라는 것을 인식하고 있다. 정원에서 놀고 있는 어린 아이들을 생각해 보라. 세 발 자전거를 타고 노는 것은 아름다운 봄날의 정경이다. 그 어린이들은 누가 자전거를 사 주었는지에 대해 생각하지 않고 자전거를 탄다. 그들은 누가 잔디밭을 가꿀 것인지에 관해 생각하지 않고 뛰어 돌아다닌다. 그들은 충분히 수확하기 위해 봄에 누가 곡식을 심고 여름에 가꿀 것인지에 대해 생각하지 않고 샌드위치를 먹는다. 식탁 위에 양식을 두는 것은 아버지의 일이다. 어머니는 접대를 한다. 자식들은 그들의 부모를 믿기 때문에 거의 걱정이 없다. 여러분이 "오늘날"을 위한 양식을 위해 기도할 때 여러분은 하늘에 계신 여러분의 아버지가 여러분이 필요로 하는 것을 주실 것이라는 궁극적인 믿음을 가지는 것이다.

아직 어떤 일이 일어나지 않았는가에 대해서는 걱정하지 마라. 왜? 내일에 관해 걱정하는 것은 하나님께서 내일의 "양식"을 주실 수 있다는 것에 대해 여러분이 확신하지 못한다는 것을 이야기하는 것이기 때문이다. "걱정"은 의심을 위한 또 다른 단어이다. 여러분이 하나님께서 주시는 것에 대해 걱정할 때 여러분은 하나님의 돌보심에 대해 의심한다.

내일에 대해 걱정하는 것과 내일을 위해 계획하는 것에는 차이가 있다. 성서에서는 "개미는 힘이 없는 종류로되 먹을 것을 여름에 예비하기 때문에"(잠언 30:24, 25) 개미를 "가장 지혜로운" 것이라고 부른다.

우리는 모든 것을 요청할 필요는 없으나 모든 것에 관해 기도해야 한다

주기도문은 "우리에게 오늘날 양식, 옷, 우리 머리 위에 있는 지붕, 그리고 어린이들을 위한 신발을 주옵소서"라고 하지 않는다. 양식은 우리의 모든 욕구를 나타내는 상징어이기 때문에 오직

"우리에게 일용할 양식을 주옵시고"라고 기도할 것을 명하고 있다. 여러분은 여러분의 욕구에 관해 기도해야 하나 하늘에 계신 아버지께 잡화 품목들을 불쑥 꺼내어 열거할 필요가 없다. 예수님께서는 주기도문을 기도할 때 그 이유를 우리에게 주신다. "구하기 전에 너희에게 있어야 할 것을 하나님 너희 아버지께서 아시느니라"(마태복음 6:8).

명백하게 우리는 가슴에 많은 욕구들을 가지고 있는지도 모른다. 우리가 하나님께로 올 때 우리는 우리의 관심사들을 하나님께 이야기해야 한다. 성서의 구절들은 하나님께 이러한 욕구들을 충족시켜 달라고 우리가 구해서는 안 된다고 말하고 있지 않다. 그것은 "여러분이 구하기 전에" 하나님께서 이러한 욕구들을 알고 계신다고 이야기함으로써 정반대인 것을 암시한다.

건강이 좋을 때 우리는 좋은 건강을 구하지 않는다. 하나님께서는 우리에게 좋은 건강이 필요하다는 것을 알고 계신다. 우리는 좋은 건강, 좋은 일, 생활에서 즐길 만한 것들을 주신 데 대해 하나님께 감사해야 한다.

일용할 양식을 위해 매일 얼마나 많은 빵을 만들어야 하나? 하나님께서는 우리가 **필요로 하는 모든 것** 또는 우리가 **원하는 모든 것**을 주시는가? 우리는 생활 필수품을 구하기 위해 기도할 수 있으나 어디에서도 사치품을 구하기 위해 기도하라고 듣지 않는다. 우리는 "일용할 양식"을 위해 기도하라는 명령은 받으나 딸기 케이크를 달라고 기도해야 하는가?

잠언서는 생활의 원칙에 관해 대답을 준다. "나로 가난하게도 마옵시고 부하게도 마옵시고 오직 필요한 양식으로 내게 먹이시옵소서"(잠언 30:8).

우리는 얼마나 많이 기도해야 하는가? 일용할 양식은 하루를 지내는데 충분하다. 잠언의 저자는 "필요한" 양식에 관해 이야기하고 있는데 이는 오늘날에도 충분하다. 여러분은 일주일의 생활용품을 사기 위해 편의점에 가지 않는다. 여러분은 단지 오늘 또는 한 끼의 식사를 위해 편의점에 간다. 편의점은 하루의 필요한 것들을 제공해 준다.

우리는 왜 일용할 양식을 위해 기도해야 하는가? 잠언의 저자는 계속해서 "혹 내가 배불러서 하나님을 모른다 여호와가 누구냐 할까 하오며 혹 내가 가난하여 도적질하고 내 하나님의 이름을 욕되게 할까 두려워함이니이다"(잠언 30:9)라고 말하고 있다. 그래서 우리는 하나님을 잊지 않도록 내일의 양식에 초점을 맞추어서는 안 된다. 우리가 너무 많은 양식을 가지고 있을 때 우리는 양식의 원천인 하나님이 누구이신지를 잊는다.

미국인들은 매우 부유해지게 되었고 부유해지면 해질수록 교회에 거의 가지 않고 기도도 하지 않으며 간음, 거짓말, 도적질 또는 다른 십계명의 계율들에 관한 하나님의 법칙들을 깨는 것에 관해 거의 두려워하지 않는다. 만약 미국인들이 1920년대의 대공황에서처럼 가난하고 다시 배고파진다면 "오늘날 우리에게 일용할 양식을 주옵시고"라고 하나님께 울부짖을 것이다.

그러나 잠언의 저자는 "필요한 양식으로 내게 먹일 것"을 이야기했다. 일용할 양식이 없으면 그는 가난하여 도적질하고 하나님의 이름을 욕되게 할까 두려워했다. 우리가 충분한 양식을 가지고 있지 않으면 우리의 배고픔은 우리를 몰아 세워서 우리에게 필요한 것을 주시는 하나님을 부인하게 할 수 있다.

비록 미국인들은 물리적으로 굶지는 않는다 하더라도 우리는 다른 방식으로 굶는다. 우리는 정신적으로 굶으며 도적질하기 때문에 거짓말과 질투심이 서로를 다치게 한다. 우리가 우리의 기준들을 타협하여 우리 사회에서 하나님의 올바른 위치를 부인할 때 우리는 성격에서 굶주린다. 우리가 사랑, 존경심과 서로 간의 우정을 부인할 때 우리는 가족에서 굶주린다.

10대의 소년으로서 나는 캠프에서 '**언젠가 한 번, 달콤한 예수님**(one day at a time, sweet Jesus)'이라는 진리를 가르쳐 주는 노래를 배웠다.

그러나 젊었을 때 나는 내가 부르는 노래의 의미를 충분히 몰랐다. 그 노래는 즐거운 곡조였으나 주기도문에서 나오는 기도를 가지고 있었다. 내가 언젠가 한번 살도록 가르쳐 주십시오.

기도 체크 리스트(PRAYER CHECKLIST)			
오늘날 우리에게 일용할 양식을 주옵시고 여러분이 필요해서 기도해야 하는 것들을 열거하라	생활(수준)은 어떠한가?(한 가지만 체크하라)		
	저	중	고
1.			
2.			
3.			
4.			
5.			
6.			
7.			

일지쓰기(Journaling)

여러분이 기도할 때 요청 사항들을 기록하는 것은 좋은 훈련이다. 어떤 사항에 대해 하나님께서 응답을 하셨으며, 왜 하나님께서 응답하셨는가? 하나님께서는 어떤 요청들에 대해서 명백하게 응답하시지 않았는가? 하나님께서 왜 어떤 기도들에는 응답을 하시지 않았는지를 여러분 자신에게 설명하면서 쓰도록 하라. 응답된 것과 응답되지 않은 것을 비교하라. 여러분은 무엇을 배울 수 있는가?

1. 여러분이 필요해서 기도하는 것들에 관해 쓰도록 하라. 여러분이 응답을 받았을 때 그 필요로 한 것들을 체크하라.
2. 여러분이 지난 주, 지난 달, 지난 해에 받았던 기도에 대한 가장 큰 응답의 목록을 작성하라. 왜 하나님께서는 체크 리스트에 있는 어떤 기도들에는 응답하시고 또 어떤 기도들에는 응답하시지 않으셨는가?
3. 여러분이 지난 주, 지난 달, 지난 해에 응답을 받지 못했던 기도는 무엇인가? 응답받지 못했던 기도에서 여러분이 배웠던 것은 무엇인가?
4. 하나님께서 여러분의 기도에 응답하셨을 때 여러분의 기분은 어떠했는지, 그리고 하나님께서 응답하시지 않는 것처럼 보였을 때 여러분의 기분은 어떠했는지를 서술해 보라.
5. 무엇인가를 얻기 위해 기도함으로써 사람과 하나님

의 영광에 관해 여러분이 배웠던 것은 무엇인가?

3단계 성서 연구 :
필요한 것을 위해 기도하기

다음의 성서 연구는 여러분이 필요한 것을 위해 기도하도록 안내할 것이다. 1단계 - 질문을 읽고 대답하도록 하라. 2단계 - 상자 안의 성서 구절을 읽고 하나님의 말씀은 그 질문에 어떻게 대답하고 있는지를 결정하라. 3단계 - 밑줄친 빈칸에 답을 써라.

1. 왜 여러분이 요청하는 기도 중 어떤 것은 응답을 받지 못하는가?

> "너희가 얻지 못함은 구하지 아니함이요 구하여도 받지 못함은 정욕으로 쓰려고 잘못 구함이라." - 야고보서 4:2, 3

_____
_____
_____

2. 여러분의 기도가 응답을 받지 못하는 주요한 상황은 무엇인가?

> "하나님이 죄인을 듣지 아니 하시고 경건하여 그의 뜻대로 행하는 자는 들으시는 줄을 우리가 아니이다." - 요한복음 9:31

_____
_____
_____

3. 왜 우리는 하나님께 특별한 요청을 하는가?(구하라 … 찾으라 … 문을 두드리라의 의미는 무엇인가?)

> "구하라, 그러면 너희에게 주실 것이요. 찾으라 그러면 찾을 것이요. 문을 두드리라 그러면 너희에게 열릴 것이니 구하는 이마다 얻을 것이요 찾는 이가 찾을 것이요 두드리는 이에게 열릴 것이니라." - 마태복음 7:7, 8

_____

_____

_____

4. 어떤 권위에 의해서 여러분은 필요한 것을 위해 기도하는가?

> "너희가 내 이름으로 무엇을 구하든지 내가 시행하리니 이는 아버지로 하여금 아들을 인하여 영광을 얻으시게 하려 함이라. 내 이름으로 무엇이든지 내게 구하면 내가 시행하리라." - 요한복음 14:13, 14

_____

_____

_____

5. 여러분이 필요한 것을 위해 기도할 때 여러분의 태도는 어떠해야 하는가?

> "너희가 내 안에 거하고 내 말이 너희 안에 거하면 무엇이든지 원하는대로 구하라. 그리하면 이루리라." - 요한복음 15:7

_____

_____

_____

6. 기독교인 성격의 과실과 기도에 대한 응답을 얻는 것과의 사이에는 어떤 관계가 있는가?

> "너희가 나를 택한 것이 아니요 내가 너희를 택하여 세웠나니 이는 너희로 가서 과실을 맺게 하고 또 너희 과실이 항상 있게 하여 내 이름으로 아버지께 무엇을 구하든지 다 받게 하려함이니라." - 요한복음 15:16

___
___
___

7. 필요한 것을 위해 기도하는 데 있어서 믿음이나 담대함의 역할은 무엇인가?

> "그를 향하여 우리의 가진 바 담대한 것이 이것이니 그의 뜻대로 무엇을 구하면 들으심이라. 우리가 무엇이든지 구하는 바를 들으시는 줄을 안즉 우리가 그에게 구한 그것을 얻은 줄을 또한 아느니라." - 요한일서 5:14, 15

___
___
___

8. 여러분은 요청을 위해 얼마동안 기도해야 하는가?

> "항상 기도하고 낙망치 말아야 될 것을 저희에게 비유로 하여" - 누가복음 18:1

___
___
___

9. 여러분이 하나님의 조건들을 충족시킬 때 기도에서 여러분은 무엇을 기대하는가?

> "믿음이 없이는 기쁘시게 못하나니 하나님께 나아가는 자는 반드시 그가 계신 것과 또한 그가 자기를 찾는 자들에게 상 주시는 이심을 믿어야 할지니라." - 히브리서 11:6

_____
_____
_____

LORD'S PRAYER

주기도문을 기도할 수 없는 사람들

여러분이 예수님을 모르면 … 여러분은 "우리 아버지"라고 기도할 수 없다

여러분이 스스로를 영광되게 하면 … 여러분은 "이름이 거룩히 여김을 받으시오며"라고 기도할 수 없다

여러분이 하나님의 통치를 거절하면 … 여러분은 "나라이 임하옵시며"라고 기도할 수 없다

여러분이 순종하지 않으면 … 여러분은 "뜻이 이루어지이다"라고 기도할 수 없다

여러분의 생활이 오직 현재의 이곳만을 위한 것이라면 … 여러분은 "하늘에서 이룬 것 같이 땅에서도"라고 기도할 수 없다

여러분이 자급자족한다면… 여러분은 "우리에게 일용할 양식을 주옵시고"라고 기도할 수 없다

여러분이 용서하지 않는다면 … 여러분은 "우리 죄를 사하여 주옵시고"라고 기도할 수 없다

여러분이 죄를 짓는다면 … 여러분은 "우리를 시험에 들게 하지 마옵시고"라고 기도할 수 없다

여러분이 악마의 친구라면 … 여러분은 "악에서 구하옵소서"라고 기도할 수 없다

여러분이 자신의 나라를 건설한다면 … 여러분은 "나라가 아버지께 있사옵니다"라고 기도할 수 없다

여러분이 권세를 원하면 … 여러분은 "권세가 아버지께 있사옵니다"라고 기도할 수 없다

여러분이 항상 영광을 받으면 … 여러분은 "영광이 아버지께 있사옵니다"라고 기도할 수 없다

하늘에 계신 우리 아버지여,
이름이 거룩히 여김을 받으시오며, 나라이 임하옵시며,
뜻이 하늘에서 이룬 것같이 땅에서도 이루어지이다.
오늘날 우리에게 일용할 양식을 주옵시고,
우리가 우리에게 죄 지은 자를 사하여 준 것같이
우리 죄를 사하여 주옵시고,
우리를 시험에 들게 하지 마옵시고,
다만 악에서 구하옵소서.
대개 나라와 권세와 영광이 아버지께 영원히 있사옵나이다.
아멘.

8. 다섯 번째 간청 :
우리 죄를 사하여 주옵시고

죄 사함을 받고 깨끗한 기분을 느끼기

존(John)은 새로 만든 고무줄 새총을 시험 삼아 쏘아 보려고 했다. 그 소년은 농장의 울타리에 있는 양철 깡통에 걸터 앉아 연습을 했으나 매번 실패했다.

고무줄 새총은 직접 만든 것이었으나 그다지 정확하지 않았다. 존은 나무에 있는 새를 향해 쏘았으나 맞지 않았다. 그 소년은 겨우 초등학교 4학년이었다. 소년은 토끼를 향해 쏘았으나 이번에도 실패였다. 존은 매우 좌절하게 되었다.

할머니께서 저녁 먹으라고 그를 불렀다. 집으로 돌아가는 길에 소년은 할머니가 좋아하는 오리를 향해 쏘았다. 그리고 그 순간 그는 목표물을 맞추었다. 총알은 정확히 오리의 머리에 맞아서 그 오리는 죽었다.

마당엔 아무도 없었다. 존은 사방을 둘러 보고는 아무도 그를 본 사람이 없다는 것을 알았다. 재빨리 그 소년은 오리를 묻기 위해 삽을 쥐고 헛간 뒤로 뛰었다.

저녁 식사 후 할머니께서는 샐리(Sally)에게 설거지를 하라고 말씀하셨다. 샐리는 그의 동생인 존이 설거지를 했으면 좋겠다고 말했다. 그리고 그의 동생에게 "오리를 기억해"라고 말했다.

명확하게 샐리는 무슨 일이 일어났는지를 보았고 그녀의 동생에게 공갈협박을 했다. 존은 설거지를 했다.

다음 날 아침 할머니가 샐리에게 현관 청소를 하라고 이야기했을 때 그녀는 존이 현관 청소를 했으면 좋겠다고 말했다. 그리고는 존에게 "오리를 기억해"라고 다시 속삭였다.

그 주 내내 샐리는 동생에게 공갈협박을 하여 집 주변의 일을 하게 했다. 그녀는 존에게 허드렛일을 시킬 때마다 "오리를 기억해"라고 속삭였다.

존이 더 이상 죄의식을 참지 못하게 되었을 때 그는 마침내 할머니에게 자기가 할머니가 좋아하는 오리를 죽였다고 고백했다. 할머니는 "내가 설거지를 하다가 창 너머로 거위를 맞추는 것을 보았다. 나는 네가 그럴 뜻이 없었던 것을 알고 있다. 나는 겁에 질린 네 얼굴을 볼 수 있었다"라고 대답하셨다. 그리고 할머니는 "나는 네가 그렇게 한 순간 너를 용서했다. 그러나 네가 나에게 그 사실을 말하기 전에 죄의식으로 얼마나 오래갈지 의문스러웠다"라고 존에게 말씀하셨다.

많은 기독교인들은 존과 같다. 우리는 무언가 무서운 죄를 범하고 어떤 사람들은 이 세상의 "샐리"처럼 우리를 속박한다. 다른 사람들에게 있어서 샐리는 내부적이다. 우리는 우리 자신의 죄에 묶여 있다.

많은 새로운 기독교인들은 그들의 쇼핑 목록을 가지고 하나님 앞으로 뛰어 가서 "제게 이것을 주시옵소서" "제게 저것을 주시옵소서"라고 구하기 시작한다. 이것은 비록 여러분이 하나님께 필요한 것들을 구할 수 있지만 주기도문을 시작하는 방법이 아니다.

다른 기독교인들은 "죄송합니다…" 또는 "저를 용서해 주시옵소서…"라고 기도를 시작한다.

그들은 죄의식을 가지고 있기 때문에 고백으로 시작하고 싶어한다. 많은 죄들이 하나님과의 관계를 방해하지만 그것이 주기도문을 시작하는 방법은 아니다.

우리가 본 것처럼 여러분은 첫번째로 "이름이 거룩히 여김을 받으시오며"라고 하나님을 경배하라. 두 번째로 "하나님의 나라가 이 땅의 제 생활에 오시옵소서"라고 하면서 하나님 나라의 법칙들에 의해 살고자 노력하라. 세 번째 "뜻이 이루어지이다"라고 하면서 하나님의 인도를 구하라. 여러분은 영적인 생활에 대한 물리적인 생활을 가져야 하기 때문에 네 번째 간청은 "오늘날 우리에게 일용할 양식을 주옵시고"이다.

여러분이 이와 같은 네 가지 방법으로 기도했을 때 여러분은 여러분 생활에서의 죄를 직면할 준비가 되어 있다. 다섯 번째 간청은 "우리 죄를 사하여 주옵시고"인데 이는 여러분을 "우리" 간청으로 이끌어 준다. 여러분은 "우리 죄를 사하여 주옵시고" 그리고 "우리를 시험에 들게 하지 마옵시고", 그리고 마지막으로 "악에서 구하옵소서"라고 기도하라.

이 장에서는 하나님과의 관계를 방해하는 죄에 관해 다루고 있다.

여러분이 "우리 죄를 사하여 주옵시고"라고 기도할 때 여러분은 기독교 생활의 다섯 가지 요소들을 알고 있다.

> **우리 죄에 관한 다섯 가지 중요한 사실들**
>
> 1. 하나님의 자식들은 죄를 짓는다
> 2. 하나님의 자식들은 죄를 지은 후에 걱정을 한다
> 3. 하나님의 자식들은 그들의 죄에 대해 무엇인가를 해야 한다
> 4. 하나님께서는 용서하실 것이다
> 5. 남을 용서하는 것 역시 중요하다

여러분이 "우리 죄를 사하여 주옵시고"라고 기도할 때 이것은 지옥에 떨어질 것 같은 심한 죄의식을 가진 비기독교인들처럼 구원을 애원하는 것이 아니다.

여러분이 "우리 죄를 사하여 주옵시고"라고 기도할 때 여러분은 여러분의 죄로 말미암아 모든 희망이 사라지고 그리스도의 밖에서 죽는 것이 두렵다고 말하고 있는 것이 아니다.

여러분이 "우리 죄를 사하여 주옵시고"라고 기도할 때 여러분은 하나님의 기대에 못 미치게 살고 있는 하나님의 자식으로서 기도하는 것이다. 여러분은 하늘에 계신 여러분의 아버지께 "죄송합니다"라고 이야기함으로써 하나님과의 관계를 다시 가질 수 있다.

"우리 죄를 사하여 주옵시고"는 죄지은 자가 하나님께 구원을 위해 오는 '**최초의 용서**'(initial forgiveness)가 아니다. 많은 사람들이 이 기도는 하나님께서 그들을 기독교인으로 만들어 주실 것을 구하는 것이라고 잘못 생각하고 있다. 그렇지 않다! 여러분이 "우리 죄를 사하여 주옵시고"라고 기도할 때 여러분은 이미 하나님을 "우리 아버지"라고 부른 기독교인이다. 여러분은 이미 왕의 자식이고 여러분은 하나님 나라 안에 있다.

여러분이 "우리 죄를 사하여 주옵시고"라고 기도할 때 여러분

은 '부모의 용서(parental forgiveness)'를 요청하고 있다. 여러분은 하나님 아버지의 아들이기 때문에 여러분은 자연적으로 하나님과 관계를 가진다. 여러분은 구원으로 새로운 피조물이 되었다(고린도후서 5:17을 보라).

한 어린이가 아버지가 하지 말라고 한 일을 아버지 등 뒤에서 몰래 한다고 가정해 보자. 그 아버지는 더 이상 그 아이의 아버지가 아닌가? 대답은 명백하게 '아니다!' 이다. 그 아이는 원래 태어날 때부터 그 아버지 가족의 한 구성원이다. 아버지 말에 복종하지 않는다고 해서 **부자관계**가 깨지는 것은 아니나 아버지와 아들 간의 친분은 깨진다. 그 관계는 본래대로이나 아버지는 실망한다.

우리는 태어나면서 하늘에 계신 우리 아버지의 자식들이 되었다. 자식들이 나쁜 길로 갈 때 땅위의 아버지들이 실망하듯이 하나님의 자식들이 복종하지 않을 때 하나님의 마음은 상심하게 된다. 의심할 바 없이 우리는 죄 의식을 느낀다. 우리는 하나님의 이름을 욕되게 해 왔다. 그러나 여러분이 "우리 죄를 사하여 주옵시고"라고 기도할 때 우리는 하나님 아버지께 **우리와 하나님과의 관계**를 회복해 주시기를 요청하는 것이다.

하나님의 자식들은 죄를 짓는다

주기도문은 하나님의 자식들이 하나님의 뜻대로 항상 행동하는 것은 아니라고 우리에게 가르친다. 하나님 아버지께서는 자식들에게 "너희도 온전하다"(마태복음 5:48)라고 말씀하신다. 그것은 친구들에게 "내 자식들은 완전한 천사들이야"라고 자랑하는 엄마와 같다. 가능성이 있다는 것을 엄마는 더 잘 안다. 엄마가 "식사

전에 콜라는 안 돼"라고 말했기 때문에 자식들이 냉장고에서 몰래 콜라를 꺼내다가 쏟아서 엄마는 그것을 치우느라고 점심 오찬에 늦었다.

땅위의 아버지는 성서에서 "나의 자녀들아, 내가 이것을 너희에게 씀은 너희로 죄를 범치 않게 하려 함이라"(요한일서 2:1)라고 말하는 것처럼 "나쁜 짓을 하지 마라"라고 아들에게 말한다. 여러분이 "우리 죄를 사하여 주옵시고"라고 기도할 때 여러분은 여러분이 죄를 짓고 있다는 것을 인정하고 있는 것이다. "모든 사람이 죄를 범하였으매"(로마서 3:23)처럼 어떤 사람도 완전하지 않다. 우리는 죄를 지어서 여러 가지 면에서 하나님 아버지와의 관계를 깨뜨리고 있다.

첫째, 우리는 하나님께 불복종함으로써 하나님과의 친분을 깨뜨린다.

아버지가 아들에게 세차를 하고 마루 바닥을 청소하라고 이야기했다. 그러나 아들은 잊고 그 일을 게을리했다. 아들이 데이트를 하기 위해 아버지에게 차를 빌려 달라고 부탁했을 때 현명한 아버지는 "안 돼"라고 말했다. 아버지는 아들에게 "너는 내가 이야기한 대로 세차하지 않았기 때문에 너는 차를 빌릴 수 없어"라고 가르쳐 줄 교훈을 가지고 있다.

둘째, 우리가 하나님의 명령과 반대되는 일을 할 때 우리는 하나님과의 친분을 깨뜨린다.

아버지는 그의 아들에게 가족용 차를 주고 심부름을 보냈다. 그는 아들에게 "조심해라 그리고 세차를 하고 생활용품도 사 오너라"라고 이야기했다. 그러나 아들은 자동차 바퀴의 흙받이를 떨어뜨리고 진흙길로 달렸으며 차 실내 바닥에 햄버거를 쌌던 종이를 그대로 두었다. 아들은 생활용품 사 오는 것도 잊었다. 그는 아버지가 이야기한 것과 정반대의 행동을 했다. 그리고 데이트를 위해 차를 빌려 달라고 했을 때 아버지에게서 그 아들은 똑같은 소리를 들었다.

"안돼, 너는 부주의하고 세차도 하지 않았어"라고 아버지는 대답한다.

셋째, 우리는 하나님을 무시함으로써 하나님과의 친분을 깨뜨린다. 아들은 가족 식사에 결코 오지 않고 아버지와 함께 어디에도 가지 않으며 일반적으로 아버지를 무시한다. 아들에게 멋진 데이트를 할 시간이 올 때 아들은 가족용 차를 빌려 달라고 부탁한다.

"안돼, 너는 우리에게 중요한 그 시간에 가족과 함께 시간을 보내지 않았어. 네가 즐거운 시간을 가지는데 내가 왜 도와 주어야 하지?"라고 아버지는 대답한다.

세 명의 아들들은 모두 그들의 아버지를 실망시켰다. 그러나 아직도 그들은 아버지의 아들이고 그들의 행동이 부자관계를 깨뜨린 것은 아니다. 그러나 그들은 아버지와의 친분을 깨뜨렸다.

사랑을 가진 아버지라면 자식들이 "죄송해요"라고 이야기하고 또 세차를 하든지 또는 차에 왁스를 바른다든지 하는 태도의 변화를 보여 줄 때 어쩌면 차를 빌려 줄 것이다.

여러분이 "우리 죄를 사하여 주옵시고"라고 기도할 때 여러분은 하나님의 마음을 아프게 했던 큰 반역뿐만 아니라 주변에서 몰래 했던 사소한 일들에 대해서도 용서해 주실 것을 구하는 것이다. 여러분은 하늘에 계신 아버지의 마음을 상하게 하길 원하지 않는데 그것은 여러분이 재미있고 새롭거나 다르며 또는 지루함을 덜어 준다고 생각하는 것을 하기 원하는 것과 똑같다. 여러분은 여러분 자신만을 위해 하고 싶어하는 일을 하기 원한다.

여러분이 "우리 죄를 사하여 주옵시고"라고 기도하는 한 가지 이유가 있다. "죄"라는 단어는 우리가 남에게 얼마만큼 빚지고 있는가를 보여 준다. 빚은 채무이다. 그래서 여러분은 정말로 "우리의 채무를 사하여 주옵소서"라고 기도하고 있다.

여러분이 돈을 빌리면 그 돈을 상환해야 할 채무를 가진다. 여러분이 어떤 사람의 차의 범퍼를 들이받는다면 여러분은 그 범퍼를 수리해 주어야 할 의무를 가진다. 여러분이 누군가의 새 코트에 밀크 쉐이크를 쏟는다면 여러분은 그 옷을 세탁해 주어야 할 의무를 가진다. 마찬가지로 여러분이 하나님께 죄를 짓는다면 하나님에 대한 의무를 가진다.

왜 주기도문에서는 "죄"라는 단어로서 sins 대신에 obligations나 debts 라는 단어를 사용하는가?

죄(sin)라는 신약성서 상의 단어가 가지는 기본적인 의미는 "표적을 못맞히다"이다. 예수님께서는 "우리 죄(sin)를 사하여 주옵시고"라고 기도하라고 말씀하시지 않았다(즉, 우리가 표적을 못 맞히더라도 우리의 실패는 우리가 기독교인이 되었을 때 용서될 수 있기 때문이다).

예수님께서는 "우리의 도덕적인 죄(transgressions : 예를 들어 우리가 무자비하게 하나님께 반항하는 것 따위)를 사하여 주옵시고"라고 기도하라고 말씀하시지 않았다. 우리의 반항은 우리가 기독교인이 되어 회개할 때 용서받을 수 있다.

예수님께서는 "우리의 불법(lawlessness : 예를 들어 하나님의 법률에 대한 경시)을 사하여 주옵시고"라고 기도하라고 말씀하시지 않았다. 그것은 우리가 하나님의 완전한 법을 알게 될 때 우리가 얼마나 하나님께 복종하는가를 깨닫기 때문이다.

예수님께서는 "우리 고난의 순간들(moments of passion : 예를 들어 우리가 미끄러지거나 넘어지는 때)을 사하여 주옵시고"라고 기도하라고 말씀하시지 않았다. 그것은 "우리도 빛 가운데 행하면 … 그 아들 예수의 피가 우리를 모든 죄에서 깨끗하게 하실 것이요"(요한일서 1:7)이기 때문이다. 그 깨끗하게 하심은 자동적이다.

예수님께서는 "우리의 사악함(wickedness)을 사하여 주옵시고"라고 기도하라고 말씀하시지 않았다. 그 죄는 우리가 기독교인이 될 때 용서된다.

주기도문은 "우리 죄(debts)를 사하여 주옵시고(예를 들면 우리의 의무)"라고 말하고 있다. 그것은 우리의 죄(sins)뿐만 아니라 우리가 야기한 결과인 의무(obligations)도 용서 받을 필요가 있기 때문이다.

여러분이 매우 화가 나서 여러분 자식의 따귀를 때릴 때 그것은 하나님께 죄를 짓는 것이고 자식에게도 죄를 짓는 것이다. 하나님께서는 여러분의 분노를 용서하시나 여러분의 자식들은 어떤가? 여러분은 자식에게 용서를 구할 의무를 가진다. 그래서 우리가 우리의 채무자를 용서하듯이 여러분은 "우리의 죄(debts), 의무(obligation)를 사하여 주옵소서"라고 기도한다.

예수님께서는 다른 사람들을 포함하는 죄(sins) 때문에 "우리 죄(debts)를 사하여 주옵시고"라고 기도하도록 가르치셨다. 죄(a debt)는 벌금 규정을 포함하는 죄(sin)이다. 여러분이 계약서에 서명을 할 때 위약시의 규정을 읽어라. 그 위약 규정은 여러분이 서명하는 것보다 더 많은 돈을 여러분에게 부과할 수 있다.

여러분이 거짓말을 할 때 그것은 여러분과 다른 사람의 자존심을 상하게 하고 하나님께 죄를 범하는 것이다. 여러분이 거짓말을 할 때 위약 규정은 여러분이 누군가에게 가서 사과해야 할 의무를 지고 있다는 의미이다.

만약 여러분이 배우자를 속였다면 여러분은 자신의 감정을 상하게 하고 십계명의 하나를 지키지 않는 것이며 여러분의 배우자에 대한 의무를 깨버리는 것이다. 그래서 여러분은 "제 아내에 대한 죄(debt), 의무(obligation)를 사하여 주옵시고"라고 기도하라.

주기도문은 완전하다. 예수님께서는 용서에 대해 완전한 단어를 선택하셨다. 그것은 사함을 받아야 할 우리의 죄(debt), 의무(obligation)이다.

죄에 대한 신약성서상의 여섯 가지 단어

단어	그리스어	의미	설명	성서
1. 죄 (sin)	harmartia	표적을 못 맞히다	잘 하지 못하는 능력	로마서 3:23
2. 도덕적인 죄 (Transgress)	parabaino	선을 넘다 지나치다	제약이 없음	요한이서 9
3. 불법 (Lawlessness)	anomia	공개적으로, 악명 높게 거절하다	법에 대한 경시	요한일서 3:4
4. 과실 (Trespass)	paraptoma	미끄러지거나 넘어지다	고난의 순간	마태복음 6:14
5. 죄 (Debt)	opheilema	빚진것, 의무	죄(sin)의 결과	마태복음 6:12
6. 사악함 (Wickedness)	poneria	사악한 욕망	부정함	마태복음 22:18

하나님의 자식들은 죄를 지은 후에 걱정을 한다

모든 사람들이 하나님 아버지께 순종하지 않을 때 죄의식을 느끼는 것은 아니다. 어떤 사람들은 하나님의 이름을 욕되게 하고 웃는다. 어떤 사람들은 기분이 좋기 때문에 간음을 한다. 어떤 사람들은 자신이 빠져 있는 문제들을 숨기기 위해 술을 마신다. 좀 더 재미있는 경험을 위해 집을 떠나는 방탕한 아들이 언제나 있다. 그는 아버지에게서 등을 돌리고 외관상으로 절대로 뒤돌아 보지 않는다.

그러나 여러분이 하나님의 아들이라면 여러분은 죄를 지을 수 없다. 적어도 여러분은 계속 죄를 지을 수 없으며 어떤 내적인 죄의식으로 괴로워하지 않는다.

어떤 젊은 중국 소녀가 선교사들이 선교 사업으로 바쁜 동안 집안 청소를 하기 위해 고용되었다. 그러나 그 소녀는 사소한 것들을 훔치곤 했다. 그것은 문화적인 것이었다. 그녀의 미신적인 종교는 그녀가 선교사의 소지품을 가질 때 선교사의 정신을 가진다고 가르쳤다. 그래서 그녀는 단추, 손수건, 브로우치 등의 개인적인 물건들을 훔쳤다. 선교사들은 그녀가 한 행동을 알았다. 그녀는 훔치는 것에 대한 죄 의식을 가지지 않았다. 설사 있다 하더라도 그것은 소중한 문화적인 행동이었다.

때마침 그녀는 종교를 바꾸어 기독교인으로 성장하게 되었다. 그녀는 다른 기독교인들처럼 훔쳐서는 안 된다는 가르침을 받았다.

어느 정도의 시간이 지난 후에 그 가정부 소녀는 목에 거는 작은 금 상자를 보았다. 그것이 선교사에게 매우 중요한 것이라는 것을 안 그녀는 유혹을 받았다. 그녀는 그 상자를 원했고 훔치려고 했다. 그녀는 마침내 그것을 훔쳤다.

선교사들이 깊이 잠든 한밤중에 그 소녀는 되돌아 와 문을 주먹으로 탕탕 쳤다. 선교사들이 문을 열었을 때 그녀는 뛰어 들어와서 바닥에 그 상자를 던지고는 흐느껴 울면서 말했다. "저는 기독교인이 아니에요!" 울면서 그녀는 계속 "죄송해요"라고 말했다. 선교사의 아내는 선교사를 침대로 돌려 보냈다. 그리고 사랑의 정신으로 하나님의 성격을 가지는 것이 무엇을 의미하는지에 대해 그 중국 소녀에게 설명했다. 그 소녀가 기독교인이기 전에 훔쳤을 때는 도둑질이 그녀를 괴롭히지 않았다. 그러나 이제 그녀는 그리스도 안에서 새로운 사람이 되었으므로 그녀는 죄의식을 느꼈다.

여러분이 하늘에 계신 아버지께 순종하지 않아서 죄의식을 가진다면 여러분은 "우리 죄를 사하여 주옵시고"라고 기도해야 한다. 여러분이 구할 때 죄 사함을 허락하시는 것이 여러분의 죄를 다루시는 하나님의 방법이다.

여러분은 어떤 시점에서 죄를 지을지도 모르나 그것을 잊어 버린다. 여러분은 언제나 완전하지 않을지도 모른다. 여러분이 하나님의 모든 뜻을 행하지 않을지도 모른다. 또는 하나님을 무시하고 순종하지 않을지도 모른다. 그러므로 알지 못하는 사이에 여러분의 생활에 끼어 드는 어떤 죄를 조심하기 위해 여러분은 매일 "우리 죄를 사하여 주옵시고"라고 기도하라. 여러분이 무의식중에 범할지도 모르는 어떤 죄에도 조심할 필요가 있다.

교만한 태도가 하나님 아버지와의 친분을 깨어 버리기 때문에 아무도 "우리 죄를 사하여 주옵시고"라고 기도하는 것을 거절해서는 안 된다. 여러분이 "우리 죄를 사하여 주옵시고"라고 기도할 때 하나님께서는 은폐되어 있거나 여러분이 알지 못하는 죄를 밝히는 데 이 기도를 사용하실지도 모른다. 그 죄는 하나님과 이야기하는 능력을 가로막을 수 있다.

> 죄는 하나님의 순결을 부정한다 : 죄가 우리를 더럽게 한다.
> 죄는 하나님의 영광을 무시한다 : 죄가 우리를 당혹스럽게 한다.
> 죄는 하나님의 명령에 순종하지 않는다 : 죄가 우리를 나무란다.
> 죄는 하나님의 법칙을 위반한다 : 죄가 우리를 범죄자로 만든다.
> 죄는 하나님의 건강을 해친다 : 죄가 우리를 병들게 한다.
> 죄는 하나님의 축복을 훔친다 : 죄가 우리를 훔친다.
> 죄는 하나님의 평화를 무너뜨린다 : 죄가 우리를 죄 짓게 한다.
> 우리는 우리 죄를 사하여 주실 것을 기도한다.

죄는 여러분에게서 하늘과 건강이라는 두 가지를 빼앗는다. 첫째, 하나님이 여러분의 아버지가 아니시라면 여러분의 죄는 여러분에게서 하나님 아버지의 하늘에 있는 집을 빼앗아 간다. 만약 여러분이 하나님 아버지의 자식이 아니라면 여러분은 예수 그리스도를 믿을 필요가 있다. 예수님께서는 "내가 곧 길이요 진리요 생명이니 나로 말미암지 않고는 아버지께로 올 자가 없느니라"(요한복음 14:6)라고 말씀하셨다.

여러분은 하나님의 자식일지도 모르나 하나님 아버지께 순종하지 아니하여 이제 죄의식을 느끼고 있다. 어느 누구도 자신에게 거짓말할 수 없기 때문에 거짓말을 하면 내적으로 메스꺼움을 느끼게 된다. 여러분은 친구, 어머니, 아내에게 거짓말할 수 있으나 여러분 자신에게는 거짓말할 수 없다. 여러분이 정신적으로 건강하다면 무엇이 진실인지를 안다. 우리는 도둑질에 사로잡힐 때 죄의식을 느낀다. 우리가 수준에 맞춰 생활하지 않을 때 죄의식을 느낀다. 진실이 없어서 우리가 거짓말에 사로 잡힐 때 우리는 당황한다. 죄는 자신에 대한 의심, 불안, 스트레스를 유발하고 더 심한 경우에는 신경 노이로제와 공포증을 가져 온다. 죄는 영혼을 병들게 한다.

여러분이 "우리 죄를 사하여 주옵시고"라고 기도할 때 여러분은 정신적인 건강에 한 발짝 다가서는 것이다. 여러분이 죄 사함을 구할 때 여러분은 여러분 자신과 하나님께 진실을 이야기하고 있는 것이다. 여러분은 여러분의 자존심과 하나님과의 관계를 회복하고 있는 것이다. 여러분이 자신에 대해 죄의식을 느낄 때 죄의식은 주변 사람과의 관계, 일, 하나님과의 산책에서 나타난다. 그러나 무엇보다도 죄의식은 지상에 있는 여러분의 가족에게 나타난다.

그러나 여러분은 기분이 더 좋아지기 위해서 또는 개인적인 힘의 증대를 위해서 "우리 죄를 사하여 주옵시고"라고 기도해서는 안 된다. 하늘에 계신 아버지와의 관계가 깨어졌다면 여러분은 그 관계를 회복하기 위해, 그리고 여러분이 그 관계를 깨뜨리지 않았다면 건강하게 유지하기 위해 기도하라. 여러분은 하나님 아버지와의 건강한 관계를 유지하기 위해 기도하라.

방탕한 아들은 가족들에게 재산의 상속을 요구했다. 그는 아버지와 형제들의 감정에 냉담했다. 그는 다른 유형의 생활을 원했다. 그는 그들에게서 등을 돌리고 뒤도 돌아보지 않고 걸어 가버렸다. 그러나 모든 것이 잘못되었다. 그는 돈, 곳곳에 있는 친구들과 자신의 자존심을 잃어 버렸다. 그는 끝으로 돼지에게 먹이를 주게 되었다. 그곳 돼지우리에서 방탕한 아들의 생각은 그의 아버지에게로 되돌아갔다. 그의 육체가 집에 돌아가기 전에 그는 아버지에 대해 생각했다.

만약 여러분이 하나님에게서 멀리 떨어져 있다면 여러분의 생각을 하나님께로 돌려라. "저의 죄를 사하여 주옵소서"라고 기도하면 집으로의 여행은 시작된다.

> **왜 "우리를 용서해 달라"고 기도해야 하는가?**
> 죄는 여러분을 울리는 마음의 상처이다.
> 죄는 여러분의 정신을 병들게 하는 바이러스이다.
> 죄는 여러분에게 병과 죽음을 야기하는 인간 육체의 오염원이다.
> 죄는 결혼을 붕괴하는 부부 간의 오해이다.
> 죄는 여러분의 성격을 파괴하는 이기적인 욕망이다.
> 죄는 우정을 깨뜨리는 의심의 동기이다.

하나님의 자식들은 그들의 죄에 대해 무엇인가를 해야 한다

여러분이 매일 "우리 죄를 사하여 주옵시고"라고 기도할 때 여러분은 여러분의 죄와 하나님 아버지와의 깨어진 사귐에 대해 무엇인가를 시작하고 있다.

할머니의 오리를 죽인 어린 소년은 할머니에게 가서 그 사실을 자백했다. 아버지의 차를 씻기를 거부한 소년은 "죄송해요"라고 말해야 했다. 선교사의 집을 청소한 소녀는 흐느껴 울면서 "죄송해요"라고 말하고 금으로 만든 작은 상자를 되돌려 주었다. 방탕한 소년이 "내 아버지의 종들도 이보다 훨씬 더 좋은 대우를 받았다"라고 말했을 때 그는 돼지우리에서 정신을 차렸다.

단순하게 "우리 죄를 사하여 주옵시고"라고 반복하거나 그 문구를 읽는 것만으로 충분하지 않다. 사도 바울은 "하나님의 뜻대로 하는 근심은 회개를 이루는 것이요"(고린도후서 7:10)라고 설명한다. 하나님의 뜻대로 하는 근심이란 여러분의 마음에서 충심껏 하는 것이며 다시 하기를 원하지 않는 것을 의미하고 있다.

도둑이 잡혀 투옥을 선고 받을 때 그는 후회한다. 그는 어쩌면 다시는 도둑질을 하지 않을 것이라고 약속할지도 모른다. 그러나 습관적으로 도둑질을 하는 도둑들은 잡혔을 때 유감스러워 한다. 그들은 하나님의 법칙 또는 인간의 법칙들을 깨뜨린 데 대해 유감스러워 하지 않는다. 이것이 다시 한번 기회가 주어진다면 도둑질을 또 하려고 하는 이유이다. 우리가 잡힌 것에 대해 유감스러워 하는 것을 사도 바울은 "세상 근심은 사망을 이루는 것이니라"(10절)라고 설명하고 있다.

"세상 근심"은 다시는 도둑질을 하지 않을 것이라고 결심하는 도둑이 경험하는 근심이다.

여러분이 매일 "우리 죄를 사하여 주옵시고"라고 기도할 때 거기에는 외적인 변화나 변화에 대한 결심이 수반되어야 한다. 마음속으로 여러분이 결정한 것은 여러분의 행동을 변화시킨다. 자식이 이 땅의 아버지에게 도로로 뛰쳐 나가서 죄송하다고 말할 때 아버지는 아들이 다시는 그러지 않기를 원한다. 이것은 그 아버지가 법률적이거나 또는 소년의 흥미를 억제하기 위해서가 아니다. 아버지는 자신의 아들이 교통사고로 다치기를 원하지 않는다.

그렇듯이 하늘에 계신 아버지께서도 우리가 내적으로 자백하고 외적으로 회개하기를 원하신다. 하나님께서는 우리가 다치기를 원하지 않으신다.

> 내적으로 자백하고 외적으로 회개하라

하나님께서는 용서하실 것이다

여러분이 여러분의 죄를 자백한다면 하나님께서는 "만일 우리가 우리 죄를 자백하면 저는 미쁘시고 의로우사 우리 죄를 사하시며 모든 불의에서 우리를 깨끗케 하실 것이요"(요한일서 1:9)라고 말씀하셨기 때문에 여러분의 죄들을 용서하실 것이다.

여러분이 "우리 죄를 사하여 주옵시고"라고 기도할 때 여러분은 하나님에 대한 믿음 또는 신뢰를 쌓고 있는 것이다. 여러분은 하나님께서 약속하신 대로 여러분을 용서해 주실 것이라고 믿기 때문에 여러분의 죄들을 자백해야 한다. 여러분은 하나님께서 여러분을 용서해 주실 것을 알고 있기 때문에 여러분의 죄를 자백해야 한다.

> 주와 같은 신이 어디 있으리이까. 주께서는 죄악을 사유하시며 그 기업의 남은 자의 허물을 넘기시며 인애를 기뻐하심으로 노를 항상 품지 아니하시나이다. 다시 우리를 긍휼히 여기셔서 우리의 죄악을 발로 밟으시고 우리의 모든 죄를 깊은 바다에 던지시리이다(미가 7:18, 19).

여러분은 깨끗해지고 새로워지는 것이 기분 좋기 때문에 "우리 죄를 사하여 주옵시고"라고 기도해야 한다. 그것은 잔디를 깎고

난 후에 땀과 먼지를 씻어내는 따뜻한 샤워를 한 기분이다. 그것은 스트레스를 받은 하루에서 집으로 돌아와 소파에 드러누워 편히 쉬는 것과 같은 기분이다. 그것은 부모와 자식을 사랑스럽게 포옹하는 것과 같은 느낌이다. 여러분은 여러분이 해온 일로 말미암아 용서를 받을 수 있고 좋은 기분을 느낄 것이다. 여러분이 기분 좋기 위해 자백하지 말고 죄 사함을 얻기 위해 자백하라. 그러면 기분이 좋을 것이다.

> 우리는 행복해지기 위해 용서받는 것이 필요하다.
> 우리는 정신적으로 건강해지기 위해 용서받는 것이 필요하다.

성서에서 용서는 하나님께서 우리 죄를 지고 가시는 것이라고 말하고 있다(요한복음 1:29를 보라). 용서는 하나님께서 우리 죄를 덮으시는 것이다(시편 85:2를 보라). 용서는 하나님께서 우리 죄를 도말하시는 것이다(이사야 43:25를 보라). 용서는 하나님께서 우리 죄를 잊으시도록 하는 것이다(미가 7:19를 보라).

> 하나님 아버지께서는 이미 우리를 용서하였다.
> 하나님 아버지께서는 우리를 깨끗하게 하시기 위해 기다리신다.

우리의 모든 죄가 십자가에서 용서받았을 때 왜 우리는 "우리 죄를 사하여 주옵소서"라고 기도해야 하는가? 우리가 하나님 아버지의 자식이 될 때 성서에서는 "우리가 그의 피로 말미암아 구속 곧 죄 사함을 받았으니"(에베소서 1:7)라고 하고 있다. 우리 죄가 구원에 의해 사함을 받았다면 왜 우리는 "우리를 용서하옵소서"라고 기도해야 하는가?

죄에 대한 최초의 용서는 하나님과 우리의 **관계**를 맺어 주었다. 그 용서는 우리를 하나님 아버지의 자식이 되게 해 주었다. 죄 많은 자식으로서 우리가 "우리를 용서하여 주옵소서"라고 기도할 때 하나님 아버지와의 **관계**는 다시 맺어지는 것이다. 자식들이 항상 순종하는 것은 아니므로 여러분은 매일 "우리 죄를 사하여 주옵시고"라고 기도할 필요가 있다.

용서에는 단지 한두 가지가 아닌 세 가지의 면이 있다. 첫째, **과거의 용서**로서 이는 우리가 하나님 아버지의 자식이 되었을 때 생긴 것이다. 하나님께서 과거 우리의 죄를 용서하셨을 때 하나님과 우리의 관계는 이루어졌다.

둘째, **현재의 용서**는 여러분이 "우리 죄를 사하여 주옵시고"라고 기도할 때마다 생겨나는 것으로 하나님 아버지와 다시 사귈 수 있도록 해 준다.

세 번째 면은 **미래의 용서**이다. 이 용서는 우리가 죽어서 하나님 아버지께 갈 때 또는 주께서 오실 때 생긴다. 이 세상의 악과 부패의 모든 궤적들이 우리에게서 제거될 때 이 용서는 우리의 영광이 될 것이다.

남을 용서하는 것 역시 중요하다

여러분이 "우리가 우리에게 죄 지은 자를 사하여 준 것 같이 우리 죄를 사하여 주옵소서"라고 기도하자마자 여러분은 다른 사람들을 여러분과 하나님 아버지와의 관계 안으로 데려 온다. 여러분이 다른 사람들의 죄를 사하여 주듯이 하나님께서 여러분의 죄를 사하여 주실 것을 여러분은 구하고 있다.

어떤 사람들은 "내가 용서하듯이 나를 용서하라"고 하는 것은 구약성서의 구절 해석에서 벗어나는 것처럼 들린다고 외치면서 그 구절에 대해 반대한다. 그들은 그 구절이 "눈에는 눈"처럼 들리며 하나님의 용서에 조건을 둔다고 말한다. 그것은 여러분에게 죄 짓는 사람들을 용서할 때만 하나님께서 여러분을 용서하시는 것처럼 들린다.

다음의 세 가지 말들은 하나님 아버지께서 의도하시는 바를 이해하는데 도움이 될 것이다.

> 용서는 표(ticket)이다.
> 용서는 원(circle)이다.
> 용서는 우리의 성격(character)이다.

여러분이 비행기를 타고 갈 때 여러분에게는 표가 필요하다. 대부분의 표에는 두 가지 부분이 있다. 표의 첫 번째 부분은 "여행을 위해서는 도움이 되나 떼어 내면 도움이 되지 않는 부분이다. 여러분이 비행기에 탑승하기 위해서 표의 그 부분을 검표원에게 준다.

표의 두 번째 부분은 여러분의 탑승권이다. 거기에는 여러분의 좌석 번호가 있고, 여러분이 요금을 지불했다는 것을 증명해 준다. 이 탑승권은 표가 없으면 아무 소용이 없다.

똑같이 여러분이 구원 받을 때 여러분들의 죄는 사함을 받는다. 이것은 천국으로 가는 여러분의 표이다. 그러나 이것이 탑승권에서 분리되어 있으면 아무런 도움이 되지 않는다는 것을 명심하라. 여러분은 좋은 일들을 해야 하는데 이것은 하나님께서 여러분을 용서하셨듯이 여러분도 다른 사람들을 용서해야 한다는 의미이다.

여러분의 천국행 표의 두 번째 부분은 가격이 지불되었음을 보장해 준다. 이는 "여행을 위해서 도움이 되지 않는다"라고 말한다. 좋은 일들이 여러분을 천국으로 데려다 주지는 않을 것이다. 이는 역시 "떼어 낸다면 도움이 되지 않는다"라고 말한다. 여러분이 다른 사람을 용서할 때 하나님께서 여러분을 용서하셨음을 보여 준다.

여러분은 "우리가 우리에게 죄 지은 자를 사하여 준 것 같이 우리 죄를 사하여 주옵시고"라고 기도함으로써 여러분은 표의 첫번째 부분이 가치가 있음을 보여 준다.

비행기 표의 사례는 여러분에게 두 가지에 관해 기도할 것을 말하고 있다. 첫째, 매일 "우리 죄를 사하여 주옵시고"라고 기도하면 하나님께서는 여러분을 용서하실 것이다. 둘째, 그 표는 "여러분에게 죄 지은 자를 용서하라"고 여러분이 기도할 것을 가르치고 있다.

> 여러분은 용서를 구해야 한다.
> 여러분은 죄 지은 사람들을 용서해야 한다.

용서는 둥근 원과 같다. 그러므로 여러분이 주는 것은 여러분이 받는 것이다. 모든 것은 항상 순환하며 우리에게 되돌아 온다. 예수님께서는 "우리가 자신을 사랑하는 것처럼 우리 이웃을 사랑하라"고 우리를 깨우치신다. 하나님께서는 우리들이 자신만을 사랑하기를 원하지 않으신다. 또 역시 우리 이웃만을 사랑하는 것을 원하시지도 않으신다.

위의 두 가지 사랑 중 하나라도 없으면 나머지 다른 사랑을 하기가 불가능하다. 사랑받기 위해서는 다른 사람들을 사랑해야 한다. 이와 똑같은 것이 용서에도 적용된다. 용서받기 위해서는 다른 사람들을 용서해야 한다.

우리가 "우리 죄를 사하여 주옵시고"라고 기도할 때 우리는 우리에게 똑같은 일을 해 온 누군가도 용서할 준비가 되어 있어야 한다. 우리가 "우리에게 죄 지은 자를 용서하여 주옵소서"라고 기도할 때 하나님께서는 이미 용서를 해 오셨기 때문에 우리도 그렇게 용서해야 한다. 용서는 하나님과 함께 시작된다는 것에 유의하라. 하나님께서는 먼저 용서하시고 다음에 우리는 우리가 정말로 용서 받았는지를 입증하기 위해 하나님의 경우를 따라야 한다. 가면 돌아온다.

왜 우리는 용서해야 하는가?

용서는 역시 우리 성격을 형성하는 하나의 요인이다.

두 아들을 가진 어머니가 죽었는데 동생이 유언에 의해 재산의 집행자로 선정되었다. 동생은 재산을 유지·안정시키고자 떠난 재산의 조사 여행에 유산의 반 이상을 써 버렸고 값비싼 호텔과 식사에 대한 청구서를 받았다. 형은 여행에 모두 값비싼 비용을 썼다고 동생을 고소하였다. 돈이 그들 관심의 전부가 되었을 때 형제는 이기적이 되고 심지어 서로를 시기하였다.

형은 "너를 용서하지 않을 것이다"라고 말했다.

형제는 15년 간이나 서로 말하지 않았다.

만약 형이 "그에게 죄지은 동생"을 용서하지 않는다면 그는 동생에 대한 속박에 놓이게 된다. 동생이 돈을 가지고 있다 하더라도 형은 동생에게 빚을 지고 있는 것이다.

만약 형이 "그에게 죄지은 동생"을 용서하지 않는다면 그것은 동생을 곤경에서 벗어나지 못하도록 하는 것이며, 그것은 형 역시 곤경에 처해 있다는 것을 의미한다.

만약 형이 "그에게 죄지은 동생"을 용서하지 않는다면 그는 동생의 죄와 그 결과에 묶인다. 형은 동생의 기분을 좋게 하기 위해서 동생을 용서하지 않는다. 단지 형은 자신의 마음의 불편함을 없애기 위해 동생을 용서한다. 형은 언제라도, 무엇 때문에, 누군가에게 빚지는 것을 원하지 않는다.

만약 형이 "그에게 죄지은 동생"을 용서하지 않는다면 그 분쟁은 형제 간에 계속될 것이다. 그러나 형이 하나님 아버지의 이름으로 용서한다면 그 문제는 하나님과 동생과의 문제로 남게 된다. 여러분이 다른 사람들의 죄를 용서할 때 여러분은 더 이상 그들에게 죄지은 자가 아니다. 그리고 역시 하나님에게 죄지은 자도 아니다. 여러분은 자유롭게 된다.

왜 용서하는가?

용서하라고 여러분은 명령받는다 - **로마서** 12:19

예수님의 예들 - **누가복음** 23:24

영적으로 번성하기 위해 - **마태복음** 18:35

증거가 되기 위해 - **골로새서** 3:13

용서를 받기 위해 - **마태복음** 6:15

용서는 아기가 태어나면서 선천적으로 주어지는 것이 아니다. 나는 할아버지들이 하는 하나의 행동으로서 내 손녀딸 김(Kim)에게 쿠키를 주었다. 내 딸 폴리(Polly)는 즉각 "고맙다고 말해야지"라고 교육시켰다.

손녀딸은 아랫 입술을 내밀고 "싫어!" 하면서 고개를 내저었다. 사람의 본성에는 감사를 표시하기를 원하지 않는 무엇인가가 있다. 내 딸 폴리는 계속하여 두세 번 타일렀으나 손녀딸은 더욱더 말을 듣지 않았다. 손녀딸은 "고맙습니다"라고 말하지 않을 것이다. 손녀딸은 쿠키를 입안에 넣기 시작했다.

폴리가 쿠키를 들고 있는 손녀의 손을 잡았는데 손녀딸은 더 세게 입안으로 넣으려고 했다. 그러나 내 딸은 손녀딸이 감사하다는 말을 할 때까지 손을 움직이지 못하게 했다.

마침내 손녀딸이 "고맙습니다"라고 말하자 딸이 손을 놓아 주었고 그와 동시에 쿠키는 손녀의 입 안으로 들어갔다. 그 모습은 더 이상 아름답지 않았다.

때때로 우리는 손녀딸과 같다. 우리는 하나님께서 우리에게 주신 것에 대해 감사하려고 하지 않는다. 하나님께서 우리를 용서하실 때 우리는 감사해야 한다. 그리고 우리가 그 감사를 나타내는 한 가지 방법이 다른 사람들을 용서하는 것이다.

> 감사는 모든 미덕들 중에서 기억되어야 할 최소한의 것이고 또 인간의 성격을 파악하는 엄밀한 검사 방법이다.

기도 체크 리스트(PRAYER CHECKLIST)			
우리가 우리에게 죄지은 자를 사하여 준 것 같이 우리 죄를 사하여 주옵시고 당신이 인생에서 몸부림치고 있는 것들과 당신이 용서해야 할 사람들을 열거하시오	생활(수준)은 어떠한가?(한 가지만 체크하라)		
	저	중	고
1.			
2.			
3.			
4.			
5.			
6.			
7.			

일지쓰기(Journaling)

 자신의 죄를 기록하는 것은 어려운 일이다. 그러므로 여러분의 잘못들, 습관이나 모든 부정한 일들을 다 쓰지 말라. 죄를 이기기 위해 여러분이 어떻게 애쓰고 있는지를 일반적인 용어로 서술하라. 여러분이 승리했던 일들, 계속 승리하려고 노력했던 일들을 서술하라. 마찬가지로 여러분이 실패했던 일들을 언급하라. 그러나 거기서 멈추지 마라. 여러분의 실패에 대해서 어떤 일을 했는지, 또 다음에 승리하기 위해서 어떤 계획을 세웠는지를 쓰도록 하라. 여러분의 죄와 실패에 대해 고군분투했던 일들을 열거하라. 어떤 기분이 들었는가? 왜 여러분이 패했는가? 승리하기 위해서 어떤 계획을 세웠는가?

1. 여러분의 죄와 습관들에 대해 승리했던 일들을 열거하라. 어떻게 승리를 달성했는가? 여러분은 어떤 원칙들을 얻었는가? 그 결과들은 무엇이었나?
2. 여러분이 용서할 필요가 있는 사람들을 열거하라. 왜 그들을 용서할 필요가 있는가? 그 목록에 있는 개별 사람들의 영적인 변성을 위해 기도하라. 그들을 위해 기도할 때 그들에 대한 원한을 느낄 수 없다. 그들을 위해 기도하면 용서는 영원한 것이 된다.

3단계 성서 연구 : 죄 사함을 얻는 것

다음의 성서 연구는 죄 사함을 얻는 것에 대한 성서상의 근거를 보여 주기 위해 고안되었다. 1단계 - 질문을 읽고 대답을 생각하라. 2단계 - 상자 안의 성서 구절을 읽고 하나님의 말씀은 그 질문에 어떻게 대답하고 있는지를 결정하라. 3단계 - 밑줄친 빈칸에 답을 써라.

1. 모든 기독교인들 심지어 노년의 바울조차도 죄를 짓는다. 우리는 바울의 증거를 통해 죄에 관해 무엇을 배울 수 있는가?

> "미쁘다, 모든 사람이 받을 만한 이 말이여 그리스도 예수께서 죄인을 구원하시려고 세상에 임하셨다 하였도다. 죄인 중에 내가 괴수니라." - 디모데전서 1:15

_____
_____
_____

2. 우리가 죄를 짓지 않았다고 말할 수 있는가? 그것을 자랑하는 사람들에 대해 어떻게 생각하는가?

> "만일 우리가 죄 없다 하면 스스로 속이고 또 진리가 우리 속에 있지 아니할 것이요." - 요한일서 1:8
>
> "만일 우리가 범죄하지 아니하였다 하면 하나님을 거짓말하는 자로 만드는 것이니 또한 그의 말씀이 우리 속에 있지 아니하니라." - 요한일서 1:10

3. 비록 우리가 하나님의 자식들일지라도 하나님께서는 자신의 자식들이 무엇을 하기를 원하시는가?

> "나의 자녀들아, 내가 이것을 너희에게 씀은 너희로 죄를 범치 않게 하려 함이요." - 요한일서 2:1
>
> "저 안에 거한다 하는 자는 그의 행하시는 대로 자기도 행할지니라." - 요한일서 2:6

4. 순종하지 않는 하나님의 자식들은 어떻게 죄사함을 받을 수 있는가? 죄 사함에는 무엇이 포함되는가?

> "만일 우리가 우리 죄를 자백하면 저는 미쁘시고 의로우사 우리 죄를 사하시며 모든 불의에서 우리를 깨끗케 하실 것이요." - 요한일서 1:9

5. 하나님의 자식들이 항상 하나님의 기준에 맞추어 사는 것은 아니다. 때때로 그들은 하나님의 기준들을 무시한다. 하나님께서는 이런 종류의 죄들을 어떻게 돌보시는가?

> "저가 빛 가운데 계신 것 같이 우리도 빛 가운데 행하면 우리가 서로 사귐이 있고 그 아들 예수의 피가 우리를 모든 죄에서 깨끗하게 하실 것이요." - 요한일서 1:7

_____
_____
_____

6. 우리의 죄에 대해 우리는 어떤 태도를 취해야 하는가?

> "그러므로 예물을 제단에 드리다가 거기서 네 형제에게 원망들을 만한 일이 있는 줄 생각나거든 예물을 제단 앞에 두고 먼저 가서 형제와 화목하고 그후에 와서 예물을 드리라." - 마태복음 5:23, 24

_____
_____
_____

7. 다른 사람들을 용서한다는 것은 얼마나 중요한가?

> "너희가 사람의 과실을 용서하면 너희 천부께서도 너희 과실을 용서하시려니와 너희가 사람의 과실을 용서하지 아니하면 너희 아버지께서도 너희 과실을 용서하지 아니하시리라." - 마태복음 6:14, 15

_____
_____
_____

8. 죄를 모두 사하는 것에 대한 근거는 무엇인가?

> "누가 뉘게 혐의가 있거든 서로 용납하여 피차 용서하되 주께서 너희를 용서하신 것과 같이 너희도 그리하고." - 골로새서 3:13

_____
_____
_____

LORD'S PRAYER

마틴 루터의 저녁기도

하늘에 계신 우리 아버지, 오늘 하루 동안 당신의 은총 속에 보호하여 주신 것을 당신의 아들 예수 그리스도의 이름으로 감사드립니다. 기도하옵기는 오늘 내가 범한 모든 죄를 용서하여 주시고 은총 중에 이 밤도 안보하여 주옵소서. 내 몸과 영과 기타 모든 것을 당신의 손에 맡기오니 당신의 거룩한 천사가 나와 더불어 같이 하사 악한 원수가 저를 침노치 못하게 하여 주옵소서. 아멘

하늘에 계신 우리 아버지여,
이름이 거룩히 여김을 받으시오며, 나라이 임하옵시며,
뜻이 하늘에서 이룬 것같이 땅에서도 이루어지이다.
오늘날 우리에게 일용할 양식을 주옵시고,
우리가 우리에게 죄 지은 자를 사하여 준 것같이
우리 죄를 사하여 주옵시고,
우리를 시험에 들게 하지 마옵시고,
다만 악에서 구하옵소서.
대개 나라와 권세와 영광이 아버지께 영원히 있사옵나이다.
아멘.

9. 여섯 번째 간청 :
우리를 시험에 들게 하지 마옵시고

장애들에 대한 승리를 발견하기

나는 도토리 나무의 꼭대기에서 다람쥐를 본 생각이 난다. 나는 조용히 반대쪽으로 달려가서 내 고등학교 친구인 아트 윈(Art Winn)에게 속삭였다.

"이쪽에서 잘 지켜 봐"

우리는 추수감사절의 방학 동안에 다람쥐 사냥을 하고 있었다. 우리는 숨은 곳에서 다람쥐가 나오기를 기다리면서 오랫동안 웅크리고 있었다. 그러나 다람쥐는 우리를 경계하고 있었다.

우리는 깊은 배수로 도랑을 계속 걸었다. 우리는 다람쥐가 나오는지 나무 꼭대기를 올려다 보고 있었다. 공공 근로자들이 도랑 깊숙이 삽으로 팠기 때문에 걷는 것은 쉬웠다. 가을 날씨는 차가웠다. 도랑에는 덤불이 없어서 우리가 뱀을 걱정할 필요는 없었다.

우리는 도랑이 두 갈래의 방향으로 나뉘어져 "섬"의 벌판(이곳에는 숲과 도랑으로 둘러싸인 넓은 목화밭이 있었다) 양측으로 달려가는 분기점에 도착했다.

"반대쪽에서 만나자" 아트는 내게 말했다. 그는 다람쥐가 나오는지 나무 꼭대기를 올려다 보면서 오른쪽 도랑을 택했다. 섬 벌판의 반대편에서 우리가 만나려면 걸어서 15분이 걸리는 거리였다.

하늘은 구름으로 덮이고 구름 때문에 다람쥐를 시야에서 볼 수 없었다. 우리가 다람쥐들을 발견할 수 있는 곳으로 유인할 햇빛은 없었다. 그리고 나는 숲속의 마른 나뭇가지 위에 떨어지는 가벼운 빗방울 소리를 들었다.

"태양은 없고, 다람쥐도 없고, 게다가 이제는 비까지…" 나는 불평했다.

잎들은 이미 떨어졌고 나무에는 비를 막아줄 잎들이 없었다. 나는 그 비가 곧 멈출 것이라고 생각하였고 그래서 나는 차가운 비로부터 보호받을 수 있는 큰 잎을 가진 나무들을 찾았다. 그러나 그런 나무들은 없었다.

그때 나는 어떤 피난처를 발견했다. 도랑쪽에 거대한 도토리나무 뿌리 아래쪽에 있는 큰 구멍이 보였다. 그 구멍은 나를 비에서 보호해 줄 만큼 매우 컸다. 이런 종류의 도토리 나무는 크고 편평한 유형의 뿌리를 가지고 있다. 뿌리 밑에 있는 모래들이 도랑으로 씻겨 가고 구멍을 남긴다. 중남부 캐롤라이나에 천연 동굴은 없으나 여기에는 비에 젖은 나를 말려줄 하나의 "구멍"이 있었다.

"아서!" 나는 그가 비를 말리러 오도록 될 수 있는 한 크게 불렀다. 그러나 내게 들리는 모든 것은 마른 잎에 떨어지는 빗소리 뿐이었다.

그 구멍은 내가 옆으로 누워 있을 만큼 컸으나 앉거나 쭈그리고 있을 만큼 높지는 않았다. 내 옷은 축축했고 나는 떨었다. 구멍의 모서리에는 마른 낙엽들과 가지들이 있었고 거기에 바람이 불었다. 나는 낙엽과 가지들을 끌어 모아 구멍의 반대쪽 끝에 조그만 불을 피웠다. 나는 어깨와 젖은 셔츠의 등을 불쪽으로 가져갔다.

그때 나는 내 오른손 옆에서 무엇인가를 보았다.

"뱀!!!" 나는 외쳤다.

본능적으로 반응하면서 나는 도랑 밑바닥으로 굴러 내렸다. 비는 더 심하게 내렸다. 나는 뱀이 물었는지 재빨리 내 팔을 체크했다. 그리고 그 뱀이 물지 않았는지를 확실히 알기 위해 내 셔츠와 바지를 찢어서 몸의 모든 부분을 문질렀다.

"아서!!!" 나는 외쳤다.

여전히 내게 들리는 것은 부드러운 빗소리 뿐이었다. 부풀어 오른 곳은 없는지 다시 한번 확인하였다. 없었다. 나는 젖은 내 옷을 끌어다 몸 위에 두었다. 구멍 안을 들여다 보면서 나는 그 뱀이 겨울잠을 자고 있다는 것을 깨달았다. 조심스럽게 내 총을 그곳에서 가져와 뱀을 향해 몇 번이나 쏘았다. 뱀을 죽이기 위해서가 아니라 나의 좌절을 없애고 안심하기 위해서였다. 나는 막대기를 사용하여 그 뱀을 도랑 밑바닥으로 끌어 내렸다. 그 뱀은 길이가 약 5피트 정도 되었으며 두께는 내 손목 정도 되었다.

다음날 아서와 나는 그 뱀을 찾으러 그곳에 갔으나 썩은 고기를 좋아하는 어떤 동물이 간밤에 그 뱀을 물어간 모양이었다.

세상에는 어떤 것들은 알려져 있으나 다른 것들은 알려져 있지 않은, 그렇게 많은 위험들이 있다. 어떤 사람들은 뱀을 싫어하기 때문에 덤불 속을 걸으려고 하지 않는다. 어떤 사람들은 독이 있든 없든 간에 뱀을 볼 때 달아난다. 어떤 사람들은 독있는 뱀들을 잡는다. 또 어떤 사람들은 애완용으로 키운다.

어떤 사람들은 위험한 낭떠러지에 얼마나 가까이 왔는지를 모르고 산길을 내려간다. 어떤 사람들은 산에 오르고자 하는 도전으로 가파른 바위 암벽을 쳐다 본다. 그들은 그것이 얼마나 위험한지를 알고 있으나 개의치 않는다. 그들은 스릴(thrill)을 맛보기 위해 산다.

기독교인의 생활은 주일 학교의 소풍이 아니다. 여러분이 그리스도와 함께 걸을 때 많은 위험들이 있다. 또 여러분을 파괴할 적이 있다. 여러분이 추락할 가능성도 있다. 그러나 하나님께서는 여러분이 승리자가 되기를 원하신다. 하나님께서는 여러분이 생활에서의 위험과 유혹을 피할 수 있도록 도와 주시고자 한다. 이 장에서는 여러분이 "우리를 시험에 들게 하지 마옵시고"라고 기도할 때 의미하는 바를 설명한다.

유혹에 관한 다섯 가지 중요한 사실들

1. 하나님께서는 자신의 자녀들이 유혹받는 것을 허락하신다.
2. 하나님의 자녀들은 넘어질 수 있다.
3. 하나님께서는 자신의 자녀들이 유혹을 이겨내기를 기대하신다.
4. 주기도문은 여러분이 유혹을 이기는 것을 도와줄 수 있다.
5. 승리의 생활이 있다.

여러분이 "우리를 시험에 들게 하지 마옵시고"라고 하나님께 구할 때 여러분은 도덕적인 경로를 따라갈 수 있도록 여러분의 발걸음을 인도해 주시도록 구하는 것이다. "우리 죄를 사하여 주옵시고"라는 앞의 간청은 과거의 죄에 초점을 맞추고 있는 반면 "우리를 시험에 들게 하지 마옵시고"라는 이번 간청은 미래의 죄에

초점을 두고 있다. 앞의 간청은 실제의 죄에 초점을 맞추고 있으나 이번 간청은 발생할 수도 있으나 하나님께서 이 기도에 응답하시면 실제는 발생하지 않을지도 모르는 잠재적인 죄에 초점을 두고 있다.

하나님께서는 자신의 자녀들이 유혹받는 것을 허락하신다

어떤 목사님께서 설교에서 "기회는 단한번 문을 두드린다"라고 하였다. 그 목사님은 여러분의 생활에서 일어나는 좋은 일에 관해 이야기하고 있었다. 그리고 "유혹은 문을 부순다"라고 말했다.

여러분이 "우리를 시험에 들게 하지 마옵시고"라고 기도할 때 하나님은 여러분의 지도자라는 사실을 깨닫고 있다. 여러분은 신성한 지도자가 필요하다는 것을 고백하고 있으며 여러분은 하나님께서 하나님의 지도력을 포기하시지 않도록 구하고 있다. 여러분은 "여호와는 나의 목자시니 … 물가으로 인도하시는도다"(시편 23:1, 2)라는 구절을 알고 있다. 목자로서 하나님께서는 "자기 양을 다 내어 놓은 후에 앞서 가면 양들이 그의 음성을 아는고로 따라 오되"(요한복음 10:4)처럼 여러분을 항상 인도하신다.

여러분이 "우리를 시험에 들게 하지 마옵시고"라고 기도할 때 여러분은 "우리를 시험하지 마옵시고"라고 기도하지 않는다. 하나님께서는 옳으시기 때문에 절대 우리를 시험하시지 않을 것이다. 하나님께서는 신성하시기 때문에 절대 우리를 시험하실 수 없다. "사람이 시험을 받을 때에 내가 하나님께 시험을 받는다 하지 말지니 하나님은 악에게 시험을 받지도 아니하시고 친히 아무도 시험하지 아니하시느니라"(야고보서 1:13).

> 하나님께서는 옳으시기 때문에 절대 우리를 시험하시지 않을 것이다.
> 하나님께서는 신성하시기 때문에 절대 우리를 시험하실 수 없다.

여러분이 "우리를 시험에 들게 하지 마옵시고"라고 기도할 때 여러분은 "시험받는 것을 **허용**하지 마옵시고"라고 기도하는 것이 아니다. 그 기도는 우리가 살고 있는 세상의 종류를 부정하는 것이다. 생활은 하나의 시험이다. 우리는 '**페인트 칠 조심**'이라고 써 여진 많은 안내판이 있는 세상 속에서 살아가는 어린 소년과 같다. 우리의 본성은 마르지 않은 페인트에 손을 대보고 싶어한다.

"우리를 시험에 들게 하지 마옵시고"라는 이 요청은 황폐화될 정도의 죄를 경험해 온 마음의 울부짖음이다. 이 기도는 죄에 대한 지식을 고쳐 주는 우리의 **머리**에서 나오는 것이 아니다. 이 기도는 죄에 의해 협박받고 있다는 느낌을 가지는 **마음**에서 나온다. 우리는 죄를 없애 버리고 다시는 그런 기분을 느끼고 싶어 하지 않는다. 이것은 **마음의 기도**(heart prayer)이지 **머리의 기도**(head prayer)가 아니다. 비록 이것이 정확한 신학적인 표현은 아니지만 마음은 "저는 그곳에 다녀 왔습니다. 하지만 다시는 그곳에 가고 싶지 않습니다"라고 기도한다.

생활은 하나의 시험이다. 하나님께서는 죄를 짓지 않는 하늘의 천사처럼 우리를 만드셨다. 천사들이 "우리를 시험에 들게 하지 마옵시고"라고 기도한다면 그것은 소용없는 일일 것이다. 왜냐하면 천사들은 시험에 들지 않기 때문이다. 천사들은 하나님께 순종하지 않을 수 없다. 반면에 인간들은 결정에 대한 권한을 가진 자유롭고 도덕적인 피조물이다.

　생활은 시험일 뿐만 아니라 선택이기도 하다. 우리가 시험에 들 때 우리는 저항할 것인지 또는 굴복할 것인지에 대한 선택권을 가지고 있다. 어떤 사람이 포르노를 보는 것에 관해 생각할 때 그는 자신의 낮은 본성을 충족시킬 것인지 또는 보지 않을 것인지에 관한 선택을 한다. 그는 무엇을 생각할 것인지, 무엇을 할 것인지에 관해 선택할 수 있다. 그리고 볼 것인지 보지 않을 것인지에 관한 선택권을 가지고 있다.

　어떤 여자가 재미있는 잡담을 들을 때 그 여자는 무시할 것인지 또는 다른 사람의 명예를 훼손하는 조그만 화젯거리로 자신을 재미있게 만들 것인지에 관한 선택권을 가진다.

　어떤 사업가가 불법적인 자금관리 방법에 직면할 때 그는 하나를 선택해야 하는 상황에 직면한다.

　여러분이 "우리를 시험에 들게 하지 마옵시고"라고 기도할 때 여러분은 생활이란 선택을 하게 하는 시험이라는 것을 알고 있는 것이다. 여러분은 다시 "하나님, 저를 시험하지 마옵시고"라고 기도하지는 않는다. 여러분은 여러분에게 너무 벅찬 시험에 들지 않도록 하나님께 구하고 있는 것이다. 왜냐하면 생활은 시험이고 선택이기 때문에 여러분은 시험받을 것이다. 여러분은 "주여, 제가 너무 벅찬 시험에 직면하지 않도록 해 주시옵고"라고 기도하면서 승리를 위해 기도하고 있다.

　여러분이 "우리를 시험에 들게 하지 마옵시고"라고 기도할 때 그것은 "도로 지도를 잘 봐. 그러면 길을 잘못 들지 않을 거야"라고 남편이 아내에게 이야기하는 것과 같다. 아내는 고의적으로 길을 잃게 하지 않을 것이다. 그러나 우리는 우리 인생의 길을 여행할 때 길을 잘못 들기도 하고 표지판을 못 보기도 하고 복잡한 교차로에 이르렀을 때 당황하기도 한다.

남편이 아내에게 "길을 잘못 들지 않도록 해"라고 이야기할 때 남편은 과거의 문제들로 그녀를 괴롭히지 않는다. 그러나 어떤 남편들은 과거의 실수들을 잊지 않는다. 그들은 "어제, 우리는 길을 잘못 들었어. 오늘은 다시 그러지 마"라고 하면서 끊임없이 아내에게 상기시킨다. 아내는 남편에게 해를 끼치기 위해 자동적으로 잘못된 정보를 주지 않을 것이기 때문에 남편이 잘못하는 것이다.

그래서 하나님께서는 우리를 시험에 들게 하시지 않을 것이다. 그러나 우리는 시험을 받는다. 우리가 가장자리에 더 가까이 서 있기를 좋아하는 것처럼 우리는 배반하는 본성을 가지고 있다. 어린 소년이 가지고 놀던 공이 길 한복판에 떨어졌을 때 그 소년은 명백하게 그 공을 주우러 길 한복판으로 달려가는 유혹을 받는다. 그 소년은 위험을 보지 않고 다치는 것에 관해 전혀 생각하지 않는다. 그 소년은 단지 자신의 공을 찾기를 원할 뿐이다. 그러나 현명한 부모는 위험을 보고 그 소년이 뛰어 들지 않도록 소년의 손을 잡는다. 그래서 우리는 "주여, 제가 길 한복판으로 뛰어 들지 않도록 해 주십시오"라고 기도한다.

"우리를 시험에 들게 하지 마옵시고"라는 기도는 여러분이 하나님께 귀의하는 것이 진짜인지에 대한 증거가 된다. 여러분이 진실로 회개할 때 그것은 여러분이 과거의 죄에 대해 진실로 뉘우치고 있다는 것을 의미한다(고린도후서 7:10, 11을 보라). 여러분이 예수 그리스도를 구세주로서 영접하였을 때 예수님께서는 여러분을 죄와 벌에서 해방시키면서 여러분의 죄를 용서해 주셨다. 따라서 여러분이 진실로 **첫번째**로 후회한다면 그것은 **두 번째**로 여러분이 죄로 돌아가지 않는다는 것을 의미한다. 그래서 여러분이 "우리를 시험에 들게 하지 마옵시고"라고 기도할 때 여러분은 회개하고 하나님께로 돌아감에 대한 증거를 보여 준다.

반면에 계속해서 죄로 돌아가서 "하나님께서 모든 죄를 용서해 주셨기 때문에 나는 걱정할 필요가 없다"는 태도를 가지는 사람은 우선 그가 하나님께 돌아가지 않았다는 사실을 증명해 준다. 우리는 끊임없이 과거의 방식으로 되돌아 가는 기독교인도 진실로 구원받을 수 있는지에 관해 의문을 가진다(베드로후서 2:22).

하나님의 자녀들은 넘어질 수 있다

한번은 어떤 목사가 자신의 설교에서 "주여, 우리를 시험에 들게 하지 마옵시고"라고 기도할 필요가 없다고 말했다. 그 목사가 그렇게 설교했을 때 많은 사람들이 그게 무슨 의미인지 의아해 했다. 그러자 그 목사는 "나는 혼자서도 유혹을 발견할 수 있다"고 말했다.

여러분이 "우리를 시험에 들게 하지 마옵시고"라고 기도할 때 여러분이 하나님으로부터 멀어져 추락할 수 있다는 것을 여러분은 알고 있다. 첫째, 내적으로 사람들은 죄 짓는 본성에 이끌린다. 사람들은 하나님과 반대되는 탐욕과 욕망들을 가지고 있다.

모든 어린이들이 아름다운 마음과 짐승같은 마음을 동시에 가지고 태어난다. 아름다운 마음을 가질 때의 어린이는 자신의 생활에서 하나님을 알고 찬미하기를 크게 원한다. 그러나 어린이들은 자기 자신, 자신이 손대는 모든 것, 또 자신을 만지는 어떤 것이라도 파괴하는 본능을 역시 가지고 있다.

쌍둥이 중에서 한 소년은 많은 사람들을 열광하게 하는 위대한 음악가가 되나, 또 다른 소년은 자기 자신을 파괴하는 알코올 중독자가 되는 것은 무엇 때문인가? 쌍둥이 소녀 중 한 사람은 매춘부가 되나 또 다른 소녀는 선생님이 되는 것은 무엇 때문인가?

모든 어린이들에게는 착한 본성과 악한 본성이라는 두 가지 힘이 내재되어 있다. 어린이는 그 본성들을 통제할 수 있으며 그 본성들 중 어떤 것을 선택하느냐가 그 어린이의 운명을 결정할 것이다. 우리들 각자는 파괴에 대한 **내적인** 유혹을 가진 지킬 박사와 하나님의 뜻을 수행할 **외적인** 힘을 가진 하이드를 가지고 있다.

사탄은 모든 믿는 자들에게 덫을 놓거나 어떤 사람을 넘어 뜨릴 특별한 시험을 할 것이다. 그 덫은 그 사람의 약점을 겨냥하게 될 것이다. 여러분이 "우리를 시험에 들게 하지 마옵시고"라고 기도할 때 여러분은 그 덫에 걸리지 않도록 하나님께 구하는 것이다.

요한은 그 덫을 "세상"이라고 불렀다.

> 이 세상이나 세상에 있는 것들을 사랑치 말라. 누구든지 세상을 사랑하면 아버지의 사랑이 그 속에 있지 아니하니. 이는 세상에 있는 모든 것이 육신의 정욕과 안목의 정욕과 이생의 자랑이니 다 아버지께로 좇아 온 것이 아니요, 세상으로 좇아 온 것이라(요한일서 2:15, 16).

여러분에게 덫을 놓는 세상은 물리적이거나 지리적인 장소가 아니다. 여러분의 "덫"은 자주빛의 산, 나무, 바다와 평원이 아니다. 덫이라는 세상은 아이디어, 경험과 에너지의 체계이다. 세상이라는 덫은 사람들이 생각하고 경험하며 자신만의 생활 스타일을 만들어내는 방식에 영향을 주는 로큰롤 뮤직의 세계와 같다. 마찬가지로 이것은 클래식 음악의 세계나 자동차 경주의 세계와 같다고 말할 수 있다. 성서에서 "이 세상을 사랑치 말라"고 말할 때 이 세상이란 하나님과 반대되는 생각, 경험 및 하나님의 설계에 반대되는 생활을 말하는 것이다.

요한은 덫을 놓는 세상은 세 가지 것들로 구성된다고 말한다. 첫째는 "육신의 정욕"으로서 그것은 육신의 욕망을 의미한다. 여기에는 게으름, 잘못되게 만족하는 성적인 욕망 또는 많은 중독들이 포함되어 있다. 하나님께서는 우리의 몸이 자유롭게 하나님을 경배하기를 원하신다.

둘째, "안목의 정욕"이 있는데 이는 우리 것이 아닌 것을 바라는 것이다(예를 들면 도둑질, 탐욕, 소유물에 관해 거짓말하는 것 등).

"이생의 자랑"은 세상 덫의 세 번째 것이다. 여기에는 우리 생활의 보좌에 자신을 두는 것이 포함된다. 물론 자신을 존중하는 교만에 잘못된 것은 없지만 성서에서는 하나님에게 거역하고 자신을 찬양하며 하나님의 기준들을 받아 들이기를 거부하는 교만을 책망하고 있다.

사람들이 십계명을 거절할 때 그들은 자신들만의 욕망(육신의 정욕)을 충족시키기를 원하기 때문에 하나님께서 자신들의 생활을 통제하시는 것을 거절한다. 그들은 하나님의 스타일보다는 자신들만의 생활 스타일(안목의 정욕)대로 살기를 원하고 그들은 어떻게 살 것인가에 대한 자신들의 생각이 하나님의 생각보다 낫다(이생의 자랑)고 생각한다.

여러분이 "우리를 시험에 들게 하지 마옵시고"라고 기도할 때 여러분은 자신에게 해를 끼치는 세상의 덫에 들지 않게 해 달라고 말하고 있는 것이다. 여러분은 승리의 생활을 구하고 있다. 하나님께서 이 기도에 응답하실 때 여러분은 바울처럼 "그리스도 안에서 이기게 하시는 하나님께 감사하노라"(고린도후서 2:14, 저자 역)라고 말할 수 있다.

여러분이 "우리를 시험에 들게 하지 마옵시고"라고 기도할 때 여러분은 죄에 대한 여러분의 태도가 변화되었음을 보여 준다. 우리는 여러분이 기독교인이 된 후에 다시는 죄를 짓지 않을 것이라고 말하는 것이 아니다. "만일 우리가 죄 없다 하면 스스로 속이고"(요한일서 1:8) 라는 구절에서처럼 성서는 모든 사람들이 죄에 빠지기 마련이라는 것을 알고 있다는 점을 기억하라. 우리의 죄 짓는 본성 아래서 우리는 "만일 우리가 범죄하지 아니하였다 하면 하나님을 거짓말 하는 자로 만드는 것이니 또한 그의 말씀이 우리 속에 있지 아니하니라"(요한일서 1:10). 그래서 우리는 부주의하게 죄에 걸려 넘어질 수 있다.

그리스도는 진실되게 변화된 새로운 **태도**를 주신다. 그리스도는 우리가 새로운 **목표**에 의해 살기를 원하신다. 그리스도는 아무도 완전하지 않은 세상에서 우리가 살고 있다는 것을 알고 계시지만 우리가 완전함을 목표로 하여 살기를 원하신다. 아무리 불완전한 사람들도 목표를 높이 세울 수 있다. 이것이 요한이 "하나님께로서 난 자마다 범죄치 아니하는 줄을"(요한일서 5:18)이라고 말한 의미이다.

여러분이 "우리를 시험에 들게 하지 마옵시고"라고 기도할 때 여러분은 죄의 포악함을 알고 있다. 여러분이 죄를 지을 때 그것은 우유 컵을 엎지르는 아기와 같지 않다. 그것은 하나의 실수일 뿐이고 우리 모두는 실수를 한다. 죄는 하나님과 하나님의 기준들에 대한 배반이다. 우유를 엎지르는 실수는 카페트, 식탁보 또는 옷을 더럽힌다. 그것은 단지 돈만 들게 할 뿐이다.

그러나 죄는 내적이고 우리 생활에 아주 깊은 영향력을 가지고 있다. 죄는 우리에게 포악하게 구는 폭군이다. 죄는 우리를 술이나 섹스에 빠져들게 한다. 죄는 우리를 마약의 속박하에서 벗어나지 못하게 한다. 죄는 우리의 자존심을 파괴하고 우리를 감옥에 가게 만든다. 죄는 우리의 이성을 잃게 만들어서 우리의 친구, 일, 결혼 생활을 잃게 만든다.

여러분이 "우리를 시험에 들게 하지 마옵시고"라고 기도할 때 여러분은 죄가 여러분에게 어떤 짓을 할지 알고 있으며 여러분이 죄의 속박으로 돌아가고 싶지 않다는 것을 하나님께 이야기하는 것이다.

하나님께서는 자신의 자녀들이 시험을 이겨 내기를 기대하신다

여러분이 죄에 대한 시험을 받을 때 여러분은 인생에서 가장 큰 시험에 직면한다. 이 시험은 대학의 어떤 기말고사보다 더 크고, 변호사가 당면하는 어떤 자격시험보다 더 크며 전문가들이 직면하는 어떤 자격시험보다 더 크다. 시험은 여러분이 하나님께 충실할지 아니면 하나님을 부정할지를 결정하는 테스트이다. 이 시험은 여러분의 성격을 확정시켜 줄 것이다. 사탄은 여러분의 미덕을 파괴하기 원한다.

그래서 우리는 왜 "우리를 시험에 들게 하지 마옵시고"라고 기도해야 하는가? 그것은 시험이 우리의 하위 본성이 원하는 지점에 이르게 하기 때문이다. 우리는 행복하고, 만족하고 충족되기를 원한다. 우리는 죄가 우리를 행복하게 만들고, 만족하게 하며 충족시킬 것이라고 생각한다. 요한은 "오직 각 사람이 시험을 받는 것은 자기 욕심에 끌려 미혹됨이니"(야고보서 1:14)라고 언급했다. 그래서 예수님께서 "우리를 시험에 들게 하지 마옵시고"라고 기도하라고 말씀하셨을 때 우리가 하나님으로부터 벗어나 방황하는 성향이 있다는 것을 아셨기 때문에 예수님께서는 우리의 죄 짓는 본성을 이기는 열쇠를 주셨던 것이다.

여러분이 "우리를 시험에 들게 하지 마옵시고"라고 기도할 때 여러분은 하나님께서 죄에서 여러분을 지켜주실 것을 하나님께 구하는 것이다. 유다는 이러한 가능성을 "능히 너희를 보호하사 거침이 없게 하시고"(유다서 24)라고 표현했다. 하나님께서는 여러분이 죄 짓지 않기를 기대하신다는 것을 여러분이 알 필요가 있다. 또 하나님께서는 죄로부터 여러분을 보호해 주실 수 있으며 여러분은 승리의 생활을 할 수 있다. 승리한다는 것이 죄 없이 사는 것과 같은 것은 아니다. 하나님께서 여러분이 넘어지지 않게 하실 수 있다고 성서에서 약속하셨을 때 하나님께서는 여러분이 죄 짓지 않게 하실 수 있다는 것을 기억하라.

여러분이 "우리를 시험에 들게 하지 마옵시고"라고 기도할 때 여러분은 죄를 씻어 깨끗하게 하는 것(sanctification)을 구하고 있다. Sanctify라는 단어는 '따로 두다' 또는 '신성하게 하다'는 의미이다. 데살로니가를 대표하여 바울은 "평강의 하나님이 친히 너희로 온전히 거룩하게 하시고"(데살로니가전서 5:23)라고 기도했다. Sanctify라는 단어는 '따로 두다'라는 의미이기 때문에 여러분이 하나님께 바쳐질 때 여러분은 세상에서 따로 벗어나 하나님을 영광되게 하고 하나님을 위해 살게 된다. 그래서 여러분이 "우리를 시험에 들게 하지 마옵시고"라고 기도할 때 여러분은 하나님께서 여러분을 따로 두어 하나님을 영광되게 하고 하나님을 위해 살도록 구하는 것이다.

주기도문은 여러분이 유혹을 이기는 것을 도와줄 수 있다

여러분이 "우리를 시험에 들게 하지 마옵시고"라고 기도할 때 여러분은 영적인 생활에 대해 경계의 태도를 취하고 있다. 이것은 예수님께서 제자들이 잠들어 있는 것을 발견하신 후에 동산에서 제자들에게 주신 기도와 꼭 같다. "시험에 들지 않게 깨어 있어 기도하라. 마음에는 원이로되 육신이 약하도다 하시고"(마태복음 26:41).

여러분이 "우리를 시험에 들게 하지 마옵시고"라고 기도할 때 여러분은 위기와 그 과정에서 해방되기를 구하고 있는 것이다. 시험에 관해 언급하면서 예수님께서는 peirasmos라는 단어를 사용하셨는데 이것은 시험은 하나의 과정이라는 의미이다. 이것은 저를 매일 시험과 맞붙어 싸우는 유혹의 장소로 넣지 마옵소서라는 의미이다.

어떤 풋볼 팀이 시내의 라이벌 팀에게 이겼을 때 그 팀은 최고의 팀이 되기 위해 매일 상대방 팀을 이겨야 할 필요는 없다. 그들에게는 1년에 한 경기가 예정되어 있으며 그때의 승리자가 최고가 된다. 그래서 우리가 시험에 직면하여 주기도문을 외울 때 우리는 "특정한 죄의 시험을 계속적으로 받지 않게 해 주시옵소서"라고 기도하는 것이다.

인생 그 자체는 하나의 과정이다. 우리가 죄에 대한 승리를 얻을 때 다른 시험이 우리를 유혹하기 위해 기다리고 있는 것처럼 보인다. 따라서 "우리를 시험에 들게 하지 마옵시고"라고 기도하는 것은 우리가 계속 승리하면서 나갈 수 있도록 하나님께 간청하는 것이다. 우리는 "주여, 오늘 승리를 주시옵소서"라고 기도하고 있다. 그리고 여러분은 내일 다시 "주여, 오늘 승리를 주시옵소서"라고 기도할 것이다.

여러분이 "우리를 시험에 들게 하지 마옵시고"라고 기도할 때 여러분은 역시 위기에서의 구출을 구하고 있다. 아마도 여러분은 도둑질에 대한 시험을 받아 본 적이 없을 것이다. 그러나 여러분이 백만 달러를 가지고 달아날 기회를 가졌다고 가정해 보자. 아무도 절대적으로 자신의 행동이 어떻게 나타날지를 알지 못할 것이다. 여러분이 "우리를 시험에 들게 하지 마옵시고"라고 기도할 때 여러분은 여러분의 정신을 파괴할 큰 위기에서 구출해 주실 것을 구하고 있다. 여러분은 위기에서 "아니오"라고 말할 용기를 구하고 있다.

여러분이 "우리를 시험에 들게 하지 마옵시고"라고 기도할 때 여러분은 창고에서 타오르는 지옥을 발견하는 야경꾼과 같다. 그는 혼자서 불에 대항하려 하지 않고 소방서에 전화하러 달려 간다. 여러분 역시 자신의 불 유혹에 직면할 때 하나님께 도움을 요청할 수 있다.

여러분이 "우리를 시험에 들게 하지 마옵시고"라고 기도할 때 여러분은 "시험에서 멀어지도록 가능한 한 빨리 달릴 수 있도록 도와 주십시오"라고 덧붙이기를 원할지 모른다. 여러 가지 이유로 "들게(lead)"라는 단어는 천천히 걷는 것을 의미한다. 여러분은 이전에 그곳에 있었기 때문에 여러분은 시험받는 상황이 얼마나 위험한지를 알고 있다. 바울은 디모데에게 "이것들을 피하라"(디모데전서 6:11)라고 말했다. 명확하게 '피하라'(flee)라는 단어는 연료 탱크가 폭발하기 전에 사람이 불타는 차에서 벗어나고자 달리는 것처럼 돌진하는 것을 의미한다.

여러분이 "우리를 시험에 들게 하지 마옵시고"라고 기도할 때 여러분은 고린도전서 10:13의 정신으로 승리를 외치고 있는 것이다.

> 사람이 감당할 시험 밖에는 너희에게 당한 것이 없나니
> 오직 하나님은 미쁘사 너희가 감당치 못할 시험 당함을
> 허락지 아니하시고 시험 당할 즈음에 또한 피할 길을
> 내사 너희로 능히 감당하게 하시느니라

주기도문을 외우면서 여러분은 하나님께서 약속하셨던 대로 여러분이 시험을 이길 수 있는 곳으로 하나님께서 인도해 주시기를 구하고 있다.

여러분이 "우리를 시험에 들게 하지 마옵시고"라고 기도할 때 여러분이 시험에 대항하여 설 수 있다고 교만스러운 생각을 하면 여러분은 넘어질 것을 알고 있다. 바울은 믿는 사람들에게 "그런즉 선 줄로 생각하는 자는 넘어질까 조심하라"(고린도전서 10:12)라고 경고한다.

여러분이 "우리를 시험에 들게 하지 마옵시고"라고 기도할 때

여러분은 자신이 없다고 하는 겸손을 실행하는 것이다. 여러분은 넘어질 수 있다는 것을 알고 있기에 여러분은 시험에서 멀어지도록 하나님께 구하고 그래서 여러분은 넘어지지 않을 것이다.

여러분은 자신의 입을 믿지 않기 때문에 여러분이 하는 말에 조심해야 한다(로마서 3:13을 보라). 여러분은 여러분의 발을 믿지 않기 때문에 여러분이 가는 곳에 주의하여야 한다(로마서 3:15을 보라). 여러분은 여러분의 눈을 믿지 않기 때문에 여러분이 보는 것에 유의하여야 한다(로마서 3:18을 보라). 여러분은 여러분의 정신을 믿지 않기 때문에 여러분이 읽는 것을 경계해야 한다(로마서 3:11을 보라). 여러분은 여러분의 마음을 믿지 않기 때문에 여러분이 원하는 것에 조심해야 한다(마태복음 15:17~20; 예레미야 17:9을 보라).

여러분이 "우리를 시험에 들게 하지 마옵시고"라고 기도할 때 여러분은 역시 시험의 장소에서 멀리 떨어져 있게 해 주시기를 하나님께 구하고 있다. 여기서 예수님께서는 '시험에'에서의 '에'(into)에 그리스어의 전치사 *eis*를 사용하셨다. 우리는 "제가 시험에 들게 하지 마옵시고"라고 기도한다.

주께서는 많은 다른 전치사들을 사용하실 수도 있었을 것이다. *en*이라는 전치사를 사용하실 수도 있었을 것인데 그때의 기도는 "우리를 시험의 정(正)중간에 들게 하지 마옵시고"라는 의미가 된다. 주께서는 *epi*라는 전치사를 사용하실 수도 있었는데 그러면 기도는 "우리를 시험의 끝에 들게 하지 마옵시고"라는 의미가 된다. 이 말은 우리가 시험에 가까이 올 수 있으나 시험의 주변을 걷는다는 의미가 될 것이다.

주께서는 *para*라는 전치사를 사용하실 수도 있었는데 그러면 그 기도는 "시험의 바깥쪽 주변에 들게 하지 마옵시고"라는 의미가 된다. 이것은 집 주변을 걷는 사람의 예로 설명된다. 또는 주께서는 전치사 *dia*를 사용하실 수도 있었는데 그러면 "시험의 중간을 통과하지 않게 해 주시옵소서"라는 의미가 된다. 이것은 우리를 시험 속에 들게 하고 또 벗어나게 하는 것이다. 그러나 주께서는 "우리를 시험에(eis)들게 하지 마옵시고"라고 기도할 것을 말씀하셨는데 이는 "우리가 죄에 도달하거나 죄에 손대게 할 목적으로 시험의 영향에 들게 하지 마옵시고"라는 의미이다.

승리의 생활이 있다

여러분이 "우리를 시험에 들게 하지 마옵시고"라고 기도할 때 여러분은 도덕적인 시험에서 여러분이 승리하게 하는 하나님의 리더쉽을 알고 있다. 때때로 그 시험은 젊은 기독교인일 때의 당신에게 찾아올 것이다. 극복할 수 없는 것처럼 보이는 것도 하나님의 도움으로 극복할 수 있다. 인생의 노년기에 그와 똑같은 시험이 우리에게 찾아오고 그때는 그 시험이 우리를 괴롭히지 않을 것이다. 그때의 시험은 이빨빠진 종이 호랑이다. 그 시험은 이제 더 이상 영적으로 성숙한 우리에게 맞지 않으며 아무 의미가 없다.

그 신발을 다른 발에 신어 보라. 여러분이 "저를 시험에 들게 하지 마옵시고"라고 기도하지 않았다면 인생 노년기의 영적 성숙 수준에 맞는 시험은 젊었을 때 여러분을 파괴했을지도 모른다.

하나님은 학교 선생님과 같다. 초급 학년 때에는 여러분이 문자를 쓸 수 있는지를 시험 받았다. 중급 학년일 때에는 여러분이 문장, 문단, 심지어는 짧은 글을 쓸 수 있는지 시험 받았다. 여러분이 대학에 들어갈 무렵에는 권위 있는 사람들의 문구를 인용하여 여러분의 주장을 뒷받침하면서 학기 과제를 쓸 수 있어야 한다. 그래서 선생님은 대학 논문에 기초하여 대학생을 시험하지, 초급 학년의 글에 기초하여 시험하지 않는다.

똑같은 방식으로 "우리를 시험에 들게 하지 마옵시고"라고 기도하는 것은 "우리가 잘 견딜 수 있는 시험에만 우리를 들게 하옵시고"라고 기도하는 방법의 하나이다. 의식있는 교사처럼 사랑의 하나님께서는 우리가 통과할 수 있는 시험만 주신다.

여러분이 "우리를 시험에 들게 하지 마옵시고"라고 기도할 때 하나님께서는 역시 시험의 양을 조절하신다. 여러분이 젊은 기독교인일 때 여러분은 아마 한 번에 한 가지의 시험만 다룰 수 있을 것이다. 여러분이 나이가 들어감에 따라 여러분은 한 번에 많은 시험들을 다룰 수 있을 것이다. 골프 초보자는 경기를 할 때 경기의 한쪽 측면만 본다. 그는 드라이브 샷, 칩 샷, 또는 풋팅에 전념한다. 나중에 골프의 숙련가가 되었을 때 그는 동시에 골프채 잡는 법, 서는 자세, 스윙과 리듬에 전념한다. 하늘에 계신 우리 아버지께서는 우리가 잘 견딜 수 있는 것보다 더 많은 것을 우리에게 넘기시지는 않는다.

예수님께서 돌아가시기 전날 밤 "내가 비옵는 것은 저희를 세상에서 데려가시기를 위함이 아니요, 오직 악에 빠지지 않게 보전하시기를 위함이니이다"(요한복음 17:15)라고 기도했다. 여러분이 "우리를 시험에 들게 하지 마옵시고"라고 기도할 때 여러분은 예수님의 대제사장 기도(High Priestly Prayer)에서 하신 것과 꼭 같은 기도를 하고 있는 것이다.

기도 체크 리스트(PRAYER CHECKLIST)			
우리를 시험에 들게 하지 마옵시고 여러분이 승리를 원하는 분야를 열거하라	생활(수준)은 어떠한가?(한 가지만 체크하라)		
	저	중	고
1.			
2.			
3.			
4.			
5.			
6.			
7.			

일지쓰기(Journaling)

일지를 쓰는 것은 기독교인으로 성장하기 위한 진지한 시도이다. 그에 대한 여러분의 느낌들을 써 내려가면 나중에 거기서 무엇인가를 배울 수 있다. 여기서 시험에 싸워 이기기 위해 분투했던 일들을 써 내려가고 싶을 것이다. 여러분이 넘어졌을 때를 기록하는 것만으로 여러분이 반드시 강건해지지는 않을 것이다. 여러분의 긍정적이고 또 부정적인 경험들을 기록하라.

1. 여러분이 시련을 이기기 위해 했던 일들을 써 내려가라. 여러분이 승리하기 위해 했던 여러분의 기도, 성서 읽기와 그외의 일들을 포함시켜라.

2. 여러분이 죄를 이겼을 때 어떤 기분이 들었는지, 그리고 그 기분으로 여러분이 무엇을 했는지를 서술하도록 노력하라. 여러분이 승리한 경험을 즐길 수 있도록 하는데 성서의 구절들이 의미가 있었는가?
3. 여러분이 주기도문을 외웠을 때 여러분에게 무슨 일이 일어났는가? 여러분의 인생에서 그 일은 얼마나 효과적이었는가?

3단계 성서 연구 : 시험에 직면하여 시험을 이겨내는 것

다음의 성서 연구는 여러분의 기독교인 생활에서 여러분을 넘어지게 하는 것들을 이해하는데 도움이 될 것이다. 기억하라. 1단계 - 여러분이 직면하는 문제들을 이해하기 위해 질문을 읽으라. 2단계 - 각 성서 구절의 의미를 여러분의 생활에 적용하려고 하면서 하나님께서는 그 화제에 관해 무엇이라고 말씀하시는지를 이해하기 위해 상자 안의 성서 구절을 읽으라. 3단계 - 밑줄친 빈칸에 답을 써라.

1. 죄는 여러분의 생활 어디에 들어 왔는가?

"이러므로 사람이 선을 행할 줄 알고도 행치 아니하면 죄니라." - 야고보서 4:17

_____
_____
_____

2. 여러분이 시험에 들 때 누가 여러분의 역할 모델이 되는가?

> "우리에게 있는 대제사장은 우리 연약함을 체휼하지 아니하는 자가 아니요 모든 일에 우리와 한결같이 시험을 받은 자로되 죄는 없으시니라." - 히브리서 4:15

_____
_____

3. 예수님께서는 어떻게 시험을 이겨 내셨는가?

> "그 때에 예수께서 성령에게 이끌리어 마귀에게 시험을 받으러 광야로 가사." - 마태복음 4:1
>
> "예수께서 대답하여 가라사대 기록되었으되 사람이 떡으로만 살 것이 아니요 하나님의 입으로 나오는 모든 말씀으로 살 것이라 하였느니라 하시니." - 마태복음 4:4

_____
_____

4. 시험에 승리한 여러분의 내적인 비밀은 무엇인가?

> "내가 주께 범죄치 아니하려 하여 주의 말씀을 내 마음에 두었나이다." - 시편 119:11

_____
_____

5. 여러분은 여러분을 시험에서 보호하기 위해 어떤 태도를 취하는가?

> "너희가 유혹의 욕심을 따라 썩어져 가는 구습을 좇는 옛 사람을 벗어 버리고 오직 심령으로 새롭게 되어 하나님을 따라 의와 진리의 거룩함으로 지으심을 받은 새 사람을 입으라." - 에베소서 4:22~24

_____
_____
_____

6. 시험에 대한 외적인 반응은 무엇인가?

> "그런즉 너희는 하나님께 순복할지어다. 마귀를 대적하라. 그리하면 너희를 피하리라." - 야고보서 4:7

_____
_____
_____

7. 여러분이 시험받을 때 여러분에 대한 하나님의 약속은 무엇인가?

> "사람이 감당할 시험 밖에는 너희에게 당한 것이 없나니 오직 하나님은 미쁘사 너희가 감당치 못할 시험 당함을 허락지 아니하시고 시험 당할 즈음에 또한 피할 길을 내사 너희로 능히 감당케 하시느니라." - 고린도전서 10:13

_____
_____
_____

8. 시험을 이겨 낸 사람들에 대한 보상은 무엇인가?

> "시험을 참는 자는 복이 있도다. 이것에 옳다 인정하심으로 받은 후에 주께서 자기를 사랑하는 자들에게 약속하신 생명의 면류관을 얻을 것임이니라." - 야고보서 1:12

_____
_____
_____

LORD'S PRAYER

마틴 루터의 아침기도

간밤의 모든 위험과 해악으로부터 저희들을 보살펴 주신, 하늘에 계신 아버지 당신께 예수 그리스도를 통해 감사드립니다.

그리고 오늘 하루도 역시 모든 죄악에서 저희들을 보호해주시고 지켜 주시기를 당신께 간청합니다. 저희들은 저희들의 모든 생각, 말, 행동으로 당신께 헌신하고, 또 당신을 기쁘게 해드릴 수 있기를 원합니다. 저희들의 몸과 영혼을 당신의 손안에 맡깁니다. 이 모든 것들은 저희들이 바라는 것입니다.

당신의 성스러운 천사가 저희들을 다스리게 하시고 사탄이 저희들을 지배하지 않도록 해주십시오.

아멘.

하늘에 계신 우리 아버지여,
이름이 거룩히 여김을 받으시오며, 나라이 임하옵시며.
뜻이 하늘에서 이룬 것같이 땅에서도 이루어지이다.
오늘날 우리에게 일용할 양식을 주옵시고.
우리가 우리에게 죄 지은 자를 사하여 준 것같이
우리 죄를 사하여 주옵시고,
우리를 시험에 들게 하지 마옵시고,
다만 악에서 구하옵소서.
대개 나라와 권세와 영광이 아버지께 영원히 있사옵나이다.
아멘.

10. 일곱 번째 간청 :
악에서 구하옵소서

내 생활을 위한 방어

　　1995년여름 나는 일리노이 주의 스프링필드 가까이에 있는 나자렌(Nazarene) 야영지에서 설교를 해 달라는 부탁을 받았다. 야영지에 도착한 후 교단의 관리자가 도착하지 않았기 때문에 나는 시간을 좀더 연장해 달라는 부탁을 받았다. 그 관리자는 내가 타고 달렸던 주간(州間) 고속도로로 아내와 함께 이 야영지를 향해 달리고 있었다. 그리고 그는 우연히 사고를 당했는데 그것은 자연히 발생한 것이라고 설명될 수는 없었다. 귀 달린 볼트가 속도를 내어 달리는 트레일러의 타이어에서 빠져 나와 소총의 총알처럼 큰 힘을 가지고 자동차 앞 유리창을 뚫고 들어 왔다.

　　그의 아내가 겨우 차를 멈추었을 때 그녀는 자신의 **남편이 총에 맞았다고** 생각했다. 그의 가슴에는 소총의 상처처럼 구멍이 뚫려 있었다. 리플리(Ripley)의 진리가 허구보다 더 낯선 세상에서 그 볼트는 사람을 맞추거나 또는 맞추지 못할 수도 있었을 것이다.

귀 달린 볼트가 느슨하게 빠져 나왔을 때 나는 그 고속도로에 있을 수도 있었고 또 그것이 나를 맞출 수도 있었을 것이다. 그 볼트가 나를 죽일 수 있는 일이었다. 그가 내 자리를 대신하고 있었다.(그 사람은 살았다.) 그날 아침 나는 "악에서 구하옵소서"라는 간청을 숙고하면서 주기도문을 기도하였다.

나는 이전에 캘리포니아 주 할리우드의 홀리데이 인에서 세미나를 주관하였다. 약 150명의 사람들이 회의에 참석했다. 우리는 하나님의 업적에 관해 토론했는데 그날은 잘 지나갔다. 나는 회의에 참석한 많은 사람들이 그들과 함께 개별적으로 기도하자는 부탁을 내게 하려고 단상으로 올라올 것이라는 것을 알았다. 그 모임을 끝내는 축복 대신에 나는 그들이 하나님께 헌납(dedication)하기를 원하였다. 나는 모임을 마감하는 헌납의 기도를 위해 그들이 의자 옆에 꿇어 앉기를 부탁했다. 여러 가지 이유로 나는 내가 서 있었던 방의 중간에서 기도하기보다는 의자 첫 줄 끝의 창문 가까운 곳으로 걸어 가서 꿇어 앉았다.

세미나에 대표로 온 사람들을 위해 헌납의 기도를 한 후에 나는 주기도문으로 내 기도를 끝냈다. 나는 주일 아침 교회에서 하듯이 단어 하나 하나를 그대로 외우지 않았다. 대신에 주기도문을 청중에게 응용하면서 주기도문의 단어들을 알기 쉽게 바꾸어 말했다. 마지막 간청에 이르렀을 때 나는 기도했다.

"집으로 돌아가는 길에 교통 사고로 우리에게 해를 줄지도 모를 악한 것에서 우리를 구하옵소서. 질병이나 병균에 의해 우리의 건강을 해치는 악한 것에서 우리를 구하옵소서. 우리가 생각하지 못한 방법으로 우리를 해치는 악한 것에서 우리를 구하옵소서."

기도를 끝내고 나는 일어서서 창문쪽에서 걸어 나와 중앙의 성서 낭독대로 향했다. 내가 그 장소에서 걸어나오고 있을 때 갑자기 모든 창문 틀에서 유리가 떨어져 나와 내가 막 떴던 그 의자에 산산조각으로 깨어 졌다. 깨어진 유리가 모든 방향으로 날아가 튀었다.

청중들이 고함을 쳤다.

아무도 유리에 의해 다치지는 않았다. 화려하게 장식된 무거운 스페인 창문 틀이 내가 무릎을 꿇었던 바로 그 의자 위를 덮쳤던 것이다. 그 창문 틀은 나를 죽였을 만큼 무겁다고는 생각하지 않았다. 그러나 나는 내가 만약 움직이지 않았다면 무슨 일이 일어났을지 상상하기도 끔찍하다.

그날 참석한 대부분의 사람들은 내가 막 기도한 주기도문 때문에 하나님께서 나를 보호해 주셨다고 믿었다. 사탄은 하나님께 속한 모든 사람들을 해치려고 하기 때문에 우리 모두는 하나님의 보호를 위해 매일 주기도문을 기도해야 한다. 우리는 매일 새로운 날에 어떤 위험이 우리 앞에 닥칠지 모르기 때문에 우리에게는 우리를 덮어줄 하나님의 보호 담요가 필요하다.

"하루에 성서 한 구절을 외워 악마를 멀리하라." 이것은 어린이들에게 멋지게 들리는 옛날 주일학교의 한 가지 슬로건이다. 위험으로부터 보호받는 것은 매일 단 한 구절의 성서를 읽는 것보다 더 많은 노력이 들지 모른다.

성서의 과거 **킹 제임스 판**에는 "악(evil)에서 구하옵소서"라고 쓰여져 있으나 **신 킹 제임스 판**에는 "악(evil one)에서 구하옵소서"라고 쓰여져 있다. 여러분은 여러분에게 해를 주는 가장 나쁜 악이 있다는 것을 믿고 있음을 고백하고 있다. 이것은 기독교인의 생활이 예배에 참가하는 생활 이상의 것이며, 또한 긍정적으로 생각하는 힘 이상의 것이라는 것을 의미한다. 여러분이 "악에서 구하옵소서"라는 구절을 사용할 때 여러분은 기독교인의 생활이 여러분을 반대하는 적과의 투쟁이라는 것을 인정하고 있는 것이다. 따라서 이 장에서는 전쟁, 싸움, 전투, 승리, 또는 패배에 관해 다룰 것이다.

여러분이 "악에서 구하옵소서"라고 기도할 때 여러분은 여러분의 적인 악에 관한 네 가지 필수적인 사실들을 믿고 있음을 인정하고 있는 것이다. 여러분이 어떻게 주기도문을 기도하는지를 알 때 여러분은 성공적으로 적과 싸울 수 있다. 여러분은 패배로부터 자신을 막을 수 있고 여러분 영혼의 통제를 위해 싸움에서 이길 수 있다.

악에 관한 네 가지 필수적인 사실들

1. 악은 존재한다.
2. 악은 여러분과 싸움 중이다.
3. 하나님은 여러분의 구출자이다.
4. 여러분은 구출을 위해 주기도문을 이용할 수 있다.

모든 신참 군인들은 신병 훈련소라는 곳에서 기본적인 훈련을 배운다. 신병 훈련소에서 신참 군인들은 적과 싸우는 법을 배운다. 주기도문의 첫 세 가지 간청들을 마스터하는 것은 신병 훈련소의 처음 수업을 배우는 것과 유사하다. 왜냐하면 이들 간청은 여러분에게 기본적인 기독교인의 생활을 가르쳐 주기 때문이다.

첫째, 여러분은 하나님을 찬양하는 법을 배운다(즉, "이름이 거룩히 여김을 받으시오며").

둘째, 여러분은 하나님의 원칙들에 순종하는 법을 배운다. "나라이 임하옵시며"

셋째, 여러분은 명령에 복종한다. "뜻이 이루어지이다"

다음, 신참 군인으로서 "우리에게 일용할 양식을 주옵시고"라고 필요한 것을 구함으로써 전투에 필요한 영양분을 받는다.

마지막 세 가지 간청들은 우리를 우리의 적과 싸우도록 해 준다. 다섯 번째 간청에서 "우리 죄를 사하여 주옵시고"라고 기도할 때 여러분은 죄 사함을 받는다. 여섯 번째 간청인 "우리를 시험에 들게 하지 마옵시고"라는 기도는 여러분에게 승리를 가져다 준다. 마지막 간청인 "악에서 구하옵소서"라는 기도는 여러분을 보호해 준다.

악은 존재한다

기독교인의 생활은 게임을 하고 청량 음료수를 마시는 주일 학교의 소풍이 아니다. 우리에게는 무자비하게 우리를 파괴하고자 하는 적이 있다. 인생은 경쟁적인 것들과 싸우는 싸움터이다. 적은 하나님을 증오하기 때문에 그 적은 우리를 증오하고 우리를 상대로 하여 싸운다.

바울은 믿는 자들이 죄에 굴복할 때 사탄의 수단이 된다는 것을 알았다. 그것은 하나님의 일에 해를 끼치고 궁극적으로 하나님께 해를 끼치는, 적이 사용하는 방법이다. 바울은 고린도인에게 말했다.

너희가 교회에 죄 지은 자들을 용서한 사람들을 내가

용서하노라. 우리가 용서하지 않는 영혼을 가지는 것은 사탄이 우리에게 오기 때문이니라. 내가 그리스도 안에서 살고 있으므로 나는 그들을 용서하노라. 우리에게 오고자 하는 사탄의 궤계를 내가 알지 못함이 아니니라 (고린도후서 2:10, 11 저자 역).

> 사탄이 우리에게 올 때 사탄은 하나님께 오는 것이다.

매주 어떤 사람이 자신이 다니는 교회의 기도 모임에서 기도하기 위해 일어섰다. 전과 다름없이 그는 "내 생활에서 모든 거미줄을 없애 주시옵소서"라는 구절로 기도를 끝마쳤다.

어느 날 밤 이 사람의 계속적인 요청을 들은 한 친구가 기도에서 "주여, 대신에 거미를 죽여 주시옵소서"라고 불쑥 말을 꺼냈다.

우리는 우리 생활에서 "거미"를 무시하면서 얼마나 자주 "거미줄"에 직면하는 우리를 발견하는가? 우리의 주요한 적은 한 마리의 거미보다 더 크다. 그것은 악한 것이다. 신병 훈련소에서 신참 군인들은 그들의 적이 누구이고 적이 어떻게 공격하는지를 배운다. 마찬가지 방식으로 하나님의 자녀들은 그들의 적에 관해 알 필요가 있다.

문제는 우리가 악에 관한 잘못된 옛날 이야기나 정보로 가득찬 문화 속에서 살고 있다는 것이다. 우리가 수많은 사람들에게 사탄에 관해 어떻게 생각하는지를 묻는다면 우리는 수많은 다른 대답들을 얻을 것이다.

중세 시대에 사람들은 오락으로 종교 연극을 즐겼다. 오랜 세월 동안 연기자들은 빨간 옷을 입고 머리에 뿔을 달고 쇠스랑을 손에 쥐고 악마의 연기를 했다. 심지어 오늘날 사람들은 악마가 흉악한 모습을 하고 있다고 생각한다. 영화에서는 사악한 외모를 가지고 있는 것으로 묘사된다.

최근 신비주의에 대한 사람들의 관심이 증가하고 있기 때문에 사탄은 영화에서 박스 오피스에 오를 만큼 매력적인 것이 되었다. 우리는 역시 사탄 숭배자들의 숭배가 계속 증가하고 있음을 본다. 사람들은 사탄에게 어느 정도 자신들의 생활에 대한 통제권을 줄 준비가 되어 있다. 사탄에 대한 관심과 영향은 영화와 십대의 뮤직 비디오와 같은 단순한 것에서부터 악마주의와 관련된 공예품을 파는 상점과 같은 더 심각한 것에 이르기까지 증대되고 있다.

어떤 집단은 악마의 존재를 완전히 부정한다. 어떤 사람은 "devil"에서 d를 빼면 "evil"이 된다고 언급하면서 악(evil)의 구현은 없다고 말했다. 어떤 파벌주의자들은 악마의 초자연적인 측면을 부정하고 또 다른 파벌주의자들은 악마의 존재는 인정하나 그 힘은 부정한다. 기만은 사탄의 특성들 중의 하나이기 때문에 왜 그렇게 많은 기독교인들이 악마의 본성과 일에 관해 속고 있는지를 이해할 수 있다. 사탄이 자신의 본성과 일에 관해 사람들을 현혹시키고 있다. 사탄은 자신을 공개적으로 보이지 않고 숨어 있을 때 효과적이다.

악한 것은 많은 이름을 가지고 있다. 요한은 "큰 용… 옛 뱀 곧 마귀라고도 하고 사단이라고도 하는 온 천하를 꾀하는 자라"(요한계시록 12:9)라고 악한 것에 관해 묘사했다. 예수님께서는 "살인자, 거짓말장이, 거짓의 아비"(요한복음 8:44)라고 부르셨다.

악은 여러분과 싸움 중이다

몇 년 전 한 미술가가 체스 게임에서 젊은 남자와 대적하는 악마의 초상을 그렸다. 오하이오 주의 신시내티에 있는 한 미술관에 그 그림이 걸려 있었다. 그림의 내용은 체스 게임에서 악마가 젊은이에게 도전했던 것이라고 한다. 만약 그 젊은이가 악마에게 이긴다면 그는 악마의 영향에서 영원히 자유로울 것이나 만약 패하면 악마는 그 젊은이의 영혼을 소유할 것이다. 그 그림은 악마가 승리할 것이라는 결론을 보여 주었다. 그 그림을 본 체스 전문가들은 겨우 네 수만에 그 젊은이가 질 것이라는 것을 깨달았다.

몇 년 동안 신시내티 미술관에 있던 그 그림은 불길함과 낙담을 전했다. 관람객들이 그 초상화를 지날 때 그 젊은이의 상황에는 희망이 없다는 것을 보았다. 세상의 가장 훌륭한 체스 경기자들은 체스 경기를 하는데 있어서 그 미술가의 총명함과 그것을 인생에 적용하고자 함에 감탄한 채 서 있었다.

마지막으로 그 그림을 연구한 어떤 사람이 체스 게임에서 악마를 이길 수 있다고 확신하였다. 그는 나이가 든 체스의 대가인 폴 머피(Paul Murphy)를 뉴욕으로부터 초청하여 그 그림을 연구하도록 했다. 군중들이 그 체스의 대가가 그 딜레마를 해결할 수 있을지를 보기 위해 모여 들었다. 그는 여러 가지 수를 시도하면서 앉았는데 그러한 시도가 효용이 있는지를 보기만 하였다. 그때 갑자기 생각하지 못했던 수들을 깨달았을 때 그 노인의 눈이 번쩍 띄였다. 그가 한 수, 한 수 놓을 때마다 젊은이는 구출되었을 뿐만 아니라 악마는 막다른 길에 놓였다. 그가 그 해답을 설명했을 때 사람들은 감탄의 소리를 질렀다.

"젊은이여, 그 수를 놓게나!"

많은 기독교인들은 악마가 공격을 한다면 항복하는 것 외에는 어떤 것도 할 수 없다고 믿는다. 또 다른 기독교인들은 자신들에 미치는 악마의 영향을 생각하면서 공포에 떤다. 반면에 성서에서는 "이는 너희 안에 계신 이가 세상에 있는 이보다 더 크심이라" (요한일서 4:4)라고 말하고 있다.

사탄의 모든 일들은 하나님께 거역되는 것들이다. 사탄이라는 이름의 정확한 의미는 "적"이다. 항상 사탄은 하나님의 일 또는 계획에 반대한다. 또 다른 경우에는 하나님을 흉내내어 기독교인들을 구하려는 하나님의 계획에서 그들을 끌어내기도 한다.

여러분이 "악에서 구하옵소서"라고 기도할 때 여러분은 여러분에 대한 보호를 하나님께로 돌리는 것이다. 여러분은 여러분 적의 위협들에 굴복해서는 안된다. 여러분은 악에 대한 두려움 속에서 살아서는 안 된다. 여러분은 하나님께 여러분의 생활을 보호해 주실 것을 구하라.

하나님은 여러분의 구출자이시다

사탄이 우리를 굴복시키는 것보다 우리가 사탄을 굴복시키는 것이 더 당연한 것이어야 한다. 하나님께서는 기독교인들이 패배하지 않게 보호하실 수 있는 하나님의 말씀에서 어떤 원칙들을 계시하셨다. 그러나 악에서 우리를 격리시키는 것 이상으로 이러한 원칙들은 악에 대해 우리가 승리할 수 있게 해줄 수 있다. 성서에서는 명백하게 말하고 있다.

> 사람이 감당할 시험 밖에는 너희에게 당한 것이 없나니 오직 하나님은 미쁘사 너희가 감당치 못할 시험 당함을 허락지 아니하시고 시험 당할 즈음에 또한 피할 길을 내사 너희로 능히 감당하게 하시느니라(고린도전서 10:13)

그 "피할 길"은 성서의 원칙들을 각 시험에 적용함으로써 발견된다.

여러분은 구출을 위해 주기도문을 사용할 수 있다

존경의 원칙 (The principle of Respect)
기독교인들은 사탄으로부터 자신들을 구출하는 데 있어서 육체적인 힘에 너무 자주 의존한다. 예수님이 악마보다 더 위대하시지만 (요한일서 4:4를 보라) 우리는 아직도 우리의 적에 대한 육체적인 존경을 가지고 있음에 틀림없다. 만약 어떤 풋볼 팀이 너무 자신감을 많이 가지고 있다면 약한 팀에게 질 수도 있다. 과신(過信)은 상대팀이 오히려 할 수 없는 일들을 하게 허용하면서 팀이 부주의하게 경기를 하도록 만든다.

땅꾼의 명수는 독 있는 방울뱀을 무서워 하지 않고 그 뱀에게 주의하여 자신을 위험에 몰아 넣지 않는다. 그는 뱀을 다루는 방법과 물리지 않는 방법을 잘 알고 있다. 우리는 오직 하나님만을 두려워해야 하기 때문에 우리는 악한 것을 두려워 하지 않는다(신명기 31:12를 보라). 우리의 운명을 손 안에 쥐고 있는 분은 하나님이시다. 그렇다 하더라도 우리는 악한 것의 교활함과 책략을 피할 수 있을 만큼 충분히 주의해야 한다.

제거의 원칙(The Principle of Removal)
"한 개의 좋지 않은 사과가 한 통의 사과를 못쓰게 만든다"라는 말이 있다. 이 원칙은 악마와 대면했을 때에도 적용된다. 현명한 기독교인들은 자신들의 생활을 평가하여 자신이 시험받기 쉬운 영역은 피해야 한다. 바울은 "악은 어떤 모양이라도 버리라"(데살로니가전서 5:22)라고 우리를 일깨워주고 있다. 역시 바울은 "이것들을 피하고"(디모데전서 6:11)라고 말하고 있다.

어린 소년이 정원에서 아버지를 만나서 아버지에게 자랑스럽게 아빠에게 이야기했다.

"오늘 뱀을 몰아내었어요."

그 아버지는 아들의 용감함에 놀랐고 정원의 뱀들을 없애는 방법을 알았다. 그래서 그는 아들에게 물었다.

"막대기 아니면 돌로 뱀을 몰아 내었느냐?"

"뱀이 달리게 해서 몰아 내었어요"라고 그 소년은 설명했다.

여러분은 악한 것을 공격해서는 안 되고 또한 악한 힘과 싸우기 시작해서도 안 된다. 몇몇 전문가들은 영적인 싸움에서 악한 것에 대응하는 방법을 알고 있지만 일반적인 하나님의 자녀들은 훈련이나 지혜없이 그렇게 해서는 안 된다.

저항의 원칙 (The Principle of Resistance)
어떤 기독교인이 수동적으로 사탄 또는 사탄의 영향을 받는다면 하나님께 순종하지 않을 것이다. 야고보 사도는 "너희는 하나님께 순복할지어다. 마귀를 대적하라. 그리하면 너희를 피하리라"(야고보서 4:7)라고 충고한다. 하나님의 자녀들은 명확한 행동을 취하여 악한 것으로부터 자신들을 보호할 수 있다.

사도 베드로는 믿는 자들에게 사탄에게 굴복하여서는 안 되나 "믿음을 굳게 하여 저를 대적하라"(베드로전서 5:9)라고 충고하였다. 우리가 예수 그리스도의 이름을 인용하고 악의 시험 소리를 듣지 않고자 한다면 우리는 패배하지 않을 것이다. 예수님께서 시험받으셨을 때 성서를 이용하여 악마에게 대적하셨고 그래서 승리를 얻으셨다(마태복음 4:1~11을 보라).

준비의 원칙 (The principle of Readiness)
보이 스카우트는 "준비하라"라는 좌우명을 가지고 있다. 그 원칙은 시험받는 기독교인의 좌우명이 되어야 한다. 예수님께서는 "시험에 들지 않게 깨어 있어 기도하라"(마가복음 14:38)라고 말씀하셨다. 바울은 에베소 사람들에게 "마귀의 궤계를 능히 대적하기 위하여 하나님의 전신갑주를 입으라"(에베소서 6:11)고 충고하였다. 준비된 기독교인들은 자신들의 약한 영역을 알고 그 영역을 강화시킬 것이다.

우리의 전략	
우리의 적에 주의하라.	악으로부터 벗어나라.
위험에 대적하라.	준비하고 있어라.

여러분이 "악에서 구하옵소서"라고 기도할 때 여러분은 여러분을 보호해 달라는 도움을 하나님께 구하기로 결정을 한 것이다. 그 결정은 여러분을 위해 두 가지 일들을 할 것이다. 첫째, 그 결정은 하나님께 순종하도록 여러분의 뜻에 힘을 실어줄 것이다. 여러분이 하나님의 도움을 구하기로 결정하였을 때 여러분은 자신

을 악에 대적하는 하나님쪽에 두는 것이다.

> 여러분의 순종하겠다는 **의사결정**을 할 때까지 여러분은 순종하겠다는 **힘**을 가지지 마라.

둘째, 하나님께서 악으로부터 여러분을 보호해 주시도록 도움을 구하는 결정을 할 때 여러분은 하나님을 여러분의 경험 속으로 모시는 것이다. 하나님은 여러분보다 더 현명하시며 여러분을 방어하는 방법을 알고 계신다. 하나님은 여러분보다 더 힘이 세시며 여러분을 보호할 힘을 가지고 계신다. 시편에서는 이 자신감에 대해 "여호와께서 너를 지켜 모든 환난을 면케 하시며… 여호와께서 너의 출입을 지금부터 영원까지 지키시리로다"(시편 121:7, 8)라고 이야기하고 있다.

기도 체크 리스트(PRAYER CHECKLIST)			
악에서 구하옵소서 여러분이 누구를 위해 기도하는지 그 사람들을 열거하라	생활(수준)은 어떠한가?(한 가지만 체크하라)		
	저	중	고
1.			
2.			
3.			
4.			
5.			
6.			
7.			

일지쓰기(Journaling)

여러분은 매일 여러분 자신과 주위에 있는 다른 사람들을 위해 하나님의 영적인 보호를 구해야 한다. 여러분이 누구를 위해 기도하는지 그 사람들을 열거하라. 역시 하나님께서 여러분을 보호해 주심으로써 응답해 주셨다는 것을 생각하는 방법에 대해 써라.

1. 여러분에게 보호가 필요한 영역은 어디인가? 대개 여러분의 "궤적 기록"은 적이 어떻게 여러분을 공격해 왔는지를 결정하는 좋은 방법이다. 과거에 여러분이 어떻게 공격을 받았는지는 미래의 문제를 예측하는데 도움이 될 것이다. 여러분이 이런 것들을 썼을 때 여러분은 미래에 어떤 영역에서 보호가 필요한지를 잘 알게 될 것이다.
2. 하나님께서 어떻게 여러분을 구출하시고 또 보호해 주셨는지를 말하라. 이것은 영적인 것, 지적인 것, 심리적인 것, 사회적인 것, 또는 육체적인 것일 수 있다.
3. 어떤 날 보호를 구한 여러분의 기도가 다른 날들의 기도보다 어떻게 더 열정적이었는지를 서술하라.
4. "악에서 구하옵소서"라는 기도가 여러분의 감정, 자신감, 두려움에 어떤 영향을 주는가?

3단계 성서 연구 :
악한 것으로부터의 보호

다음의 성서 연구는 하나님께서 어떻게 자신의 자녀들을 해로운 것으로부터 보호하시는지 보여 줄 것이다. 1단계 - 여러분이 직면하는 문제들을 이해하기 위해 질문을 읽으라. 2단계 - 하나님께서는 그 화제에 관해 무엇이라고 말씀하시는지를 이해하기 위해 상자 안의 성서 구절을 읽고 그 응답을 여러분의 생활에 적용하라. 3단계 - 밑줄친 빈칸에 답을 써라.

1. 누가 기독교인들에게 해를 끼치고자 하는가 ?

> "근신하라. 깨어라. 너희 대적 마귀가 우는 사자 같이 두루다니며 삼킬 자를 찾나니."
> - 베드로전서 5:8

_____
_____
_____

2. 적은 어떻게 비기독교인들을 공격하는가?

> "이에 마귀가 와서 그들로 믿어 구원을 얻지 못하게 하려고 말씀을 그 마음에서 빼앗은 것이요." - 누가복음 8:12

_____
_____
_____

3. 적은 비기독교인들에게 또 어떤 다른 일을 하는가?

> "그 중에 이 세상 신이 믿지 아니하는 자들의 마음을 혼미케 하여 그리스도의 영광의 복음의 광채가 비취지 못하게 함이니 그리스도는 하나님의 형상이니라." - 고린도후서 4:4

_____

_____

_____

4. 사탄은 여러분을 어떻게 속일 것인가?

> "저런 사람들은 거짓 사도요 궤휼의 역군이니 자기를 그리스도의 사도로 가장하는 자들이니라. 이것이 이상한 일이 아니라 사단도 자기를 광명의 천사로 가장하나니 그러므로 사단의 일군들도 자기를 의의 일군으로 가장하는 것이 또한 큰 일이 아니라." - 고린도후서 11:13~15

_____

_____

_____

5. 적은 여러분에게 어떤 다른 일을 할 것이고 하나님께서는 어떻게 여러분을 도우실 것인가?

> "시몬아, 시몬아, 보라. 사단이 밀 까부르듯 하려고 너희를 청구하였으나 그러나 내가 너를 위하여 네 믿음이 떨어지지 않기를 기도하였노니." - 누가복음 22:31, 32

_____

_____

_____

6. 적의 태도에 대해 여러분의 태도는 어떠해야 하는가?

> "마귀의 궤계를 능히 대적하기 위하여 하나님의 전신갑주를 입으라. 우리의 씨름은 혈과 육에 대한 것이 아니요 정사와 권세와 이 어둠의 세상의 주관자들과 하늘에 있는 악의 영들에게 대함이라." - 에베소서 6:11, 12

_____
_____
_____

7. 믿는 사람들이 그들의 적인 악한 것과 마주칠 때 어떤 약속을 가지고 있는가?

> "자녀들아 너희는 하나님께 속하였고 또 저희를 이기었나니 이는 너희 안에 계신 이가 세상에 있는 이보다 크심이라." - 요한일서 4:4

_____
_____
_____

8. 어떤 약속들이 여러분을 격려하는가?

> "여호와께서 너를 지켜 모든 환난을 면케 하시며 네 영혼을 지키시리로다. 여호와께서 너의 출입을 지금부터 영원까지 지키시리로다." - 시편 121:7, 8

_____
_____
_____

LORD'S PRAYER

주기도문을 통제하기

하나님께서 여러분의 모든 기도에 응답해 주신다면 여러분은 이 세상에 어떤 불화를 들여올 것인가! 그때는 하나님이 아닌 여러분이 세상을 통제할 것이다. 그래서 하나님께서 여러분의 모든 기도에 응답하시지 않을 때 아마도 하나님께서는 누가 이 세상을 통제하고 있는지를 여러분에게 정확하게 상기시키고 계신 것이다.

하늘에 계신 우리 아버지여,
이름이 거룩히 여김을 받으시오며, 나라이 임하옵시며,
뜻이 하늘에서 이룬 것같이 땅에서도 이루어지이다.
오늘날 우리에게 일용할 양식을 주옵시고,
우리가 우리에게 죄 지은 자를 사하여 준 것같이
우리 죄를 사하여 주옵시고,
우리를 시험에 들게 하지 마옵시고,
다만 악에서 구하옵소서.
대개 나라와 권세와 영광이 아버지께 영원히 있사옵나이다.
아멘.

11. 축복 :
올바르게 끝내는 방법

여러분이 "대개 나라와 권세와 영광이 아버지께 영원히 있사옵나이다"라는 축복으로 기도를 끝낼 때 여러분은 하나님께 세 가지의 적극적인 말을 하고 있는 것이다. 이러한 말들은 여러분의 생활을 변화시키고 더 위대한 기도 생활로 이끄는 적극적인 태도가 될 수 있다.

축복에서 하나님에 관한 필수적인 사실들

나라 : 하나님께서 자신의 방식대로 기도에 응답하시는 권리
권세 : 여러분이 구하는 것을 하나님께서 주시는 능력
영광 : 여러분에게 주어지는 축복에 대한 하나님의 명성

나라가 아버지께 있사옵나이다

여러분이 "나라가 아버지께 있사옵나이다"라고 기도할 때 여러분은 일곱 가지의 간청들을 끝내고 주기도문의 축복으로 들어가려 하고 있다. 여러분은 하나님에 대한 기도를 정리하려 하고 있는 것이다.

회사에서 판매를 할 때 여러분이 어떻게 **시작하고** 어떻게 **끝내는가** 하는 것은 중요하다. 판매 제안의 성공 여부는 주문을 받는 것에 달려 있다. 어떤 기도라도 그 성공은 두 가지 요소 즉, 하나님을 영광되게 하고, 하나님으로부터 응답을 받는 것에 달려 있다.

여러분이 "나라가 아버지께 있사옵나이다"라고 기도했기 때문에 여러분은 여러분의 생활을 하나님께서 통제하신다는 것을 인정하고 있다.

여러분이 "나라가 아버지께 있사옵나이다"라고 기도했기 때문에 여러분은 하나님이 이 땅과 여러분 생활의 최고 통치자이시라는 것을 인정하고 있다.

여러분이 "나라가 아버지께 있사옵나이다"라고 기도했기 때문에 여러분은 하나님이 응답받는 기도의 원천이시라는 것을 인정하고 있다.

여러분이 "나라가 아버지께 있사옵나이다"라고 기도했기 때문에 여러분은 하나님께서 여러분의 기도를 거절하실 권리를 가지고 계신다는 것을 인정하고 있다.

여러분이 "나라가 아버지께 있사옵나이다"라고 기도했기 때문에 여러분은 하나님께서 선택하신 방법대로 여러분의 기도에 응답하실 수 있고 응답하실 것이라는 것을 알고 있다.

여러분이 "나라가 아버지께 있사옵나이다"라는 것을 인정할 때 하나님은 여러분의 생활에 대한 왕이시고 또 여러분이 하나님의 나라에서 추종자가 될 것이라고 하나님께 이야기하는 것이다.

권세가 아버지께 있사옵나이다

여러분이 "권세가 아버지께 있사옵나이다"라고 말하면서 기도를 결론지을 때 여러분은 여러분의 기도에 응답하시는 하나님의 경외로운 능력을 인정하는 것이다.

여러분이 "권세가 아버지께 있사옵나이다"라고 기도하기 때문에 여러분은 하나님의 종이고 하나님은 여러분의 지배자라는 것을 인정하고 있다.

여러분이 "권세가 아버지께 있사옵나이다"라고 기도하기 때문에 여러분은 하나님께서 선택하여 보내시는 어떤 응답에도 순종하겠다는 것을 인정하고 있다.

여러분이 "권세가 아버지께 있사옵나이다"라고 기도하기 때문에 여러분은 하나님이 이 세상의 창조주이시고 지배자이심을 인정하고 있다.

여러분이 "권세가 아버지께 있사옵나이다"라고 기도하기 때문에 여러분은 사람들은 하나님의 형상을 본떠 만들어졌으며 하나님의 자연적이고 또 초자연적인 법칙들에 따라야 한다는 것을 인정하고 있다.

여러분이 "권세가 아버지께 있사옵나이다"라고 기도하기 때문에 하나님께서 고통과 기쁨을 포함하여 여러분의 생활을 통제하고 계신다는 것을 인정하고 있다.

여러분이 "권세가 아버지께 있사옵나이다"라고 기도하기 때문에 여러분은 하나님께서 원하실 때, 적합하다고 생각하시는 방법대로 자신이 원하시는 것을 하실 주권을 가지고 계신다는 것을 인정하고 있다.

여러분이 "권세가 아버지께 있다"는 것을 인정할 때 여러분은 만약 여러분이 구하는 것이 하나님의 뜻이라면 여러분에게 **주실지**도 모른다고 깨닫는 것이다. 여러분은 역시 여러분이 구하는 것이 하나님의 법칙과 목적에 위배될 때 하나님께서는 응답하시지 **않으실 것**이라고 깨닫고 있다. 하나님께서는 타이밍이 맞지 않기 때문에 **기다리실지**도 모른다. 하나님께서는 여러분이 하나님의 본성에 위배되거나 또 나쁜 일들을 구하지 않는다면 여러분이 구하는 것을 절대 거절하시지 않을 것이다. 예를 들면 여러분은 진리 속에서 하나님께서 거짓말하시도록 할 수 없고 또는 2 더하기 2는 3이 되게 해 달라든지, 또는 너무 무거워서 들어올릴 수 없는 바위를 만들어 달라고 할 수 없다.

여러분이 "권세가 아버지께 있다"는 것을 인정할 때 여러분은 하나님의 전능하신 능력에 따라 응답해 주시도록 이야기하고 있다. 하나님께서는 평소 세상을 다스리는 법칙들을 뛰어 넘어서 여러분의 요청에 응답하시는 기적을 행하실지도 모른다.

하나님께서는 사람들의 내적인 태도를 변화시켜 응답하실지도 모른다. 야곱은 그의 형이 자신을 죽일 것이라는 두려움 때문에 밤새 기도로 하나님과 씨름하였다. 하나님께서는 그의 형 에서가 20년 동안 쌓아온 분노를 변화시킴으로써 응답하셨다. 하나님께서는 수많은 방법으로 응답하실지도 모른다. 그러나 하나님께서 어떻게 응답하시든 간에 우리의 반응은 오직 "권세가 아버지께 있사옵나이다"일 수 있어야 한다.

영광이 아버지께 있사옵나이다

　여러분이 "영광이 아버지께 있사옵나이다"라고 기도할 때 여러분은 기도에 대한 우리의 대답, 우리의 성격, 우리가 가진 모든 것, 우리가 행동하는 것에서 하나님께서 명성을 받으심을 인정하고 있다.

　여러분이 "영광이 아버지께 있사옵나이다"라고 기도하기 때문에 여러분의 중보 능력, 또는 여러분에게 있는 선한 것으로 말미암아 하나님으로부터 어떤 응답을 받을 것이라고는 인정하고 있지 않다.

　여러분이 "영광이 아버지께 있사옵나이다"라고 기도하기 때문에 여러분은 여러분에게 오는 어떤 응답에도 하나님의 명성이 있음을 고백하는 것이다.

　여러분이 "영광이 아버지께 있사옵나이다"라고 기도할 때 여러분은 주기도문을 정확하게 기도하기 때문에, 또는 매일 주기도문을 기도하기 때문에 여러분에게 오는 명성을 거절하는 것이다.

　어떤 사람들은 하나님의 중보자로서 명성을 원한다. 또 다른 사람들은 자신들의 큰 명성 또는 독실한 신앙심으로 유명해지기를 원한다. "거짓된 것은 마음"이어서 (예레미야 17:9) 어떤 사람들은 하늘의 왕에게 기도하면서 응답을 바라나 그들은 "왕이 만들어 주신 사람(King maker)"으로 유명해지기를 원한다. 그들은 그들이 구하는 것을 왕께서 만들어 주시기를 원한다. 그들은 막대기를 물어 오는 개처럼 하나님을 대하여 그렇게 놀라운 "막대 물어오기"를 하는데 대한 명성을 얻고 있다.

여러분이 "영광이 아버지께 있사옵나이다"라고 기도할 때 여러분은 여러분의 요청에 절대적으로 간섭해서는 안 된다. 여러분은 하나님 자신의 방식으로 그것을 하시도록 해야 하며, 그 응답이 무엇이든 간에 하나님께 모든 명성을 바쳐야 한다.

축복

여러분이 예수님께서 주셨던 축복을 사용하여 주기도문을 올바르게 끝낼 때 여러분은 여러분의 가슴에서 세 가지 반응을 얻을 것이다.

주기도문을 끝낸 후의 세 가지 중요한 사실들
1. **믿음** : 하나님을 믿으면 응답이 있을 것이다.
2. **희망** : 여러분의 미래가 밝을 것이다.
3. **찬미** : 하나님께서는 여러분의 경배를 받아 들이실 것이다.

믿음 : 하나님을 믿으면 응답이 있을 것이다

"나라가 아버지께 있사옵나이다"라는 기도는 하나님께서 세상을 통치하신다는 말이고, 따라서 여러분은 하나님께서 여러분의 요청에 응답하실 전략을 가지고 계신다는 믿음을 표현하는 것이다. 여러분은 하나님의 원칙들이 여러분의 기도를 이루어주실 것이라고 기대하고 있는 것이다. 믿음은 하나님에 대한 신뢰이기 때문에 하나님께서는 여러분이 필요로 하는 것, 필요로 할 때, 여러분이 필요로 하는 방식을 여러분에게 주실 것이라는 하나님에 대한 신뢰의 표현으로 기도를 끝내라.

"나라가 아버지께 있사옵나이다"라는 기도는 여러분의 요청을 수락하시는 하나님의 능력을 표현하는 것이다. 많은 사람들이 하나님을 믿고 또 과거에 많은 일을 해 오셨음을 알고 있다. 그러나 그들은 하나님께서 지금 어떤 일이라도 하실 수 있다는 것을 확신하지 않는다. 그들은 기도하기 위해 눈을 감는다. 그러나 그들은 하나님께서 어떻게 하시는지 또 하나님께서 무슨 일이라도 하실 수 있는지를 보기 위해 슬쩍 엿본다. 그들은 하나님께서 혼자서는 응답하실 수 없는 것처럼 하나님을 돕기 원한다. 그러나 여러분이 "권세가 아버지께 있사옵나이다"라고 기도를 끝낼 때 여러분은 하나님 혼자서 그 일을 하실 수 있다는 것을 믿는다고 말하는 것이다.

여러분이 "영광이 아버지께 있사옵나이다"라고 기도할 때 여러분은 역시 믿음의 말을 하는 것이다. 여러분은 여러분의 기도에 대한 응답이 온다는 것을 확신하고 그 응답들이 오기 전에 하나님을 찬미하고 있는 것이다. 그것은 "쿠키 먹어도 되나요?"라고 물어 보고 쿠키가 주어지기 전에 "고맙습니다"라고 말하는 어린 아이와 같다. 여러분이 "영광이 아버지께 있사옵나이다"라고 기도할 때 여러분은 응답이 오기 전에 하나님께 "고맙습니다"라고 이야기하는 것이다.

희망 :
여러분의 미래는 밝을 것이다

"나라가 아버지께 있사옵나이다"라는 것은 희망을 만드는 말이다. 여러분의 기도는 희망, 하나님 안에 있는 희망, 여러분의 소명(calling)에 있는 희망, 하나님의 일에 있는 희망, 미래에 있는 희망을 만들어야 한다.

희망은 의기소침해 있는 기독교인들을 위한 치료약이다. 희망은 만성적인 사기 저하로 고생하는 사람들을 위한 정신의 아스피린이다.

여러분이 "나라가 아버지께 있사옵나이다"라고 기도할 때 여러분은 하나님의 지배와 통치에서 희망을 표현하고 있다. 여러분은 "하나님을 사랑하는 자들에게는 모든 것이 합력하여 선을 이루느니라"(로마서 8:28)라는 것을 안다고 하나님께 이야기하고 있는 것이다.

또 여러분이 "권세가 아버지께 있사옵나이다"라고 정직하게 기도할 때 여러분의 희망은 성장한다. 여러분은 여러분의 능력에서 흘러나오는 것이 아닌 하나님의 능력에서 흘러나오는 응답을 찾고 있다. 어떤 풋볼 팀이 자기보다 강한 팀과 시합을 할 때 선수들은 종종 희망을 잃는다. 희망을 잃으면 좋지 못한 경기 진행과 결과가 나온다. 그래서 풋볼 팀이 희망을 잃을 때 두뇌 싸움에서 진다.

그러나 어떤 기도는 차이가 나게 만든다. 한 선수가 부상을 입은 후에 다시 들어와서 힘찬 태클을 한다든지 또는 이전에 팀을 승리로 이끌었던 쿼터 백이 그 경기에 들어 오는 것을 볼 때 그 팀은 희망으로 재충전된다. 희망 없는 선수들보다 더 강한 힘을 가진 사람은 그들의 머리와 능력 이상으로 시합을 하게 만들면서 희망에 불을 붙인다.

여러분이 정직하게 "권세가 아버지께 있사옵나이다"라고 하나님께 이야기할 때 이것은 하나님에 대한 희망뿐만 아니라 여러분 자신에게 있는 희망을 새롭게 하는 것이다. 여러분이 희망을 살릴 때 여러분은 더 열심히 일하고 더 많은 것을 이루며 여러분의 능력 이상으로 영적인 승리를 얻을 것이다. 단지 하나님께서 무엇을 하실 수 있고 하실 것인지만 생각하라. 희망은 여러분에게 믿음과 능력을 가져다 주고 하나님께서 하나님께 맞는 공적을 행하시도록 할 것이다.

바울은 "우리는 하나님의 동역자들이요"(고린도전서 3:9)라고 우리에게 말한다. 다윗은 "우리가 하나님을 의지하고 용감히 행하리니 저는 우리의 대적을 밟으실 자심이로다"(시편 60:12)라고 우리에게 말하고 있다. 이 시편의 시는 거인 골리앗을 물리치기 위한 힘을 주실 것을 기도하는 다윗의 기도였다.

자발적인 희망의 표현은 자신의 아버지가 문제를 해결해 줄 것이라는 무한한 자신감을 표현하는 곤경에 빠진 어린이와 같기 때문에 하나님께 영광을 가져다 준다. 따라서 여러분의 희망적인 태도는 하나님을 돋보이게 한다. 그러나 여러분이 하나님을 돋보이게 하더라도 여러분 때문에 하나님이 더 크게 또는 더 훌륭하게 보이는 것이 아님을 명심하라. 여러분의 경배는 확대경을 쓰는 것과 같다. 여러분의 안경은 신문에 있는 글자를 더 크게 하는 것이 아니며 단지 여러분의 눈과 마음을 크게 할 뿐이다. 여러분이 하나님을 찬미할 때 여러분은 하나님을 "더 크게" 만들며 따라서 여러분은 일들을 더 잘 이해하는 것이다.

찬미 :
하나님께서는 여러분의 경배를 받아 들이실 것이다

여러분이 찬미와 경배로 주기도문을 시작했듯이 그렇게 주기도문을 끝내라. 여러분이 하나님을 경배할 때 여러분이 어디에 있든 하나님께서는 여러분의 경배를 받아들이신다는 것을 기억하라. 시편은 "이스라엘의 찬송 중에 거하시는 주여 주는 거룩하시니이다"(시편 22:3)라고 하나님께 말했다.

영화 Field of Dreams에서 농부는 "네가 농사를 지으면 그 꿈들이 실현될 것이다"라는 말을 듣는다. 여러분이 하나님을 경배할 때 하나님께서 여러분의 찬미를 받아 들이신다는 것을 확신할 수 있다. 여러분은 주기도문을 시작할 때처럼 하나님 앞에서 주기도문을 끝내야 한다. 하나님께서는 싫증을 내시고, 잠 드시지 않는다. 하나님께서는 바쁘시지 않으시고 다른 곳에 주의를 돌리시지도 않고 또 여러분이 천정을 보고 이야기하도록 버려 두시지 않으신다. 하나님은 그곳에 계신다.

영원히

"영원히"는 여러분의 경배를 끝내는 놀라운 하나의 생각이다. 실제로 여러분은 "나라가 아버지께 영원히 있사옵나이다"라고 기도한다. 이것은 하나님 나라의 원칙들은 변하지 않을 것이고 또 비행기 예약처럼 나쁜 날씨로 말미암아 취소되지도 않을 것이다.

여러분이 "권세가 아버지께 영원히 있사옵나이다"라고 기도할 때 오늘날 하나님의 능력이 힘의 부족으로 줄어 들지는 않을 것이다.

"영광이 아버지께 영원히 있사옵나이다"라는 구절은 여러분의 기도가 응답을 받을 때 하나님 뜻의, 하나님 권세에 의한, 하나님 영광을 위한 것이라는 것을 우리에게 일깨워 준다.

여러분이 주기도문의 끝에 "영원히"라고 말할 때 여러분은 하나님의 불멸성을 알고 있는 것이다. 하나님은 태초부터 존재하셨고, 결코 끝나시지 않을 것이다. 성서에서는 "태초에 하나님이…"라고 말하고 있고 어떤 것도 하나님 없이는 끝나지 않을 것이다. 하나님은 영원하시다.

여러분이 하나님의 나라, 권세, 영광이 "영원하다"고 고백할 때 여러분은 주기도문을 외우는 분의 영원한 속성을 인정하는 것이다.

여러분이 하나님은 "영원하다"라고 인정할 때 여러분은 여러분의 요청을 하나님의 영원한 계획, 목적과 동일시하는 것이다.

여러분이 여러분의 기도를 "영원히"로 끝맺을 때 여러분은 주기도문에서 영원한 결과를 구하고 있는 것이다.

아멘

우리는 생활에서 많은 끝맺음을 경험한다. 우리는 친구들에게 "잘 가" 또는 "안녕"이라는 작별 인사를 한다. 때때로 "하나님의 축복이 있기를"이라고 말하거나 또는 손을 흔든다. 우리가 어떻게 사람들을 떠나는가가 중요한 것처럼 우리가 어떻게 "하나님께 이야기하는 것을 끝내는가"도 필수적인 것이다. 기독교인들은 "아멘"이라고 말하면서 자신의 기도를 끝내는데 아멘은 "그렇게 되게 해 주시기를" 또는 "효력이 있게 해 주시기를" 또는 "제 기도가 하나님 앞에서 효력이 있고 또 그렇게 되게 해 주시기를" 하는 뜻이다.

여러분이 주기도문을 끝낼 때 하나님께 이렇게 말하라.

"저는 진실하게 기도해 왔습니다. 그래서 제 기도가 효력이 있기를 바랍니다."

또는 "저는 하나님의 유형에 따라 기도해 왔습니다. 그래서 제 기도가 효력이 있기를 바랍니다." 또는 "저는 하나님께 몸을 바쳤습니다. 그래서 제 기도가 효력이 있게 해 주십시오."

또는 "저는 하나님의 말씀대로 기도했는데 그것은 어느 누구라도 할 수 있는 최선의 것입니다. 그러므로 제 기도를 들어 주십시요"

아멘!!

일지쓰기

여러분이 이 책을 읽은 후로 계속 일지를 써 왔다면 여러분은 매일 주기도문을 기도하는 영적인 여행을 복습할 수 있다. 되돌아가서 여러분이 배웠던 교훈들과 여러분이 받아 온 기도에 대한 응답들을 복습하라.

이 장에서는 주기도문을 끝내는 방법에 관해 토의한다. 여러분은 어떻게 매일 주기도문을 끝내는지 써라. 그리고 이 장을 읽은 후 여러분의 기도를 어떻게 끝내고자 하는지 써라.

1. 매일 주기도문을 기도하면서 여러분이 배웠던 교훈들은 무엇인가?
2. 여러분은 어떻게 주기도문을 다르게 기도하는가?

3. 여러분이 매일 주기도문을 기도한 이래 여러분이 받았던 응답들은 무엇인가?
4. 주기도문을 끝낼 때 여러분의 태도는 어떠했는가?
5. 여러분이 매일 주기도문을 정리하기 위해 배웠던 새로운 것들은 무엇인가?

다음의 "기도 체크 리스트"는 여러분의 기도 일지를 사용하는 다른 방법이다.

기도 체크 리스트(PRAYER CHECKLIST)			
나라와 권세와 영광이 아버지께 있사옵니다. 아멘 여러분은 어떻게 기도를 끝내는지 열거하라	생활(수준)은 어떠한가? (한 가지만 체크하라)		
	저	중	고
1. 하나님께 최고의 통치권이 주어졌는가?			
2. 하나님께서 무엇을 할 수 있다고 인식하는가?			
3. 기도에 대한 응답을 하나님의 은혜로 생각해 왔는가?			
4. 여러분은 하나님께서 응답하실 것이라고 믿는가?			
5. 여러분은 기도한 후에 더 큰 희망을 가지는가?			
6. 여러분의 기도를 통해 하나님께서 찬미되었는가?			

3단계 성서 연구 :
주기도문을 끝내는 방법

이 책의 규칙적인 특성은 3단계 성서 연구이다. 1단계 - 질문을 읽고 여러분이 쓸 답을 생각하라. 2단계 - 하나님의 말씀이 그 질문에 관해 무엇이라고 대답하는지를 발견하기 위해 상자 안의 성서 구절을 읽고 연구하는 것으로 구성되어 있다. 3단계 - 밑줄 친 빈칸에 답을 써라.

1. 주기도문의 끝내기는 구약성서상의 요청 기도를 끝내는 것과 비슷하다. 그 기도들은 어떤 것들인가?

> "여호와여 광대하심과 권능과 영광과 이김과 위엄이 다 주께 속하였사오니 천지에 있는 것이 다 주의 것이로소이다. 여호와여 주권도 주께 속하였사오니 주는 높으사 만유의 머리심이니라." - 역대상 29:11

_____
_____
_____

2. 우리가 "나라가 아버지께 있사옵나이다"라고 기도할 때 우리는 어떤 태도를 취해야 하는가?

> "너희는 먼저 그의 나라와 그의 의를 구하라. 그리하면 이 모든 것을 너희에게 더하시리라." - 마태복음 6:33

_____
_____
_____

3. 우리가 "권세가 아버지께 있사옵나이다"라고 기도할 때 우리는 어떤 태도를 취해야 하는가?

> "예수께서 나아와 일러 가라사대 하늘과 땅의 모든 권세를 내게 주셨으니." - 마태복음 28:18

4. 누가 우리의 기도에 대한 응답에 대해 그 명성을 얻어야 하고 왜 우리는 하나님께 그 명성을 드려야 하는가?

> "만세의 왕 곧 썩지 아니하고 보이지 아니하고 홀로 하나이신 하나님께 존귀와 영광이 세세토록 있어지이다. 아멘." - 디모데전서 1:17

5. 우리가 하나님의 응답을 받기 위해 주기도문은 어떻게 우리의 믿음을 증대시킬 수 있는가?

> "믿음이 없이는 기쁘시게 못하나니 하나님께 나아가는 자는 반드시 그가 계신 것과 또한 그가 자기를 찾는 자들에게 상 주시는 이심을 믿어야 할지니라." - 히브리서 11:6

6. 큰 믿음을 가진 아브라함은 하나님에 대한 큰 희망 때문에 하나님의 응답을 받았다. 이 희망에 대해 서술하라.

> "그러므로 후사가 되는 이것이 은혜에 속하기 위하여 믿음으로 되나니 이는 그 약속을 그 모든 후손에게 굳게 하려 하심이라. 율법에 속한 자에게 뿐 아니라 아브라함의 믿음에 속한 자에게도니 아브라함이 바랄 수 없는 중에 바라고 믿었으니 이는 네 후손이 이같으리라 하신 말씀대로 많은 민족의 조상이 되게 하려 하심을 인함이라." - 로마서 4:16, 18

7. 우리가 주기도문을 기도할 때 우리는 하나님의 더 큰 프로그램에 우리 자신들을 소속시켜야 한다. 이 프로그램에 대해 서술하라.

> "하늘에 있는 자들과 땅에 있는 자들과 땅 아래 있는 자들로 모든 무릎을 예수의 이름에 꿇게 하시고 모든 입으로 예수 그리스도를 주라 시인하여 하나님 아버지께 영광을 돌리게 하셨느니라." - 빌립보서 2:10, 11
> "세상 나라가 우리 주와 그 그리스도의 나라가 되어 그가 세세토록 왕노릇 하시리로다." - 요한계시록 11:15

맺음말

여러분이 기도할 때 무슨 말을 할 것인가?

매일 올바르게 주기도문을 기도한다면 여러분은 할 필요가 있는 모든 말들을 하나님께 할 수 있고, 또 바른 방법으로 말하는 것이 보장된다. 여러분이 주기도문에 있는 간청들의 결과를 따를 때 여러분은 하나님의 지침들을 따르고 있기 때문에 하나님께 올바르게 다가가고 있다.

그러나 여러분이 올바른 마음의 태도를 가지고 있지 않다면 주기도문을 반복적으로 해도 효과가 없을 것이다. 예수님께서는 이 기도를 할 때 마음에서 우러나오는 경배와 숭배를 수반해야 한다고 제안하셨다.

주기도문은 보안 지역의 문을 자동으로 열어 주는 출입 코드가 아니다. 또 여러분이 원하는 것을 얻기 위해 800번 다이얼을 돌리게 하는 신용 카드 같은 것도 아니다.

예방 접종이 그러하듯이 여러분은 여러분을 보호하기 위해 주기도문에 의존할 수 없으며, 또 주기도문은 여러분에게 특별한 특권을 주는 골프 회원권이 아니다. 여러분은 하나님은 존재하시고 하나님께서는 "부지런히 자신을 찾는 자들"에게 상을 주실 것이라는 것(히브리서 11:6)을 믿어야 한다.

여러분은 하나님께 이야기할 때 충심을 다하여, 모든 마음으로, 모든 정신으로, 모든 육신을 다하여 주기도문을 기도하라.

예수님께서 우리에게 우리 자신을 사랑하듯이 우리 이웃을 사랑하라고 말씀하신 것처럼 하나님의 가족 안에 있는 다른 사람들과 협조하여 기도해야 한다. 우리는 "우리 아버지여" … "우리에게 주옵시고 … 우리 죄를 사하여 주옵시고 … 우리를 시험에 들게 하지 마옵시고 … 악에서 구하옵소서"라고 이야기하면서 그들과 함께 하나님의 보좌로 와야 한다.

항상 기도하라

기도는 여러분이 항상 해야 하는 것이다.
따라서 여러분은 기도하는 것을 배우고 있어야 하고
기도를 하고 있어야 하며 항상 기도와 함께 살고 있어야 한다.
"쉬지 말고 기도하라"
- 데살로니가전서 5:17 -

여러분이 주기도문을 끝냈을 때 여러분은 필요한 모든 말을 하나님께 했고, 알 필요가 있는 모든 것을 알며, 하나님께서는 여러분이 요구하는 모든 것으로 되어 계신다. 우리는 "나라와 권세와 영광이 아버지께 영원히 있사옵나이다. 아멘!"하고 끝맺으면서 기도할 수 있다.

LORD'S PRAYER ──────────────

하늘에 계신 우리 아버지여,
이름이 거룩히 여김을 받으시오며,
나라이 임하옵시며,
뜻이 하늘에서 이룬 것같이 땅에서도 이루어지이다.
오늘날 우리에게 일용할 양식을 주옵시고,
우리가 우리에게 죄 지은 자를 사하여 준 것같이
우리 죄를 사하여 주옵시고,
우리를 시험에 들게 하지 마옵시고,
다만 악에서 구하옵소서.
대개 나라와 권세와 영광이 아버지께 영원히 있사옵나이다.
아멘.

───

부록 A :
주기도문을 암송하는데 대한 찬성과 반대의 논쟁

수세기 동안 기독교인들은 공식적으로 주기도문을 암송하는 것의 장점에 대해 논쟁해 왔다. 이 토론에 관한 다음의 요약에서 볼 수 있듯이 이 주제의 두 가지 측면에 관해 좋은 논쟁들이 있다.

왜 주기도문을 암송해서는 안 되는가 ?

1. 주기도문이 예수님의 제자들이나 신약성서의 교회 시대에 반복되었다는 기록이 없다.
2. 사도의 서한에 기록된 것처럼 교회에 대한 지시에는 주기도문을 암송하라는 명령이 없다.
3. 예수님께서는 자신의 제자들에게 "기도할 때에 중언부언하지 말라"(마태복음 6:7)라고 말씀하셨다.
4. 제자들은 예수님께 "우리에게도 기도를 가르쳐 주옵소서"(누가복음 11:1)라고 요청하였는데 이들은 기

도하는 법(동사)에 관해 물었으며 기도(명사)를 가르쳐 달라고 요청하지 않았다. 그래서 예수님께서는 암송하는 것이 아닌 하나의 기도 유형으로서 제자들에게 주기도문을 주셨다.
5. 주기도문은 예수님의 목회시 다른 시대에, 다른 단어들을 사용하여 마태복음(6:9-13)과 누가복음(11:2-4)에 기록되어 있다. 만약 예수님께서 우리가 외워서 암송하게 할 목적을 가지고 계셨다면 예수님께서는 똑같은 단어들을 사용하셨을 것이다.

결론 : 주기도문은 단순히 반복하기 위한 기도가 아니며 우리가 하나님께 이야기할 때 우리가 요구하는 모든 것을 포함할 수 있게 해 주는 하나의 기도 유형이다.

왜 주기도문을 암송해야 하는가?

1. 예수님께서 "너희들이 기도할 때 우리 아버지 … 라고 말하라"고 명령하셨기 때문이다.
2. 주기도문은 모든 유형의 기도와 관계가 있으며, 따라서 충분한 기도 생활을 개발하는데 도움이 되기 때문이다.
3. 주기도문은 하나님에 대한 우리의 영적인 의무를 이행하기 때문이다.
4. 주기도문은 우리의 영적인 생활 모든 부분에서 우리가 성장하게 하기 때문이다.

5. 우리의 기억은 완전하지 않고 또 주기도문을 암송하는 것은 우리가 잊어버릴지도 모르는 중요한 요소들을 제공하기 때문이다. 우리가 기독교 생활의 어떤 영역에 관해서든 기도하는 것을 간과할 때 우리는 우리의 영적인 성장에 해를 끼칠 것이다.
6. 시대를 막론하고 주기도문을 기도하여 혜택을 받았던 신앙심이 깊은 기독교인들의 사례때문이다.
7. 주기도문을 처음 기도하였던 교회들이 사도들에 의해 세워졌기 때문이다.
8. 주기도문은 저자의 개인적인 생활에 영향을 주어 왔기 때문이다.

부록 B :
왜 우리는 공적, 그리고 사적으로 주기도문을 기도해야 하는가?

왜 우리는 공적으로 주기도문을 기도해야 하는가?

1. 예수님께서는 "**너희들이** 기도할 때 **우리** 아버지 ...." 라고 기도하라고 말씀하실 때 개인이 아닌 집단에게 처음 가르치셨다.
2. "**우리가** 기도하게 하시옵소서"라고 예수님께 요청한 사람들은 제자들의 집단이었기 때문이다.
3. 예수님께서는 "우리에게(us)" "우리의(our)" "우리(we)"라는 복수 대명사를 사용하셨기 때문에 한 사람보다는 그 이상의 사람들이 주기도문을 기도할 것을 마음에 두고 제안하셨다.
4. 주기도문에는 1인칭 단수 대명사가 없기 때문이다.
5. 회중들이 1세기 이래 주기도문을 공적으로 기도했기

때문이다.
6. 교회가 주기도문을 기도했을 때 군중들은 법인 단체로서 함께 하나님께 올리워졌다.

왜 우리는 사적으로 주기도문을 기도해야 하는가?

1. 비록 예수님께서 집단의 요청에 응하여 "우리 아버지"로 기도하라고 말씀하셨고 또 예수님께서 복수 대명사들을 사용하셨지만 주기도문은 기도에 대한 안내가 필요한 개인의 필요성을 역시 충족시킨다. 주기도문은 공적인 모임에서 단체 기도에 대한 처방이라기보다는 그 이상의 것처럼 보인다.
2. 예수님께서 "나(I)" "나의(My)" "나를(Me)"와 같은 1인칭 단수 대명사를 사용하시지 않았던 이유는 이런 단수 대명사들이 이기적인 생활과 자기 중심적인 기도로 발전할 수 있었기 때문이다. 예수님께서는 기도에서 겸손을 발전시키기 위해 복수 대명사들을 사용하셨다. 그러나 우리는 주기도문을 개인들에게도 적용하여 기도할 수 있다.
3. 성서는 우리가 개인적으로 주기도문을 기도하는 것을 금하고 있지 않다.
4. 교회 역사는 주기도문을 사적으로 기도한 믿음있고, 헌신적인 기독교인들로 가득차 있다.
5. 여러분이 집단의 지도를 따르지 않고 사적으로 기도할 때 주기도문의 공식을 적용하는 것과 주기도문의

다양한 간청들을 강조하는 것이 더 쉽다.
6. 예수님께서 경고하셨던 "헛된 반복"의 위험을 피하면서 우리가 주기도문을 암송할 때 주기도문은 더 개인적이다.
7. 신약성서에서 주기도문이 어떤 집단에 의해 암송되었다는 어떤 예도 없다.

부록 C :
주기도문에 관한 마태복음과 누가복음
이야기의 비교

어떤 저자들은 마태복음 6장과 누가복음 11장을 똑 같은 사건에 대해 다르게 설명한 것이라고 하지만 다음의 비교는 이들이 서로 다른 두 가지 사건들이라는 것을 뒷받침해 준다.

마태복음 6장	누가복음 11장
1. 배경-산상 설교에서 주어짐	1. 배경-제자들이 예수님께 기도를 가르쳐 달라고 요청함
2. 이전 문맥-구제함	2. 이전 문맥 - 제자들은 주기도문을 예수님 기도의 모델로 봄
3. 교만이 아닌 겸손한 정신의 증거로 하는 기도	3. 아버지와 아들의 관계로서의 기도
4. 공적인 과시에 반대	4. 사적인 기도의 예
5. 의미없이 반복하는 위험에 빠진 유대인에게	5. 이방인들에게 기도의 의미를 가르치기 위해
6. "이렇게"-사적인 기도를 위한 안내 또는 모델	6. "너희는 기도할 때에 이렇게 하라"-정확한 단어 구사와 공적인 반복을 암시함
7. "하늘에서 이룬 것 같이 땅에서도(In earth as it is in heaven)"	7. "하늘에서처럼 땅에서도(As in heaven, so in earth)"
8. 우리에게 일용할 양식을 주옵시고(부정과거:즉시)	8. 우리에게 일용할 양식을 주옵시고(현재:끊임없이)
9. 오늘날(today) 우리에게 일용할 양식을 주옵시고	9. 우리에게 날마다(each day) 일용할 양식을 주옵시고
10. 우리 죄(debts)를 사하여 주옵소서	10. 우리 죄(sins)도 사하여 주옵시고
11. 우리가 우리에게 죄 지은 자를 사하여 준 것 같이	11. 우리가 우리에게 죄 지은 모든 사람을 용서하오니
12. 나라와 권세와 영광이 아버지께 있사옵나이다	12. 누가복음에는 없음

주기도문은…
이야기하는 것이고,
듣는 것이고,
열어 올리는 것이고,
사랑하는 것이고,
명상하는 것이고,
구하는 것이고,
찬미하는 것이고,
생각하는 것이고,
변하는 것이고,
기다리는 것이고,
고백하는 것이고,
경배하는 것이고,
찬양하는 것이고,
기뻐하는 것이고…
하나님을.

Praying The Lord's Prayer for Spiritual Breakthrough
Copyright ⓒ 1997 by Elmer L. Towns
All rights reserved.
Published by Reagat Books
A Division of Gospel Light.
Printed in U.S.A

1997 / Korean by Wagner's Church Growth Institute
Translated and published by permission.

주기도문을 통한 영적 승리

지은이 / 엘머 L. 타운즈
옮긴이 / 최복일
펴낸곳 / 도서출판 서로사랑 · 이 상 준
　　　　한국 왜그너 교회성장 연구소
1판 1쇄 발행 / 1999. 3. 15
1판 3쇄 발행 / 2007. 3. 15
등록 번호 / 제 21-657-1
등록 일자 / 1994. 10. 31.
주소 / 서울시 서초구 방배1동 918-3 완원빌딩
전화 / (02)586-9211~4
팩스 / (02)586-9215
값 / 9,000원

경건, 영성, 목회자료

전도와 교회성장의 모든 것

목회자, 신학생, 평신도 지도자들이 꼭 읽어야 할 초 대작.

- 총 편집: 엘머 L. 타운즈
- 기고자들: 콜먼, 헌터, 레이너, 왜그너, 본, 맥킨토시, 드럼먼드, 타운즈
- 옮긴이: 홍용표 목사, 최현서 목사
- 추천: 빌 브라이트 총재, 조용기 목사, 제임스 케네디 박사

624p / 값 18,000원
(350쪽의 3권의 분량을 여백없이 한 권으로 묶음)

성령의 불꽃에로 더 가까이

이제 우리는 성령의 불꽃에로 더 가까이 나아가기 시작할 때이다!

찰스 R. 스윈돌은 성령의 사역과 관련하여 우리가 간과하고 무시해 온 중요한 측면들을 지적한다. 그는 우리가 성령을 통해 하나님과의 더욱 자발적이고 친밀하며 또한 역동적인 관계를 발견할 수 있으리라고 확신한다.

찰스 R. 스윈돌 지음 / 최현서 목사,
홍용표 목사 공역 / 264p / 값 7,500원

가정의 축복을 위한 선한 싸움을 싸우라

건전하고도 성경적인 축사의 가르침

당신의 가정에 축복을 막는 악한 영이 우글거린다면 함께 살 것인가? 쫓아낼 것인가? 성경적인 치유사역, 축사 사역을 임상적으로 잘 소개하고 있는 본서는 영적 승리를 원하는 성도들과 교회성장을 사모하는 목회자들에게 일독하여 참조할 것을 추천합니다.

– 교회성장연구소 소장 명성훈 추천사 중 –

프랭크 D. 하몬드 목사 부부 지음 / 홍원팔 목사 옮김
명성훈 목사 추천 / 232p / 값 6,500원

하나님의 병고치는 권세

오늘도 계속적으로 병을 고치시는 하나님

질병도 고난과 같은 하나님의 뜻이라고 생각하는 이들에게 치유기도에 대한 올바른 성경적 가치관을 소개한다.

켄 브루 지음 / 조종남 박사 옮김
조용기 목사 추천 / 216p / 값 5,500원

알파 코스 시리즈

세계적인 흐름, '알파'란 무엇인가?

• 다음의 도서들은 알파 코스의 각 단계에 맞춰 사용하도록 만들어진 **알파 코스 시리즈** 도서들입니다.

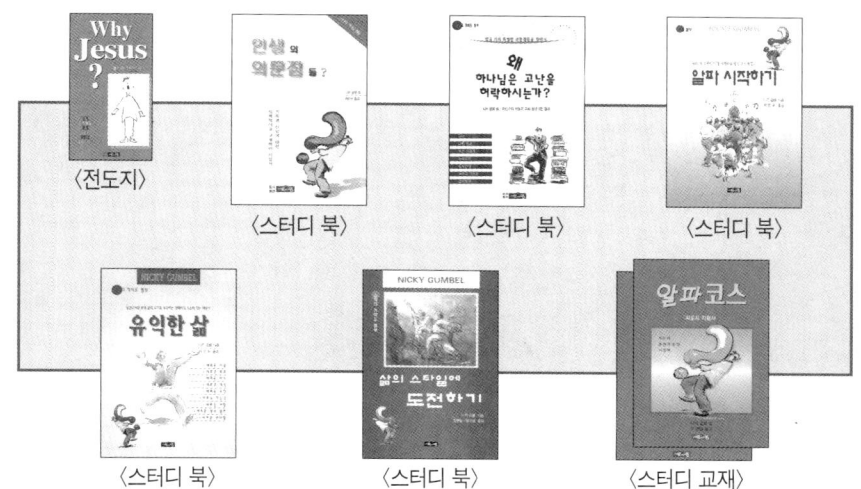

〈전도지〉　〈스터디 북〉　〈스터디 북〉　〈스터디 북〉

〈스터디 북〉　〈스터디 북〉　〈스터디 교재〉

'불신자들을 교회로 인도하기'까지의 방법을 가르쳐주는 세계적인 성경공부 시스템

■ **왜 예수님일까?**(Why Jesus?) - 값 500원
　예수님에 대해 짧으면서도 가장 명확하게 제시하고 있는 책

■ **인생의 의문점들**(Questions of Life) - 값 6,500원
　기독교 신앙에 대한 실제적이고 구체적인 지침서

■ **왜 하나님은 고난을 허락하시는가?**(Searching Issues) - 값 4,200원
　일곱가지 특별한 의문점들을 찾아서

■ **알파 시작하기**(Telling Others) - 값 5,500원
　알파의 중심원리, 진행해 나가는 방법과 실제적인 지침들을 제공

■ **유익한 삶**(A Life Worth Living) - 값 4,800원
　빌립보서를 통해 삶의 유익을 추구하는 명쾌하고 호소력 있는 해설서

■ **삶의 스타일에 도전하기**(Challenging Lifestyle) - 값 9,800원
　산상보훈을 통한 실제적인 삶의 지침들 제시

■ **알파 코스** - (**학습자용**/값 2,500원, **지도자용**/값 1,500원)
　서구 최대의 성경교재

■ **알파 코스 운영 방법**- (**3월말 발간 예정**)
　알파 코스의 실제적 운영 지침서

알파코스의 상징마크 ▶